대산 김대거 종사의
하나의 세계

대산 김대거 종사의
하나의 세계

김지원 지음

추천의 글

은본주의(恩本主義)의 대전환

증타원 김지원(본명 혜경) 교무가 동국대학교 대학원 선학과에서 「대산 김대거의 '하나의 세계' 연구」라는 주제로 박사학위 논문을 쓰고 학위를 취득하였다. 참으로 축하할 일이다. 또한 그 논문을 일반인들이 쉽게 접하고 읽을 수 있도록 단행본으로 출간한다니 더욱 고마운 일이다.

박사학위 주제인 '하나의 세계'는 대산 김대거 종사가 발표한 게송 마지막 구절이다. 전체 내용은 '진리는 하나 세계도 하나 인류는 한 가족 세상은 한 일터 개척하자 하나의 세계'이다. 이 게송은 대산 종사가 종법사 재임 시절 개교반백년 기념대회를 앞두고 그 준비가 한창일 때 발표하시었고 익산 중앙총부 정문에 아치형으로 크게 써 붙인 글귀임을 나는 직접 경험하였다. 그 당시 내 생각은 성현의 안목은 역시 크고 넓다는 것이었다.

원불교를 창교한 소태산 대종사가 '일원상 진리와 사은 사상'으로 세상 구원의 뜻을 밝혔다면, 정산 종사는 '삼동윤리'를 제창하여 과거 시대 인간에 한정된 윤리를 만물과의 윤리로 확대하였다. '삼동윤리'가 인간 대 만물의 윤리라면 대산 종사의 '하나의 세계'는 그 강령을 더욱 실천에 가깝게 적용하여 만물로부터 더 나아가 미시적 세계에 존재하는 일체 생령까지 포함한 하나의 세계임을 천명하고 있다.

나는 요사이 인본주의에서 벗어나 은본(恩本)주의로의 대전환을 강조한다. 지금 인간이 맞이하는 재앙들은 어쩌면 인본주의가 가져다준 산물들이다. 이 재앙들을 막아내고 은본주의 실천이 필요한 시점에 증타원 김지원 교무가 논문으로 학위를 취득한 것이다. 논문에서 다루지 못한 아쉬움을 보충하고자 책으로 출간하여 '하나의 세계' 건설에 방향을 제시해 줌에 깊은 존경과 경의를 표하는 바이다.

이 책으로 인해서 한국에서 태어난 개벽의 새 시대를 이끌어 갈 이념과 사상이 사회화·세계화가 될 것을 확신하면서 더불어 많은 사람이 미래 이상세계를 지향하는 꿈과 희망으로 가득하기를 염원한다.

나의 염원과 희망을 여기에 실어 보내며 거듭 축하한다.

2024년 8월 총부 일우 무교숙덕와(無教宿德蝸)에서
이성택 합장

서문

'하나의 세계'를 만들어 갑시다

　나의 출가 동기는 깨달음에 매력을 느껴 '태양 하나 솟으면 온 천하가 밝아지는데 굳이 전등 밝히러 수고할 필요가 없다'는 한 생각에서 출발했습니다. 이런 선(禪)에 관한 나의 관심은 한마음으로 이어져 서울 장충교당 근무 시절 요가선 명상을 지도하면서 시대의 변화에 따른 교화 방법을 궁리하다가 동국대학교 대학원에서 선학(禪學)을 전공하기에 이르렀습니다.

　신앙의 대상과 수행의 표본을 소태산 주세불이 '일원주의(一圓主義)'로 강령 잡아 주시고, 정산 여래는 '삼동윤리(三同倫理)'로 실천하도록 체를 잡아 주시고, 대산 여래에 이르러서는 '하나의 세계'로 현실 세계에서 구현되어 왔습니다. 이는 소태산, 정산, 대산의 게송에서도 점차 구체화한 형태로 나타나 있습니다.
　대산 김대거 종사의 게송인 '진리는 하나, 세계도 하나, 인류는 한 가족, 세상은 한 일터, 개척하자 하나의 세계'는 모두 진리가 하나의 근원임을 깨닫고, 인류가 한 가족임을 깨달아, 가족, 사회, 국가, 세계의 모든 분열과 분쟁을 종식하고 하나의 세계를 만들어 가자는 취지를 함께 공유하고 천명하고 있습니다.

　더욱이 만유가 하나라는 근본 진리를 깨닫는 것에 그치는 것이 아니라 하나의 진리를 현실의 세상에 구현하자시며 구체적인 실천방안까지 제안하였습니다. "물질이 개벽되니 정신을 개벽하자"는 개교의 동기에서 밝혔듯이 AI의 활용이 실생활에 현실화 되었음을 알리는 새로운 흐름속에 또한 명상의 시대에 이르러서는 공동시장개척, 종교연합창설, 심전계발훈련 등 대산 종사가 주창한 세계평화 3대 제언이야말로 세계 종교가 미래로 함께 나아갈 방향입니다.

　종교 간 갈등이 혐오, 차별, 폭력까지 이어지며 심지어 전쟁의 원인이 되기도 하는 세상입니다. 본래 각 종교의 창시자가 내세웠던 은혜와 사랑과 자비와 평화의 진리를 회복하는 길은 종교연합운동입니다.

　또 모든 인류가 나라와 사상의 울을 넘어서서 생존경쟁보다 서로 공생공영할 수 있는 새로운 길을 개척하자는 것이 공동시장개척입니다. 유럽경제공동체는 지역에 국한한 경제 통합기구입니다. 유럽의 지역을 넘어서서 세계 곳곳에 공동시장을 설치하여 영육의 무지·질병·빈곤을 극복하고 마침내 세계가 '하나'의 경제공동체를 지향하자는 것입니다. 다만, 공동시장은 산업자본주의 확장을 추구하는 소비사회만이 아니라 균등하고 자리이타(自利利他)의 공익사회를 위한 것이라고 볼 수 있습니다.

"성인이 나시기 전에는 도가 천지에 있고, 성인이 나신 후에는 도가 성인에게 있고, 성인이 가신 후에는 도가 경전에 있다."(『정산종사법어』 제9 무본편 52)고 하였듯이 하나의 세계를 지향해 나갈 해답은 바로 이 경전을 실현하는 길이라고 믿습니다.

소태산 대종사로부터 정산 종사, 대산 종사로 이어져 내려오는 '하나'의 정신을 학문이 아닌 마음으로 받들게 됐습니다. 또한 이 졸저로 인하여 소태산 대종사, 정산 종사, 대산 종사를 마음으로 모시는 계기가 되었고, 우리 교법에 대한 신심이 살아나고, 서원이 커지고, 공부심이 깊어짐으로써 교화에 도움이 되었으면 합니다.

논문을 쓰면서 논하고자 하는 바를 모두 담을 수 없어 다시 책으로 엮어 부족한 부분을 채웠습니다. 오히려 이것이 사족(蛇足)이 되지 않을까 염려하였지만, 교산 이성택 교무의 추천과 율산 장진수 교무 논문지도와 원불교출판사 소산 주성균 교무의 권유로 용기를 내었습니다.

이제는 독자 제현의 충언을 고맙게 받아들일 차례입니다. 「대산 종사의 '하나의 세계' 연구」가 원불교를 넘어 '대산학'의 발전에 미력하나마 일조가 되기를 바라며 두루 감사한 마음을 전합니다.

원기109년(2024) 삼복(三伏)의 절기에 청량함을 전합니다.

목차

추천의 글 _ 은본주의(恩本主義)의 대전환 / 교산 이성택 ················ 004
서문 _ '하나의 세계'를 만들어 갑시다 ································· 006

제1장　대산 김대거와 원불교 ························· 013

제1절 대산 김대거의 교학적 위상 ··············· 015
1. 대산 연구의 필요성 ························· 015
2. 대산의 교학적 위상과 의미 ················ 020

제2절 대산 담론과 접근방법 ····················· 022
1. 시각과 방법 ································· 022
2. 선행연구 및 대산 담론들 ··················· 025

제2장　대산의 생애와 '하나의 세계' ················ 031

제1절 시대적 배경과 원불교의 세계관 ········· 033
1. 일제강점기와 소태산의 대각 ··············· 033
2. 원불교 창립과 현실 참여 ··················· 035
3. 정신개벽의 세계관 ························· 040
4. 일원주의와 세계주의 ······················· 044

제2절 대산의 생애와 행적 ································ 048
   1. 대산의 생애 ································ 048
   2. 주요 시기별 행적································ 050
   3. 대산의 생애와 하나의 세계 ································ 066
제3절 대산의 저술과 교단 운영 ································ 069
   1. 저술 및 법문 ································ 069
   2. 수행 일과 ································ 085
   3. 교단 운영 ································ 092
   4. 세계평화의 경륜 ································ 099

제3장   심전계발과 '하나의 세계' ································ 105

제1절 심전계발의 개념과 연원 ································ 107
   1. 심전계발의 개념과 의의 ································ 107
   2. 심전계발의 연원 ································ 117
제2절 심전계발의 수행 ································ 129
   1. 심전계발과 삼학 ································ 129
   2. 심전계발과 훈련 ································ 136
   3. 심전계발과 무시선 ································ 144

제3절 대산의 심전계발과 '하나의 세계' ········ 167
   1. 대산의 심전계발의 의의 ················· 167
   2. 대산의 심전계발 수행 ··················· 170

제4장 종교연합운동과 '하나의 세계' 175

제1절 종교연합운동의 의미와 연원 ············ 177
   1. 종교연합운동의 의미 ···················· 177
   2. 종교연합운동의 연원 ···················· 184
제2절 종교연합운동의 실천과 의의 ············ 192
   1. 종교연합운동의 실천 ···················· 192
   2. 종교연합운동의 세계적 의의 ············ 195

제5장 공동시장개척과 '하나의 세계' 199

제1절 공동시장개척의 의미와 연원 ············ 201
   1. 공동시장개척의 의미 ···················· 201
   2. 공동시장개척의 연원 ···················· 202
제2절 공동시장개척의 실천과 의의 ············ 204
   1. 공동시장개척의 실천 ···················· 204

2. 공동시장개척의 세계적 의의 ················· 207

제6장 '하나의 세계' 구현과 원불교의 위상 ····· 209

제1절 대산의 활동과 원불교의 위상 ················ 211
   1. '하나의 세계' 선언 ································ 212
   2. 심전계발 훈련의 진작 ···························· 216
   3. 대사회적 역할의 증대 ···························· 221

제2절 원불교에서 '하나의 세계' 전개 ············· 225
   1. 대산의 위상과 사상적 영향 ····················· 225
   2. '하나의 세계'의 계승과 전개 ··················· 229

제7장 결론: 대산 연구의 과제와 전망 ············ 237

부록 _ 참고문헌 / ABSTRACT / 주석 / 그리운 스승님과 함께 ············ 247

제1장

대산 김대거와 원불교

제1절
대산 김대거의 교학적 위상

1. 대산 연구의 필요성

원불교는 세계가 전쟁으로 분열되고 인류가 고통받던 1916년 창립된 새 종교이다. 소태산 대종사[少太山大宗師, 1891~1943, 법명 朴重彬, 이하 소태산]는 1916년 4월 대각을 이룬 후 법신불 일원상[法身佛一圓相, ○]을 종지로 하여 원불교를 창립하였다. 그는 석가모니불에게 연원을 대면서도, 그동안 출가 중심으로 운영됐던 불교를 새로운 시대와 인심에 적합하게 개혁하여 불교의 시대화, 대중화, 생활화를 표방한 새로운 종교를 열었다.

소태산은 깨달음의 자리를 '일원(一圓)'이라 명명하고, '○[一圓相]'으로 형상화하여 신앙의 대상과 수행의 표본으로 삼았다.[1] 일원은 원불교의 핵심 경전인 『정전(正典)』의 '일원상' 장에서 "우주

만유의 본원이며, 제불 제성의 심인이며, 일체중생의 본성"2으로 표현되며, 이는 진공(眞空)의 측면과 묘유(妙有)의 측면으로 살펴볼 수 있다. 또한 『정전』의 '일원상 서원문(一圓相誓願文)'에서는, 일원은 '언어도단의 입정처이요, 유무초월의 생사문'이라고 하여 초월적 측면을 표현하면서 '유상(有常)으로 보면'이라 하여 진공의 측면인 불변의 자리를 설명하였고, '무상(無常)으로 보면'이라 하여 묘유의 측면인 변하는 자리를 설명함으로써 유상[不變]의 측면과 무상[變]의 측면으로 설명하고 있다.3 원래 진리는 근원적으로는 모든 상대적 분별을 떠난 '하나'의 자리이지만, 분별이 나타나면 만물이 명백히 구분되어 생멸의 세계가 펼쳐지는 것이다. 사람들은 나타난 자리만 보고 내 것과 네 것을 구분하며 다투고 분열하지만, 없는 자리에서 보면 하나이며 한 근원이라는 것이 일원상 진리의 핵심이다. 이처럼 원불교의 종지가 되는 일원의 진리는 원불교가 분리와 차별이 아닌 '통합'의 종교이며 갈등과 반목이 아닌 '평화'의 종교임을 내포하고 있다.

『정전』의 '일원상 서원문'에서는 '하나'의 자리인 일원상 진리가 곧 일체중생의 본성이라고 하고 있다. 이미 나의 본성인 하나의 자리를 깨달아 일원의 위력을 얻고 체성과 합일하는 것이 원불교 일원상 서원의 핵심이다.

이에 따라 일원상 진리에 근간한 원불교 신앙과 수행의 목적은 크게 두 가지로 나누어진다. 첫 번째는 '성불(成佛)'의 측면에서 하나의 진리이자 나의 본성 그 자체인 일원의 진리를 오득하고 현실에서 나타내는 것이며, 두 번째는 '제중(濟衆)'의 측면에서 이 세상에서 하나의 가족, 하나의 인류, 하나의 세계를 구현하는 것이다. 이러한 목적은 원불교 교조인 소태산을 거쳐 2대 종법사4이자 소태산의 직통 제자인 정산 송규[鼎山 宋奎 宗師, 1900~1962, 이하 정산], 3대 종법사인 대산 김대거[大山 金大擧 宗師, 1914~1998, 이하 대산]의 가르침의 핵심이며, 그 정신과 목적은 현재까지도 원불교 역대 종법사를 통해 맥맥이 전해오고 있다.

일원상으로 표현된 '하나의 진리'는 소태산의 '일원주의(一圓主義)'로 처음 제시되었으며, 정산의 '삼동윤리(三同倫理)'로 전개되었는데, 대산에 이르러서는 '하나의 세계'로 점차 구체화되었다. 이는 각자의 게송에서도 점차 구체화한 형태로 나타남을 확인할 수 있다. 구체적으로 소태산의 게송은 "유(有)는 무(無)로, 무는 유로 돌고 돌아 지극(至極)하면, 유와 무가 구공(俱空)이나, 구공 역시 구족(具足)이라"이며, 정산의 게송은 "한 울안 한 이치에 한 집안 한 권속이 한 일터 한 일꾼으로 일원세계(一圓世界) 건설하자"이다. 대산의 게송은 "진리는 하나, 세계도 하나, 인류는 한 가족, 세상은 한 일터, 개척하자 하나의 세계"이다.

이 게송은 모두 진리가 하나의 근원임을 깨닫고 인류가 한 가족임을 깨달아 가족, 사회, 국가, 세계의 모든 분열과 분쟁을 종식하고 하나의 세계를 만들어가자는 취지를 함께 공유하고 천명하고 있는 것이라 할 수 있다. 이를테면 소태산은 게송에서 창립자로서 하나의 진리인 근본원리를 일원주의로 밝혔다면 정산은 계승자로서 인류가 함께 행할 실천윤리인 삼동윤리로서 구체화하였다. 대산은 소태산과 정산의 법통을 이은 원불교 핵심 지도자라는 뚜렷한 교사적·교학적 위상을 가지고 있으며, 선대의 가르침과 경륜을 현실 속에 구현하기 위해 '사대진리론(四大眞理論)'[5]을 포함하여 '하나의 세계론'을 제시하고 있다.

또한 대산은 소태산, 정산, 그리고 자신의 전법 게송을 소개하면서 게송의 뜻을 알고 구현하기 위한 핵심이 개인적 측면에서는 삼학수행의 공부임을 강조한 바 있다. 그는 "석가모니불 이래 삽삼조사(卅三祖師)가 다 계정혜의 삼학 공부로 여의보주를 얻어 삼천 년의 법맥을 전해 주신 분들이니 우리도 삼학 공부의 적공으로 정법 정맥의 법통을 계승해 나가야 하느니라."[6]라고 당부하였다.

특히 대산은 '하나의 세계'를 구현하기 위한 실천적 방법으로 '세계평화를 위한 3대 제언[이하 세계평화 3대 제언]'을 제시하고 있다. 세계평화 3대 제언은 '심전계발훈련, 공동시장개척, 종교연합운동'으로서 이는 개인적 수행을 뛰어넘어 경제, 종교적으로 하나의 세계를 만들자는 뜻을 담고 있다. 즉, 개인적 측면으로는 각자의 마음 밭을 잘 가꾸는 훈련을 통해 도덕 세계를 만들고, 경제적 측면으로는 국가 간 생존경쟁이 아니라 공생공영을 통해 인류를 함께 잘 살게 하며, 종교적 측면으로는 정치연합(UN)처럼 종교연합(UR)을 만들어 모든 종교가 화합하여 힘을 합쳐 인류를 구원하자는 것이다. 이 모든 것이 '하나의 진리'라는 이념적 토대 위에서 '하나의 세계'를 구현하기 위한 실천적인 제안임을 알 수 있다. 이 세계평화 3대 제언의 메시지는 1970년 일본 교토에서 열린 제1회 세계종교자평화회의(WCRP)에 파견된 박광전[崇山 朴光田, 1915~1986, 당시 원광대 총장]

에 의해 전달되었다. 또한 1984년 방한한 천주교 교황 요한 바오로 2세[Joannes Paulus II, 1920~2005]에게 대산이 직접 '종교연합기구' 창설 의견을 전달하면서 천명하기도 하였다.[7]

이상과 같이 대산은 소태산의 일원주의, 정산의 삼동윤리를 이어받은 '하나의 세계' 구현을 위해 실천적 노력을 계속하였다. 그의 노력은 안으로는 자기 삶과 수행, 그리고 교단 운영의 경륜에 투영되었을 뿐 아니라, 밖으로는 세계평화 3대 제언[심전계발훈련, 공동시장 개척, 종교 연합운동]을 통해 지속해서 역설하였다. 이러한 대산의 행보는 불교사상의 흐름면에서도 상당히 독창적이고 주목할 만한 모습이라고 볼 수 있다. 즉 만유가 하나라는 근본 진리를 깨닫는 것에 그치는 것이 아니라 하나의 진리를 현실의 세상에 구현하자고 하면서 구체적인 실천 방안까지 제안한 것이다. 이는 개벽(開闢)의 시대를 맞아 불국토의 이상을 현실에 구현할 때가 되었음을 알리는 새로운 흐름이다.

또한 세계 종교가 함께 나아갈 방향으로 종교연합운동을 먼저 제창한 것은 불교계뿐만 아니라 종교사 전반에서도 주목할 만하다. 아직은 원불교가 그 역사나 기반이 깊지 않아 그 파급효과가 크지는 않지만, 향후 종교 간 화해의 장을 열었다는 점에서 의미가 크다.

종교연합운동은 불교 전통 내에서는 화회(和會)의 전통으로 면면히 이어져 왔으며, 동아시아 전반에 걸쳐 유불도 삼교 회통의 정신에 뿌리내리고 있다. 그러나 서양 유일신계 종교 전통에서는 다른 종교를 적대시하고 부정하는 견해가 뿌리 깊게 박혀있고 이에 따라 종교 간 갈등도 상존하고 있다. 일부 국가에서는 종교 간 갈등이 혐오, 차별, 폭력까지 이어지며 심지어 전쟁의 원인이 되기도 하는 등 본래 각 종교의 창시자가 내세웠던 사랑과 평화의 진리를 심각하게 훼손하는 일이 발생하기까지 하고 있다. 이는 모든 종교의 뜻이 원래 하나임을 이해하지 못한 데에서 비롯되기에, 먼저 종교 지도자를 비롯한 모든 인류가 '하나의 진리'에 함께 공감하는 것이 시급하다고 할 수 있다. 또한 하나의 진리 구현을 위한 대산의 '하나의 세계' 실천 방안을 주의 깊게 살펴볼 필요가 있다.

그럼에도 대산이 제시한 '하나의 세계'에 대한 세간의 관심이나 연구는 여러 면에서 부족한 것이 사실이다. 그의 제언이 상당히 구체적임에도 이를 현실에 적용하려면 더 충분한 논의가 필요하다. 대산의 세계평화 3대 제언 중 경제 측면인 '공동시장개척'만은 종교의 역할보다는 정치경제 분야에 그 역할을 맡기더라도, 특히 '심전계발훈련'이나 '종교연합운동'은 종교철학 분야에서 많은 학문적 실천적 연구가 요청된다. 현재 전 세계적으로 우크라이나 전쟁과 같은 국지적 전쟁은 물론 종교 간 갈등이 잔존하여 하나의 세계 실현이 요원한 상태임을 고려하면 더욱 많은 관심과 연구가 필요하다고 할 것이다.

2. 대산의 교학적 위상과 의미

이와 같은 연구의 필요성에 따라 본 연구에서는 하나의 세계의 내적 구현으로서 대산의 생애를 살펴보고 외적 구현으로서 심전계발훈련[개인적 측면], 종교연합운동[집단적 측면], 공동시장개척[세계사적 측면]을 분석함으로써 사대진리(四大眞理)를 포함한 '하나의 세계'의 현실 구현을 위한 학문적 실천적 토대를 구축하는 데 기여하는 것을 목적으로 한다.

이를 위해 다음과 같은 과제를 중심으로 설정하고 논의를 전개해 나갈 것이다. 첫째, '하나의 세계'의 내적 구현으로서 대산의 삶을 살펴보는 것이다. 이 같은 전기적 고찰을 진행하기 위해 (1) '하나의 세계'의 필요성이 제기된 시대적 배경과 원불교의 동향을 톺아본다. (2) 대산의 생애와 행적 속에 나타난 '하나의 세계' 구현 모습을 분석한다. (3) 대산의 저술 및 법문, 수행 일과와 교단 운영 속에 나타난 '하나의 세계' 구현 내용을 분석한다.

둘째, '하나의 세계'의 외적 구현으로서 대산의 업적을 살펴본다. (1) 개인훈련 측면에서의 심전계발훈련과 그 의의를 짚어보고자 한다. (2) '하나의 세계'의 외적 구현으로서 종교사상 측면에서의 종교연합운동과 그 의의를 살펴본다. (3) 세계사적 측면에서의 공동시장개척과 그 의의를 살펴본다. 그리고 마지막으로 대산의 '하나의 세계' 구현을 위한 노력과 이후 현재 원불교의 위상과 사상적·실천적 측면에 미친 영향을 살펴보고자 한다.

제2절
대산 담론과 접근방법

1. 시각과 방법

　이러한 작업을 수행하기 위해 주로 불교와 원불교의 핵심 경전들과 선행연구들 그리고 대산 관련 자료들을 바탕으로 한 문헌 정리와 분석을 진행하며, 이와 동시에 통상 인물의 업적이나 활동에 대한 평가를 중심으로 살펴보는 평전(critical biography) 방식의 글쓰기를 도입하고자 한다. 이것이 가능한 이유는 대산의 수행적 삶과 행적에 대해서는 비교적 소상하게 정리가 되어 있고 그에 대한 연구도 이미 상당 부분 진행되어 있기에 이 같은 기왕의 성과들을 본 연구의 핵심 주제인 '대산의 하나의 세계론(論)'과 연계하고 이 맥락에서 이를 체계적으로 분석, 정리하는 방식으로 의미화하는 작업을 진행할 것이다.
　본 연구에서는 문헌 자료와 선행연구를 중심으로 살펴보고자 한다. 대승불교 및 선어록 등의 불교 문헌들은 『대정신수대장경(大正新脩大藏經)』(이하 大正藏)과 『한국불교전서(韓國佛敎全書)』(이하 韓佛全) 등의 원문을 주로 살펴볼 것이다. 특히 대정장(大正藏)의 원문 인용은 CBETA 검색을 통해 인용할 것이며 인용된 한문 원전을 한글 해석과 함께 제시하는 방식으로 진행할 것이다.

아울러 소태산과 정산의 주요 가르침 등은 『정전(正典)』, 『대종경(大宗經)』, 『정산종사법어(鼎山宗師法語)』 등 원불교의 주요 교서를 종합한 『원불교전서(圓佛敎全書)』를 참고하며, 대산의 주요 법문이 수록된 『대산종법사법문집』 1~5집, 『대산종사법어(大山宗師法語)』, 『대산종사수필법문집(大山宗師受筆法門集)』 등을 면밀하게 분석하여 관련 주제에 대한 근거로 인용할 것이다.

2장에서는 대산의 생애와 행적을 크게 5기로 나누어 제시할 것이며 저술과 법문 등을 종합적으로 분석하여 제시할 것이다. 대산의 생애와 행적에서 5기는 생장수학기, 출가수행기, 보림적공기, 전법활동기, 정양회향기 등이며 각 시기에 주요 저술 및 법문 등과 함께 주요 행적을 살펴볼 것이다.

3장에서는 대산이 심전계발(心田啓發) 훈련을 통해서 하나의 세계를 구현하고자 하는 구체적인 전개를 살펴볼 것이다. 심전계발의 의미와 사상적 연원을 선행연구 및 원전 등의 문헌 연구를 통해 살펴보고 구체적으로 심전계발의 내용으로서 삼학(三學), 그 방법으로서 정기훈련과 상시훈련 등 훈련법, 무시선 수행과 연결되어 삼학병진(三學竝進), 동정일여(動靜一如), 영육쌍전(靈肉雙全)으로 구현되고 있는 모습을 살펴볼 것이다.

4장에서는 하나의 세계 구현을 위한 종교사상적 측면인 종교연합운동을 다룰 것이다. 대산의 종교연합운동이 한국불교의 회통적 전통과 밀접하게 연결되어 있을 뿐만 아니라, 소태산의 일원주의, 그리고 정산의 삼동윤리를 통해서 현대사회의 다양한 갈등과 분열 현상을 해결하여 인류를 상생과 평화, 그리고 하나의 세계로 나아가게 할 수 있음을 살펴볼 것이다.

5장에서는 하나의 세계를 위해 공동시장의 개척에 대한 의미는 역사적 배경에 대한 이해가 전제되지 않고서는 그 의미를 제대로 이해하기 어려운 점들이 있다. 공동시장개척의 의미는 모든 인류가 나라와 사상의 울을 넘어서서 생존경쟁보다 서로 공생·공영 할 수 있는 공동시장개척을 말한다. 대산 종사의 공동시장개척의 균형 잡힌 세계 건설과 실천과 의의를 살펴보았다.

6장에서는 대산이 종법사로 재임한 33년(1962~1994) 동안 원불교는 '개교반백년 기념대회'(1971), '교단 창립 2대 말 기념총회'(1987), '소태산 대종사 탄생백주년 기념대회(1991)'를 비롯하여 교단의 역량을 총결집하는 큰 행사를 치러 냈다. 그 결과 원불교가 한국 사회에 널리 알려지는 계기가 되었으며, 국내외적으로 원불교의 위상이 높아짐에 따라 원불교가 국내의 4대 종교의 반열에 올라 자리매김하게 되었다.

대산은 세계평화 3대 제언을 밝히면서, 원불교 교도뿐만 아니라 전 인류가 원불교 훈련을 통하여 평화에 대한 인류의 의식 확장을 목표로 하였다. 기회가 있을 때마다 "자신훈련, 교도훈련, 국민훈련, 인류훈련"을 강조하고 인류의 심전계발 훈련을 본격화할 훈련원 마련에 총력을 기울였다. 그는 해외 훈련원 마련에도 역점을 두어 인종·국가·종교를 막론한 훈련 도량을 만들고자 하였다.

7장에서는 대산이 주창했던 '하나의 세계'는 내적으로는 대산의 삶과 저술, 수행과 교단 운영을 통해 투영되었고, 외적으로는 세계평화 3대 제언을 통해 실천적으로 제시되었다고 볼 수 있다. 세계평화 3대 제언이란 '심전계발훈련, 공동시장개척, 종교연합운동'이다. 원불교가 아직 교세가 미약함에도 불구하고 대산의 하나의 세계 사상은 불교의 포용성과 유연함에 기반하여 향후 분쟁과 분열의 세계를 통합과 화합의 평화 세계로 구현하기 위한 이념적 토대와 실천적 방법을 제시하였다고 볼 수 있다. 이런 점들을 모두 종합하여 볼 때 향후 대산의 경륜과 사상을 원불교학의 부문 연구 또는 독립적 분과 연구로 특성화하여 그의 생애와 사상 그리고 미래의 비전을 단일한 맥락에서 다루고 성찰하는 '대산학'의 신설을 적극적으로 검토해 볼 필요가 있다.

2. 선행연구 및 대산 담론들

연구 자료가 되는 대산 관련 문헌은 그 성격에 따라 다음과 같이 크게 세 가지로 나누어 볼 수 있다. 첫째, 대산이 종법사 재임 시절 발간한 교재들이다. 당시 교재를 정비하는 일은 원불교의 대중화를 위해 화급을 다투던 일로 소태산과 정산의 뜻을 담은 교재를 정비하여 발간하는 일은 종법사로서 대산의 주요 책무이기도 했다. 둘째, 대산이 직접 기록한 저술과 대산의 언행을 제자들이 기록한 것이다. 직접 기록된 저술은 대산의 사상이 그의 언어로 정제되어 표현되어 있어 가장 일차적으로 검토해야 할 문헌들이며, 언행록은 어떤 것이든지 중요한 부분만 요약을 거칠 수밖에 없지만 비교적 구어체가 그대로 남아있는 대산 종사의 법문집, 또는 후학들의 추모문집, 그리고 이러한 법문들을 다시 공식 경전의 형태로 축약하고 다듬어 주제별로 묶은 『대산종사법어』 등이 있다. 셋째, 대산의 언행과 사상을 후학들이 분석한 연구 자료이다. 특히 대산종사 탄생100주년을 기념하여 많은 학술연구가 이루어졌다. 학위논문, 학술대회 발표 자료 등이 이러한 자료에 해당한다.

구체적으로 살펴보면, 첫째, 대산이 종법사 재임 시절 발간한 교재들은 다음과 같다. 대산의 종법사 취임 후 첫해인 1962년(원기47)[8] 9월 소의경전인 『원불교교전(圓佛教教典)』을 발간했고 이어서 『불조요경(佛祖要經)』(1965), 예법을 정리한 『예전(禮典)』(1968), 노래를 결집한 『성가(聖歌)』(1968), 『정산종사법어(鼎山宗師法語)』(1972)를 펴냈다. 이어 원불교의 역사서인 『원불교교사(圓佛教教史)』(1975), 헌규인 『원불교교헌(圓佛教教憲)』(1976) 등을 잇달아 펴냈다. 마지막으로 이러한 교서를 묶어 1977년(원기62)에는 『원불교전서(圓佛教全書)』 발간으로 마무리했다. 원불교 기본교서인 『원불교전서』에는 대산의 직접적인 언행도 등장하고 있다.[9]

둘째, 대산이 직접 저술한 문헌들과 언행록은 다음과 같다. 직접 저술서로 『대산종법사(大山宗法師) 교리실천도해(教理實踐圖解)』[이하 『교리실천도해』][10]과 『정전대의(正典大意)』[대산종법사법문집 제1집]가 있다. 그 외에 『대산종법사법문집(大山宗法師法門集)』 2집~5집에는 대산의 직접 저술과 언행록이 혼재되어 있다. 특히 『정전대의』와 『대산종법사법문집 3집』, 그리고 『여래장(如來藏)』[대산종법사법문집 제5집] 등은 선사상과 관련된 법문 등이 매우 풍부하게 실려 있다. 이후 2014년 구성된 대산종사법어편수위원회에서는 이상의 법문 등을 정선하여 『대산종사법어』[11]를 정식 교서로 편수 발간하였다. 비록 기존 자료를 선별하고 축약한 것이지만 대산의 핵심 사상을 담은 정식 교서란 점에서 중요하다. 그리고 대산의 구도 과정을 기술한 『구도역정기(求道歷程記)』[12] 및 시자를 비롯한 후인들의 수필법문을 편년체로 기술한 『대산종사수필법문집(大山宗師受筆法門集)』 1~2권, 그리고 다수의 추모문집[13] 등이 있으며, 기타 사전의 기록[14] 및 사진집[15]과 영상물[16] 등이 기초자료로 남아있다.

셋째, 대산 관련 연구 자료들은 단행본, 학위논문, 학술지논문, 학술대회 발표자료집 등이 있다. 특히 대산에 대한 학술연구 자료는 2013년 대산 김대거 종사 탄생 100주년 기념 학술강연을 통해 축적되었다. 학술 강연집 『진리는 하나 세계도 하나』(2013)에는 「대산 종사의 사상과 경륜(김주원, 2013)」, 「한국사상사에서 본 대산 종사(박맹수, 2013)」, 「대산 김대거 종사의 사대 진리(四大眞理) 사상(소광섭, 2013)」, 「대산 김대거 종사의 구세 경륜(최영돈, 2013)」 등의 논문이 실려 있다. 본 논문집에서 특히 소광섭은 대산의 게송인 '진리는 하나, 세계도 하나, 인류는 한 가족, 세상은 한 일터'를 '사대 진리'로 제시하면서 앞의 두 가지는 성불의 측면, 뒤의 두 가지는 제중의 측면으로 정리한 바 있다. 최영돈도 대산의 '사대 진리' 사상이 '하나의 마을', '하나의 가족', '하나의 세계'를 만들자는 대화동사상(大和同思想)이며, 일원대도와 삼동윤리를 실현하여 하나의 세계를 개척하려는 실천 이념화된 사상이라고 밝혔다. 한편 2014년에는 대산의 탄생100주년을 기념하여 『대산김대거종사탄생100주년기념논문집』(이하 『대산백주년논문집』)이 발간되면서[17] 그동안 대산의 생애와 사상에 관한 전반적인 연구 성과가 총망라되었다.[18]

논문집에서 특히 방길터(도성)은 대산의 사상과 경륜이 '하나'라는 표현으로 압축된다는 점에 주목하여 최초로 대산의 사상을 '하나' 사상으로 규명하고자 했다. 먼저 '하나' 사상의 교리적 근거를 일원의 진리를 비롯한 소태산의 가르침에서 찾고자 했으며, '하나'의 철학적 의미를 초월, 타자, 소통, 연대, 사랑[자비]의 개념을 통해 규명하고자 했다. 특히 대산의 '하나' 사상은 하나의 진리[일원상의 진리]이자 이를 바탕으로 하나의 세계를 추구하고 있다는 점을 밝히고 있다.

한편 염승준은 '하나의 진리'에서 하나의 의미가 모든 다양성과 차이를 환원하는 근본주의적 관점의 하나가 아닌 모든 인간, 모든 종교, 모든 세대에 타당한 보편성에 기반을 둔 하나인 점을 밝히고, 이러한 마음의 절대성이 '심전계발'의 이념적 토대가 되며, 하나의 진리와 심전계발이 상호연관성을 가지고 있음을 밝히고 있다. 김태현은 '하나'의 의미를 먼저 개체적인 하나가 아닌 총체적인 '영적 네트워크'로서의 하나로 봄으로써 모든 갈라진 것이 근원적으로는 서로 연결되어 있는 하나임을 밝히고자 했으며, 다른 한편에서는 어떤 특정한 결과에 초점을 둔 획일적 통합이 아닌 다원적 특성이 안으로 끝없는 조화와 융합을 통해 평화적으로 하나가 되어가는 '과정'으로 보고자 했다. 그는 심전계발의 의미에 대해서도 '같은 뿌리에서 발전해 나온 현재의 종교와 신앙들이 일원의 진리로 다시 하나가 되어 가는 과정'으로 보고 있으며, 이는 세계 공동시장개척을 통한 호혜 번영과 세계종교연합운동을 통한 종교 평화를 통해 구현될 수 있다고 보았다.

이처럼 선행연구를 통해 대산의 사상에서 '하나'라는 용어가 가지는 의미를 살펴볼 수 있었다. 이를 통해 대산의 사상과 생애, 그리고 업적이 소태산의 일원주의와 정산의 삼동윤리를 계승하면서도 '하나의 세계'를 안팎으로 구현하는 실천 방안으로 일관되게 제시되고 있다는 점을 확인할 수 있다. 본 연구에서는 이러한 선행연구의 성과를 바탕으로 실제 대산의 생애에서 하나의 진리를 어떻게 내적으로 구현하고 있는지를 살펴보고, 외적으로 어떻게 하나의 세계를 구현하고자 했는지를 심전계발 훈련과 종교연합운동과 공동시장개척을 통해 좀 더 구체적으로 살펴보는 데 그 의의가 있다고 생각한다.

제2장

대산의 생애와 '하나의 세계'

제1절
시대적 배경과 원불교의 세계관

1. 일제강점기와 소태산의 대각(大覺)

　근대 서구의 제국주의와 식민주의는 19세기 조선을 비롯한 아시아 제국을 유린하였다. 강대국들은 아시아 각국을 새로운 시장인 동시에 이권 쟁탈의 각축장으로 만들었다. 특히 조선은 1910년 아시아 국가 중 가장 먼저 제국주의의 대열에 뛰어들었던 일제의 식민 지배에 접어들었다. 『원불교교사』에서는 당시 시대상을 다음과 같이 기술하고 있다.

　대종사께서 이 세상에 오신 시대는 인류 역사상 일찍이 없었던 큰 격동의 시대요 일대 전환의 시대였다. 19세기 말엽부터 밖으로는 열강 여러 나라의 침략주의가 기세를 올려, 마침내 세계 동란의 기운이 감돌았고, 급속한 과학 문명의 발달은 인류의 정신

세력이 그 주체를 잃게 하였다. 안으로 한국의 국정은 극도로 피폐되고, 외세의 침범으로 국가의 존망이 경각에 달려있었으며, 수백 년 내려온 불합리한 차별 제도 아래 수탈과 탄압에 시달린 민중은 도탄에 빠져있는 가운데, 개화의 틈을 타서 재빠르게 밀려든 서양의 물질문명은 도덕의 타락과 사회의 혼란을 가중해 말세의 위기를 더욱 실감하게 하였다.[19]

이처럼 시대적 어두움이 극에 달하던 시대 소태산이 탄생[1891]하여, 26세가 되던 1916년 4월 28일[음력 3월 26일] 이른 새벽에 어릴 적부터 품었던 인간과 세상에 대한 의문을 마감하고 깨달음을 성취하였다. 소태산은 대각의 일성을 "만유가 한 체성이며 만법이 한 근원이로다. 이 가운데 생멸 없는 도와 인과보응 되는 이치가 서로 바탕하여 한 두렷한 기틀을 지었도다."[20]라고 밝혔다. 소태산의 대각 일성에서 그가 깨달은 일원(一圓)의 진리가 '한 체성', '한 근원'의 표현에서 알 수 있듯이 만유와 만법이 '하나의 진리'로 통해 있음을 확인할 수 있다.

한편, 원불교의 경전에서는 소태산의 대각은 절대적인 사건임과 동시에 시대적인 요청에 부응한 것임에 의의를 두고 있다. 『대종경』 전망품에서는 "세상이 말세가 되고 험난한 때를 당하면 반드시 한세상을 주장할 만한 법을 가진 구세 성자(救世聖者)가 출현하여 능히 천지 기운을 돌려 그 세상을 바로 잡고 그 인심을 골라 놓나니라."[21]라고 하여, 당대의 위기를 극복하기 위해 성자가 출현했다는 것이다. 소태산 또한 대각 후 개인적인 수행에 머문 것이 아니라 시대와 시국을 살핀 후 원불교 창립의 방향을 설정하였다. 즉 안으로 여러 종교의 경전들을 참고하고, 밖으로 시국을 살펴보니, 도덕의 부활이 무엇보다 시급함을 느끼고, "물질이 개벽(開闢)되니 정신을 개벽하자."는 개교 표어를 제창한 것이다. 이는 현대문명의 가장 큰 문제를 물질문명과 정신문명이 조화를 이루지 못하고 주객이 전도되어 인류가 고통 받는 데 있다는 시대적 통찰에서 비롯한 것이다. 이는 '하나의 진리'에 기초하여 현실의 혼란과 분열을 수습하고, 정신개벽을 통해 적극적으로 현실을 변화시키려는 의지를 천명한 것이다.

2. 원불교 창립과 현실 참여

1) 소태산의 현실 참여

소태산은 대각 직후부터 현실 세계에 깊은 관심을 가지고 할 수 있는 것부터 변혁하고자 하였다. 먼저 소태산은 1917년에 '저축조합'을 설립하여 제자들과 허례 폐지, 미신 타파, 금주 단연, 근검저축, 공동 출역 등의 새 생활 운동을 전개하였다. 새 회상 창립의 기초를 일상생활의 혁신을 통해 마련하고자 한 것이다.

또한 대각 직후부터 구상한 시국에 대한 감상과 함께 새 세상 건설의 대책을 '최초법어(最初法語)'로 구체화하였는데, 그 내용을 간단히 살펴보면 다음과 같다.

수신의 요법은 시대에 따라 학문을 준비하고, 수양 연구 취사를 놓지 아니하여야 새 세상의 새사람이 된다는 것이요, 제가의 요법은 실업과 근검저축, 교육과 의견 교환, 도덕과 정치를 주의하여야 새 가정 새 국가를 이룩한다는 것이요, 강자 약자의 진화상 요법은 강자는 자리이타로 약자를 진화시키며, 약자는 강자를 선도자로 삼아 강약이 서로 진화하는 길로 나아가야 상극 없는 새 세상을 이룩한다는 것이요, 지도인으로서 준비할 요법은 지도받는 사람 이상의 지식을 가지고, 신용을 잃지 말며, 사리를 취하지 말고, 지행을 대조하여야 제생의세의 경륜을 충분히 실현할 수 있다는 것이었다.22

이와 관련하여 1928년 5월 『월말통신』 제1호에 실린 「강자로서 약자 되는 법문」에서는 당시의 혼란한 시대 상황과 관련하여 '파란 고해의 일체중생을 건지고 병든 세상을 건진다.'는 '제생의세(濟生醫世)'의 적극적인 구세의 실천 의지를 표방하고 있다.23

1920년 4월에 소태산은 봉래산[전북 부안군]에서 새로운 교리의 강령을 발표하는데, 이는 '인생의 요도 사은·사요와 공부의 요도 삼강령(三綱領)·팔조목(八條目)'이다.24

1924년에는 '불법연구회(佛法研究會)'라는 임시 교명으로 창립총회를 개최하고 전북 익산에 중앙총부를 건설하였다. 소태산은 이듬해인 1925년 3월에 새 교법을 지도하고 훈련하기 위하여 정기훈련과 상시훈련 등을 밝힌 훈련법을 제정 발표한다. 이후 불법연구회의 본부와 지부를 중심으로 동하 3개월씩 6개월의 정기훈련과 10일에

한 번씩 보는 삼육일 예회[6일, 16일, 26일]를 정례화하고 10인을 1단으로 하는 단을 조직하여 매달 단회를 실시함으로써 상시(常時) 공부를 점검하도록 하였다. 또한 공동체의 공부·사업·생활 방면의 의견 제출(意見提出) 제도를 적극적으로 수용함과 동시에 구성원 모두가 공동체의 의사결정에 참여하는 공화제도(共和制度)를 활용하여 민주적 절차에 따라 공동체를 운영하였다.

한편 소태산은 열반 2년 전인 1941년(원기26) 1월 26일에는 선원 대중에게 다음과 같은 전법 게송(偈頌)을 전하였다.

유(有)는 무(無)로 무는 유로
돌고 돌아 지극(至極)하면
유와 무가 구공(俱空)이나
구공 역시 구족(具足)이라.²⁵

소태산은 28년간 불법연구회의 공동체를 이끌며 제생의세의 경륜을 실현하고자 하였다. 그는 1943년 해방 2년 전 기존의 교서들을 통합하되 일원상(一圓相)을 중심으로 신앙문과 수행문을 양립하여 모든 신앙의 대상을 하나로 통합하도록 하였을 뿐 아니라, 수행법도 실생활에 활용할 수 있도록 정비하였다. 그는 모든 교리체계를 정립하여 『불교정전(佛敎正典)』으로 편찬한 후 6월 1일 열반에 들었다.²⁶

2) 정산의 『건국론』과 구호사업

원불교는 해방 이후에도 현실에 지속적인 관심을 가지고 참여하였다. 정산은 원불교 정전에 개교의 동기로 '파란 고해(波瀾苦海)의 일체 생령을 광대무량한 낙원으로 인도하려 함'이라는 목적을 충실히 계승하였다. 즉 불법을 깨닫는 데에만 그치지 않고 현실에 구현하여 이 세상을 낙원세계로 만들고자 하는 적극적인 활동을 전개하였다.

정산은 1945년『건국론(建國論)』을 저술하여 구체적인 건국의 방안을 주요 요인들에게 전달하였다. 그 요지는 "정신으로써 근본을 삼고, 정치와 교육으로써 줄기를 삼고, 국방 건설 경제로써 가지와 잎을 삼고, 진화의 도로써 그 결과를 얻어서, 영원한 세상에 뿌리 깊은 국력을 잘 배양하자"는 것이었다.[27]

한편 해방 후 만주, 일본 등에서 귀환하는 동포들을 위한 구호사업에도 참여하였다. 1945년 이리역[현 익산역]에서 13개월, 서울역에서 9개월간 '귀환전재동포구호소'를 설치하여 전재동포들에게 식사, 의복, 숙소 안내, 응급 치료, 사망자 치상 등을 제공하였다. 이외에도 부산에서 3개월, 전주에서 5개월간 재가출가의 많은 인원이 구호사업에 참여하기도 하였다. 4개 지구의 5백여 명의 교도가 참가하여 약 80만 명의 동포를 구호하였다.[28] 한편, 한남동 정각사(正覺寺)에 서울보화원을 설립하여, 전쟁으로 인한 고아를 수용하기도 하였다. 익산 총부를 비롯한 교당에서 일제히 야학 등 문맹 퇴치 운동을 전개하였는데, 수강생이 4천여 명에 달하기도 하였다.

1961년(원기46) 4월에 정산은 삼동윤리(三同倫理)를 발표하였고, 이를 열반 게송으로 삼았다. 정산의 게송은 다음과 같다.

한 울안 한 이치에
한 집안 한 권속이
한 일터 한 일꾼으로
일원세계 건설하자.29

정산은 1961년 12월 25일 병상에서 사대경륜(四大經綸)을 유촉하고, 1962년 1월 24일 열반에 들었다.

3) 원불교 체제정비와 발전

1947년 1월에는 임시 교명 '불법연구회' 대신 '원불교'라는 교명을 내정하고 교헌을 새로 기초하며, 재단법인으로 등록 인가를 받았다. 1948년에는 『원불교교헌』을 정식 반포하여 교단의 새 체제를 정립하여 새 종교로 거듭 출발하게 되었다.

교육, 언론 분야 체제 정비도 이루어졌다. 1946년 전문적으로 교역자를 양성하기 위해 총부 구내에 '유일학림(唯一學林)'이 개설되었다. 소태산 당대부터 익산과 영산에 선원과 학원을 두어 교역자 양성에 노력했다. 유일학림은 이후 중등부와 전문부로 나뉘는데, 중등부가 오늘날 학교법인 원창학원 산하의 원광중, 원광여중, 원광고, 원광여고, 원광보건고 등으로 발전했으며, 전문부는 오늘날 학교법인 원광학원으로서 원광대학교, 원광보건대학교, 원광디지털대학교 등으로 발전하였다. 뿐만 아니라 대안학교[현 특성화학교] 설립 운영에도 적극적으로 참여하여 최초의 대안학교인 영산성지고를 비롯하여 13개 특성화 학교가 설립되어 운영 중이다. 한편 불법연구회 당시 정기간행물이었던 『월말통신』, 『월보』, 그리고 『회보』 등 소식지들을 계승하여 1949년부터 월간 『원광』을 발간하는 등 언론체계 확립도 이루어졌다.

1962년 정산 열반 후 종법사로 임명된 대산은 먼저 교재정비에 역점을 두어 『원불교교전』(1962)과 『불조요경』(1965)을 비롯하여 『예전』, 『성가』를 발간하였고, 1972년에는 『정산종사법어』, 『원불교교사』, 『원불교 교헌』 등을 연이어 발간하였다.30

대산은 1963년부터, 개교반백년 기념대회를 앞두고 교화 삼대 목표로서 연원(淵源) 달기, 교화단(敎化團) 불리기, 연원 교당 만들기 등을 추진하였다.31 연원은 개인 교화로서 입교를 통해 교도의 수를 늘려가는 것이라고 한다면, 교화단은 조직 교화로서 10명을 1단으로 삼아 상시로 공부를 지도하도록 한 것이라고 할 수 있다. 연원 교당은 지역[교당] 교화로서 각 교당마다 다른 지역에 교당을 늘려가는 것으로 말한다. 또한 반백년 결실의 과정에서 내실을 기하기 위하여 전 교도의 심전계발을 위한 훈련과 함께 공부[수행]의 정도를 밝힌 법위(法位)의 향상을 위한 운동을 제창하였다.

3. 정신개벽의 세계관

『정전』에는 원불교가 개교하게 된 동기를 물질문명의 발달로 인해 정신문명이 크게 쇠약해지고 있다는 문제의식에서 출발하고 있다. 소태산은 당시의 시국을 살펴본 후 내세운 개교의 동기로 "진리적 종교의 신앙과 사실적 도덕의 훈련으로써 정신의 세력을 확장하고, 물질의 세력을 항복받아, 파란고해의 일체 생령을 광대무량한 낙원으로 인도하려 함이 그 동기니라."32라고 명시하고 있다. 소태산의 활동 시기에 한국은 안으로는 봉건사회 질서가 무너지고, 밖으로는 세계질서의 재편에 따른 혼란이 극에 달하던 때였다. 이러한 혼란에도 불구하고 소태산은 새로운 시대인 후천개벽 시대가 올 것으로 기대했다.33 그는 새 시대 새로운 역사를 책임질 종교로 인간의 자유와 평등, 존엄성을 되찾기 위한 길을 '정신개벽'을 통한 물질의 세력을 선용함으로써 정신문명[도학문명]과 물질문명[과학문명]의 조화를 통해 구현하고자 했다.

이러한 방향을 『대종경』에서 밝히듯, "물질이 개벽되니 정신을 개벽하자."34라는 표어에 담아냈다. 이 표어에서는 원불교가 물질과 정신의 조화를 표방한 새로운 시대에 맞는 혁신종교로서 '개벽종교'의 역할을 하려는 의미가 담겨있다. 개벽사상은 수운, 증산에 맥을 대고 있으나, '정신개벽'이라는 낱말은 원불교의 고유한 것이다.35

'개벽'이란 일반적으로 '새로운 시대가 열린다.' 혹은 '세상이 처음으로 생긴다'는 의미를 지니고 있다. 한마디로 '개벽'이란 '새롭게 연다'는 뜻이다. 소태산에게 물질과 정신은 모두 인간을 위해 '새롭게 여는' 대상이다. 그리고 그는 이 물질개벽의 시대에 맞게 정신의 개벽을 중심으로 원불교의 개교 정신을 삼은 것이다.

소태산의 진단은 현대문명은 물질이 개벽되었음에도 불구하고 정신개벽은 그에 미치지 못했다는 점이다. 그 때문에 사람들은 물질의 지배를 받게 되었고, 물질의 노예가 되어 고통에 처하게 되었다.

안으로 정신문명을 촉진하여 도학을 발전시키고 밖으로 물질문
명을 촉진하여 과학을 발전시켜야 영육이 쌍전하고 내외가 겸전
하여 결함 없는 세상이 되리라. 그러나, 만일 현대와 같이 물질문
명에만 치우치고 정신문명을 등한시하면 마치 철모르는 아이에
게 칼을 들려준 것과 같아서 어느 날 어느 때에 무슨 화를 당할
지 모를 것이니, 이는 육신은 완전하나 정신에 병이 든 불구자와
같고, 정신문명만 되고 물질문명이 없는 세상은 정신은 완전하
나 육신에 병이 든 불구자와 같나니, 그 하나가 충실하지 못하고
어찌 완전한 세상이라 할 수 있으리요. 그러므로, 내외 문명이 병
진되는 시대라야 비로소 결함 없는 평화 안락한 세계가 될 것이
니라.**36**

물질문명은 칼과 같은 도구로서 사용하는 사람의 의도와 역량
[정신문명]에 따라 유익을 줄 수도 있고, 파괴의 도구가 될 수도 있다.
따라서 발전하는 물질문명을 선용하기 위한 정신문명의 개벽이 필
요하다. 대산도 소태산의 정신을 이어 정신개벽과 물질개벽을 함께
해야 하며, 정신과 물질이 조화된 세상이야말로 참 문명의 세계라고
역설하였다.

수운 대신사께서는 당신의 의무가 무엇이냐 하면 천지개벽 운을
갖고 나오셨다 그러셨다. 천지개벽인데 그것을 간단히 말할 것
같으면 천개지벽(天開地闢) 하늘을 열고 땅을 개벽한다. 그런데 하
늘을 여는 것이 무엇인지 물어보아라. 지벽은 무엇이냐? 천개는

정신개벽이다. 도덕이다. 지벽은 물질개벽 과학이다. 앞으로는 도덕과 과학이 병진해야 한다. 천개지벽은 하늘을 연다는 것이며 정신개벽을 시키자는 것이고 하늘을 연다는 것이다. 서양에서는 물질을 개벽시켜서 과학을 발달시켰다. 정신개벽만 가지고는 안 된다. 물질이 개벽되어야 천개지벽이라 한다. 지벽을 하면 우리가 잘 먹고 잘사는 낙원이 되고 정신개벽을 할 것 같으면 우리가 선경에 살게 된다. 우리가 정신개벽과 물질개벽을 같이 해야 한다.[37]

천개지벽(天開地闢)은 하늘을 열고 땅을 개벽한다는 뜻인데, 하늘을 연다는 것은 정신개벽을 말하는 것으로 이는 도덕문명을 뜻한다. 땅을 연다는 것은 물질개벽을 말하며, 이는 과학문명을 말하고 있다. 이러한 정신개벽으로 맞아오는 세상은 매우 밝은 세상이며, 이는 『대종경』 전망품, 또는 『정산종사법어』 도운편 등에 잘 나타나 있다.

지금 물질문명에 도취한 세상 사람들에게 정신문명을 말한들 어찌 다 알아들으리오마는, 앞으로 오는 세상에는 사람들의 정신이 훨씬 밝아져서, 자기가 지은 죄복과 자기 성품의 내역과 전생의 모든 일들을 자기가 이생에서 살아온 젊었을 때 일 같이 잘 알 것이며, 물질문명과 정신문명이 쌍전 병행하는 시대가 될 것이니, 조금만 더 지내보라 참으로 좋은 세상이 오고 있나니라.[38]

이처럼 소태산은 정신과 물질은 이분법적 관점이나 대립적 관점에서 본 것이 아니라 조화와 병진의 관점에서 보고자 했으며, 이를 통해서 진정한 낙원이 가능하다고 보았다.

안세명도 소태산이 말하는 정신은 서양의 이분법적 사고를 넘어 유(有)와 무(無) 어느 쪽에도 집착하지 않고 근원적 진리를 묻는 능력이며 경지라고 주장하고 있다.[39] 특히 일원상[○]으로 대표되는 우주 만유의 본원으로서 정신, 제불제성의 심인이자 일체중생의 본성으로서 정신은 성품과 다르지 않음을 강조한다. 즉 정신과 물질이 둘 아닌 성품으로서 하나의 근원을 밝힌 것이라 할 수 있다. 이처럼 하나의 진리로서 하나의 근원, 하나의 정신을 제시할 수 있는 정신개벽이 가능할 때, 비로소 하나의 세계를 구현해 갈 수 있을 것이다.

4. 일원주의와 세계주의

소태산으로부터 비롯된 '일원상의 진리'는 정산을 거치면서 개념적으로 더 명백해졌고, 대산을 거치면서 실용성과 구체성을 획득하기 시작했다.[40] 특히 대산은 일원상의 진리를 '일원주의'라는 말로 규정하고, 일원주의의 세계사적 보편성에 대해 강조한다. "대종사와 정산 종사께서 영원한 세상에 염원하신 것이 일원주의요 세계주의이다."[41] "대종사의 일원주의는 전 세계 전 인류를 하나로 만들어 고루 잘 사는 하나의 세계를 이루자는 것"[42]이며, "일원주의는 세계주의"[43]라고 규정한다.

물론 세계주의는 대산이 규정하기 전부터, 특히 정산 이래로 일원사상의 다른 이름으로 간주되어 왔다. 세계주의는 일원사상을 전 세계에 구현해보자는 취지의 원불교적 표현이다. '일원'이라는 단어 자체가 '하나'로서의 '일(一)'과 '전체'로서의 '원(圓)'이 합해져 만들어진 말이기도 한 것처럼, 전 세계, 온 인류, 다양한 종교들을 하나로 여기는 세상을 만들어가자는 것이다. 그런 점에서 세계주의는 '세계일가주의(世界一家主義)'나 다름없다.**44** 대산은 이렇게 해설한다. 즉 "원(圓)은 곧 하나라는 뜻이니, 진리는 하나 세계도 하나 인류는 한 가족 세상은 한 일터임을 알자는 것이다."**45** 이는 일원이라는 보편적 본원의 세계를 실제로 지구상 모든 곳에서 구현하자는 주장이다.

이런 연유로 원불교에서는 '하나'라는 단어가 자주 사용된다. 이때의 '하나'는 숫자, 즉 여러 가지 중에서 하나를 의미한다기보다는 '근원'을 의미한다. '하나'에 대해 대산은 다음과 같이 말하였다.

> 일원은 공(空)이 아니요 하나 자리며, 그 하나는 낱이 아니요 열이 근원한 자리이므로, 그 열은 하나가 나타난 자리요, 그 하나는 열의 본래 고향이니라. 그러므로 도에 뜻을 둔 사람은 먼저 그 하나를 얻어야 하느니라.**46**

하나[一]는 열[十]의 본향이다. 현실적 다양성의 세계를 포섭하고 그 다양성의 세계로 드러나는 근원이다. 그런 점에서 '전체'이기도 하다. 이 '전체'의 눈으로 보면 다양성은 근원적인 차원에서 사실상

'하나'이다. 만물이 단순히 동일한 물건과 같다는 뜻이 아니라, 다양성을 그대로 살려주는 근원이라는 것이다. 현실적 다양성은 일원이라는 보편적 세계가 스스로를 드러낸 것이기 때문이다. 즉 "진공 묘유가 바로 일원상 자리니, 진공은 텅 비어 있으나 텅 비었다는 그것마저 없는 자리요 묘유는 그 가운데 묘한 이치가 있어 나타남을 이름이라."[47] 이런 맥락에서 대산은 현실의 다양성을 긍정하면서도 다양성 속의 하나 됨을 지속적으로 구현하고자 했다. 대산은 '원불교 개교반백년 기념대회' 때 "진리는 하나 세계도 하나 인류는 한 가족 세상은 한 일터 개척하자 하나의 세계"라는 게송을 천명하고 이렇게 말한 바 있다.

> 진리가 하나임을 깨달아 모든 종교가 한 집안을 이루고 서로 넘나들어 융통해야 할 것이요, 세계가 하나임을 깨달아 모든 인종과 민족이 한 가족을 이루어 서로 친선하고 화목할 것이요, 세상이 한 일터 한 일임을 깨달아 세상을 경영하는 모든 지도자가 한 살림을 이루어 서로 편달하고 병진해야 할 것이니라.[48]

이것은 '원(圓)'이 "언어와 명상이 끊어진 자리"이자, "우주 만유가 다 이 원으로써 표현되어 있다."[49]라고 본 정산의 법어를 구체화한 것이라고도 할 수 있다. 이런 점에서 정산의 "원 외에는 다시 한 법도 없다."는 내용과 대산의 "천하의 대도요 만고의 대법"[50]은 상통한다고 할 수 있다. 그리고 이 가운데 일원, 원만, 진리, 대도, 대법이라는 말도 사실상 동어반복에 가까울 정도로 동어처럼 사용되는

언어들이다. 이것이 표현하고자 하는 것은 '세계가 하나'라는 사고 방식이다.

> 세계도 하나로, 세계도 한 집안으로,
> 세계도 새로 살아난 살아난
> 살아난 새로 살아난 새 세계,
> 산 새 세계, 새 성현, 산 살아난 새 종교,
> 일원의 세계, 보은의 세계, 균등의 세계로 밀고 나갑시다.[51]

열반을 앞둔 대산은 위의 법문을 했다. 이 또한 새롭게 살아난 새 세계로서 '하나의 세계'를 이루자는 내용을 강조한 것이라 할 수 있다.

제2절
대산의 생애와 행적

1. 대산의 생애

　대산(大山)은 법호이며, 대거(大擧)는 법명이다. 본명은 영호(榮灝)이다. 대산은 1914년 음력 3월 16일, 전북 진안군 성수면의 좌포리에서 출생했다. 소태산과 정산의 뒤를 이어 1962년부터 1994년(원기47년~79년)까지 원불교 종법사를 역임했다. 20세가 되던 1935년에 한 살 위인 이영훈(李永勳)과 결혼한 대산은 가사를 일체 불고하며, 봉직하다가 1936년경에 사가를 정리하여 총부 부근으로 이사했다. 이어 1937년부터 서무부장, 교무부장, 감사부장, 총부 교감 겸 예감 등에 차례로 역임하였다. 정산이 1962년 열반하자 그 법통을 이어받아 2월, 49세로 종법사 위에 올랐다. 이후 1994년 11월 대사식을 통해 좌산 이광정 종사[左山 李廣淨, 1936~, 이하 좌산]에게 법좌를 양위하기까지 6차에 걸쳐 종법사[5대~10대]를 연임하면서, 33년간 교단의 주법으로서 교화를 주재하고 교단 발전에 헌신했다. 대산은 정산이 최후까지 당부한 교단의 4대 경륜과 삼동윤리의 계승을 강조했다. 4대 경륜이란 교재정비(敎材整備), 기관확립(機關確立), 정교동심(政敎同心), 달본명근(達本明根)을 말한다.

소태산과 정산의 생애를 각각 10개의 장면으로 나누어 10상(十相)**52**으로 정리하고 있다.**53** 한편 대산의 생애를 구분하여 살피는 일은 연령과 행적, 그리고 교단사 등을 종합적으로 고려하여 크게 3기 혹은 5기로 나누는 경우가 있다. 먼저 박맹수는 대산의 생애를 3기로 나누었는데, 제1기(1914~1962)는 사상형성(思想形成) 및 수행정진기(修行精進期), 제2기(1962~1994)는 구세전법기(救世轉法期), 제3기(1994~1998)는 만년수양(晩年修養) 및 회향기(回向期)로 구분하고 있다. 이는 출가 전과 후와 같이 생애에 있어서 중대한 변화가 간과된 감이 있으며, 각 기간별 장단의 차이를 고려하여 보완이 요청된다.**54**

한편 양은용은 대산의 생애를 제1기는 생장수학기(生長修學期), 제2기는 출가수행기(出家修行期), 제3기는 보림적공기(保任積功期), 제4기는 전법교화기(傳法敎化期), 제5기는 보은회향기(報恩回向期)**55**라고 구분하여 그 행업과 경륜을 살피고 있다. 이에 조성면도 대산의 생애를 수행·적공·교화 활동 그리고 저작물 등을 종합적으로 고려하여 크게 5기로 나누고 있다. 즉, 제1기 탄생성장기[誕生成長期, 1914~ 1930], 제2기 출가수행기[出家修行期, 1931~1943], 제3기 보림적공기[保任積功期, 1944~1961], 제4기 전법법륜기[傳法法輪期, 1962~1994], 제5기 은퇴회향기[隱退廻向期, 1995~1998]의 구분이다.**56** 한편 대산은 자신의 생애를 공부 단계로 되돌아본 바 있다.

나의 공부 단계를 돌아보면 10대는 서원기요 학문기요 독공기(篤功期)였고, 20대는 고전기(苦戰期)였으며, 30대는 정진기(精進期)였고, 40대는 기도기(祈禱期)로 전 교도와 전 국민, 전 인류와 전 생령, 위급한 동지들과 유주무주 고혼들의 제도를 위한 기도를 올렸으며, 40대에서 50대까지는 평상심이 되고 지각이 열리고 전심(專心)이 되었으며, 65세 이후는 함장기(含藏期)로 삼아 다시 준비하며 살고 있느니라.⁵⁷

이 내용을 앞서 말한 생애의 5기 구분과 대비하면, 대체로 10대는 제1 생장수학기, 20대는 제2 출가수행기, 30대와 40대는 제3 정진기, 50대와 60대는 제4 전법활동기, 그리고 65세 이후는 제5 정양회향기에 해당하는 셈이다. 본고에서는 양은용, 조성면의 생애 구분을 참조하여 제1기 생장수학기[1914~1930], 제2기 출가수행기[1931~1943], 제3기 보림적공기[1944~1961], 제4기 전법활동기[傳法活動期, 1962~1994], 제5기 정양회향기[靜養廻向期, 1995~1998]로 구분하여 대산의 행적에 대해 살펴보고자 한다.

2. 주요 시기별 행적

1) 생장수학기

대산의 생애에 있어서 제1기인 생장수학기[生長修學期, 1914~1929]는 탄생에서 16세 출가 이전 기간에 해당한다. 대산은

1914년 3월 16일, 전북 진안군 성수면 좌포리에서 김인오(金仁悟)와 안경신(安敬信)의 5남매 중 장남으로 태어났다. 출생 전 모친의 태몽이 전해오며58, 7세 때 사숙에서 한문을, 11세 때 성수면 학술강습소에서 공부하였다. 1924년 익산 보광사에서 불법연구회 창립총회를 개최한 후 음력 5월 초, 소태산은 진안 만덕산에서 1개월간 최초의 공동선 훈련[初禪]을 하게 되는데, 여기에 대산이 참석하게 된다. 이때 초선의 인연으로 진안 만덕산 일대가 현재 원불교의 성지(聖地)가 되었다.59 이 수선 모임은 김광선[八山 金光旋, 1879~1939]이 주관했는데, 소태산과 정산 등 12인60이 함께 하고 있다.61 대산은 후일 이때의 만남, 직접 스승이 찾아서 이끌어준 은혜에 대해서 다음과 같이 설하고 있다.

> 대종사와 정산 종사께서 변산에만 머물지 않고 만덕산으로 오신 일이나, 만덕산으로 오실 때 가까운 오도재를 넘지 않고 먼 좌포로 길을 돌아서 오신 것이 바로 나를 찾으시려는 뜻이었음을 알고 더욱 한량없는 은혜를 느꼈느니라.62

대산은 훗날 생사의 경계에서도 세 가지 기쁨으로 살았다고 하면서, "첫째는 한국에 태어나 이 회상을 만난 기쁨이요, 둘째는 대종사를 만나 영생의 스승으로 모신 기쁨이요, 셋째는 전무출신을 서원하여 일체생령에게 심신을 바친 기쁨"63을 밝힌 바 있다.

대산은 전주 호영학교(湖英學校)에서 신학문을 공부하기도 하고, 총부 생활도 하다가 16세 되던 1929년(원기14), '대거(大擧)'라는 법명을 받고, 전무출신을 서원한다.

2) 출가수행기

제2기 출가수행기[出家修行期, 1929~1943]는 청년 시절로, 1929년부터 30세 되던 1943년(원기28) 소태산 열반까지가 해당한다. 16세에 출가하여 20세에 견성 인가를 받고 차세대 교단의 지도자로서의 경륜을 쌓던 수업의 시기이다.⁶⁴

대산은 1929년 16세에 출가하여 3년간 총부 학원 생활을 하였다. 이때 소태산과 은부자(恩父子)로서 의를 맺고 서원을 확고히 세웠다. 당시 생활을 대산은 다음과 같이 회고하고 있다.

대산의 회고에 의하면, 이듬해 그는 소태산과 은부자(恩父子) 결의를 맺고 틈틈이 정산에게 『도덕경』을 배우고 난 후 삼산 김기천 종사로부터 인간관계의 의두와 우주의 원리 같은 성리 공부의 가르침을 받았다고 하였다. 출가 직후 대산은 새벽부터 밤까지 총부 대중을 위해 물 긷고, 나무하고, 목욕물을 데우고, 이발하며, 쇠죽 쑤는 허드렛일 등을 했다. 김씨 문중의 장남으로 애지중지하며 자랐던 대산은 힘든 고역이었지만 소태산으로부터 틈틈이 받든 법문으로 마음만은 한가로웠다.⁶⁵

1932년(19세) 대산은 출가자로서의 각오와 서원을 확고하게 세우고, 『월말통신』 제35호에 「입지시(立志詩)」를 발표한다.

此身必投公衆事　　이 몸은 반드시 공중사에 던지니

永世盡心竭力行	천만년을 가더라도 몸과 마음 이에 바쳐 행하리라.
人生出世無功績	인생으로서 출세하여 공적이 없이 죽는다면
斯我平生何免愧	이 나의 평생에 어찌 부끄러움을 면할 손가.66

전무출신의 서원을 확립한 가운데 총부의 상조·공익·육영 등 각 부서의 서기를 차례로 역임하며 건강 등으로 휴무하고 고향을 오가기도 한다. 20세 된 1933년 2월 이영훈과 결혼하고, 이듬해 음력 7월 7일 소태산과 '은부자(恩父子)'를 맺는다. 21세 되던 1936년 1월, 고향의 사가를 정리하여 총부 부근으로 이사하고 공사에 전념한다. 1937년부터 서무부장, 교무부장을 거쳐 감사부장, 총부 교감 겸 예감 등의 소임을 차례로 맞는다. 특히 교무부장 소임 4년간은 교화상에 큰 실적을 드러낸 것으로 평가된다.

이 시기에 소태산의 법문을 수필(受筆)하고 시가를 지어 발표한다. 법문 수필의 대표적인 예로 원불교의 종지와 관련한 주요 법문 '일원상과 인간과의 관계'67라면, 시가는 수행 중 낙도(樂道)의 심경을 「사공(沙工)」68으로 오늘날 성가로 작곡되어 널리 불린다. 이러한 대산을 소태산은 공부 길을 잡은 법기(法器)로 인정한다.69 당시에 심경을 읊었던 시 중에 「사공(沙工)」이란 제목의 시가 있다.

조그마한 우주선에 이 한 몸 태우고서
다북찬 일원대기(一圓大氣) 노 삼아 저어가니
아마도 방외유객(方外遊客)은 나뿐인가 하노라.70

대산은 1938년 저녁에 찬란한 광명이 비치는 해와 달이 맞부딪치면서 품 안에 안기는 꿈을 꾸었는데, 다음날 일찍 조실에서 소태산으로부터 '너희들은 이제 법 가지고는 걱정하지 말아라.'[71]라는 부촉을 받았다는 내용도 전한다.

일찍이 소태산이 대산에게 '출세거사(出世居士)'란 별칭을 주면서 몸만 속세를 떠나는 것이 아니고 마음도 같이 중생계를 해탈하여 자유 자재하는 사람이 되라는 말씀을 내려서 삼독 오욕을 항복 받아 시방 일가를 소유하는 우주의 주인이 되도록 촉구하였다고 한다.

1939년에는 「피안의 님」이 『회보』에 발표된다.

一, 우리님 찾으려고 헤매고 헤맨 지 몇 해런고
　　지존하신 세존님도 설산고행(雪山苦行) 이 일이라
　　옥공(玉公)의 귀한 몸이 의식 부려 그랬던가.

二, 그 한 님 찾으려고 풍진세상(風塵世上) 벗어났네.
　　꿈같은 세간자미(世間滋味) 뉘 아니 좋으련만
　　제석천왕(帝釋天王) 높이 외쳐 일신양역(一身兩役) 못한다네.

三, 단맛 쓴맛 다 참고서 저 언덕을 당도하면
　　엄연하신 우리님 손길 내어 맞이하여
　　도솔천 상상봉의 안주처로 인도하리.

四, 그곳 한 번 가고 보면 제석대범(帝釋大梵) 부럽잖고
　　천상천하 유아독존 그 뉘를 일렀던고
　　거이불거(去而不去) 그 자리요 내이불래(來而不來) 이 자리라.[72]

한편 「일여선가(一如禪歌)」에서는 대산의 한가로운 심정을 짐작할 수 있다.

> 고요한 밤 홀로 앉아 원적처(圓寂處)를 찾아가니
> 모든 법이 공한 곳에 영지불매(靈知不昧) 분명하다.
> 증애심 없고 보면 통연 명철하옵나니
> 걸림 없는 일여선에 이 한 몸 넌짓 싣고
> 오고 감이 한가롭게 실렁실렁 가오리다.[73]

이처럼 대산은 출가수행기에 있었던 여러 가지 문답이 전해진다. 특히 소태산과 수행단계[法位]에 대해 문답한 내용을 보면, 대산의 수행의 관심을 엿볼 수 있다. 대산이 법강항마위(法强降魔位)부터는 계문이 없으니 취사[실행] 공부는 다 된 것인지를 묻자, 소태산은 다음과 같이 답하고 있다.

> 법강항마위부터는 첫 성위(聖位)에 오르는지라, 법에 얽매이고 계문에 붙잡히는 공부는 아니 하나, 안으로는 또한 심계(心戒)가 있나니, 그 하나는 자신의 수도(修道)와 안일만 취하여 소승에 흐를까 조심함이요, 둘은 부귀향락에 빠져서 본원이 매각될까 조심함이요, 셋은 혹 신통이 나타나 함부로 중생의 눈에 띄어 정법에 방해될까 조심함이라, 이 밖에도 수양 연구 취사의 삼학을 공부하여 위로 불지를 더 갖추고 아래로 자비를 더 길러서 중생을 제도하는 것으로 공을 쌓아야 하나니라.[74]

실제 『정전』의 법위등급(法位等級)75에서 "법강항마위는 법마상전급 승급 조항을 일일이 실행하고 예비 법강항마위에 승급하여, 육근을 응용하여 법마상전(法魔相戰)을 하되 법이 백전백승하며, 우리의 경전의 뜻을 일일이 해석하고 대소 유무의 이치에 걸림이 없으며, 생·노·병·사에 해탈을 얻은 사람의 위"76라고 하였다. 이 법강항마위는 법의 힘이 강해져서 마를 항복 받는 위라는 뜻으로 이때부터는 범부를 벗어나 성자의 위에 오르게 된다. 그러므로 정해진 계문은 없지만 심계(心戒)를 갖고 자성을 여의지 않고 중생제도를 위하여 더욱 공을 쌓아야 한다는 뜻이다. 대산이 법강항마위, 출가위, 대각여래위에 대해 묻자, 소태산은 "자기를 이기면 항마니라. (중략) 출가위는 시방 일가 사생 일신이 되어 교단이 내 일 내 몸이 된 사람의 위요, 대각여래위는 출가위가 늙어지면 자연히 되느니라."77라고 하였다.

대산은 이 시기에 여래위를 표준으로 수행 정진을 하였음을 짐작할 수 있으며, 이는 훗날 종법사로서 심전계발 훈련과 법위향상운동을 전개하는 과정에서 구체적인 수행단계 및 공부법[훈련법] 등을 제시할 수 있는 토대가 되었다고 할 수 있다.

3) 보림적공기

보림적공기[保任積功期, 1943~1962]는 소태산의 열반인 1943년 6월 1일부터 1962년 정산의 열반까지다. 소태산의 열반으로 인한 충격에도 정산이 법위를 계승하여 일사불란하게 교단을 이끌기 시작한다.

대산은 한창 수행 정진을 할 시기인 30대에 동료를 간호하던 중 폐결핵에 전염이 되는데, 당대 치료약이 미비하여 생사를 넘나드는 투병 생활을 한다. 투병 중이던 대산은 1944년(31세) 때 수위단원에 선출되어 원불교의 주요 지도자로서 역할을 맡는다. 당시 심경을 아래와 같이 회고하고 있다.

> 나는 일체를 천지에 맡겨 버렸다. 철저하게 내던진 나의 생명 모든 것을 진리가 알아서 처리하시리라 내맡겨 버렸다. 전무출신 하다가 못하고 가게 되옵나니 기위 갈 바에는 내생에 이런 지장 없도록 부여해 주시고, 만생령을 위해 일할 수 있도록 해 주시라.[78]

이때 지은 시가가 「대원주(大圓呪)」이다. 대산은 그 후부터 생명을 자연에 맡기고 이 대원주로 힘을 얻었다.[79] 이 시기에 대산은 한 생뿐 아니라 영생을 통해서 성불제중이라는 과업은 성취하고야 말겠다는 신념을 더욱 굳혔으며, "석가모니 부처께서는 5백 생을 닦아 불과를 이루셨다지만, 나는 5억만 생이라도 닦고 닦아 기필코 이루리라"[80]는 굳은 한 생각으로 전념하였다.

涵養大圓氣	큰 일원의 기운을 함양하여
步步超三界	걸음걸음 삼계를 뛰어넘고
涵養大圓氣	큰 일원의 기운을 함양하여
念念度衆生	생각생각 중생을 제도하리라

요양 중 생사의 기로에 서서 「염불십송(念佛十頌)」[81]과 주저인 『정전대의』를 구상하는 등 치열한 수행 적공과 보림함축을 계속한다. 또한 양주와 원평 등지에서 생사를 넘나드는 투병 생활에도 정진하고 적공을 하였던 이 시기에 대산의 주요 작품들과 대표적 저작물들이 잇달아 발표되었다. 당시 창작되고 저술된 글로는 「대원송」, 「장포동에서」, 「정진문」, 「원상대의」, 「채약송」, 「무실무득법(無失無得法)」, 「심원송」, 연작시 「금산사에서」 등이 있다.[82]

1946년에 대산은 총부서울출장소장으로 부임하여 서울교화 여건 성숙과 원불교 체제 안정에 노력한다. 김구[白凡 金九, 1875~1949]와의 교류, 이승만[雩南 李承晩, 1875~1965]의 익산총부 방문 주선을 추진했으며, 재단법인 원불교 선포 시 당시 교명 관계로 대한불교조계종 김법린(金法麟) 총무원장을 만나 원만한 결과를 얻기도 하였다.

1949년 폐결핵이 재발되자 정산의 명으로 원평교당으로 옮겨 투병 생활 속에 구도 득력하여 보림(保任)하며 소태산의 법문을 정리하기 시작한다. 1952년에는 문교부장관 면담을 통해 원광대학 4년제 승격을 성사시키고, 1953년(40세) 제1대 성업봉찬대회를 맞아 '대산(大山)'이란 법호를 받고, 수위단 중앙단원에 선임된다.[83]

1955년에 원불교 행정수반인 교정원장 소임을 맡고, 1956년 4월에 영산성지의 '정관평 재방언 공사'에 착수한다. 같은 해 5월 21일 '대종경편수위원회'를 발족하고 각지를 요양하면서 초안을 정리한다. 1958년 4월 19일 건강상 이유로 교정원장직을 사임하였다. 1959년 중앙선원장 소임을 맡으며, 48세 되던 1961년 8월에는 당시 정산 종법사에게 신도안 개척의 명을 받아 계룡산에 머물며, 한

편으로 부산 등지를 순회하면서 『교리실천도해』 등을 강의한다.

이 시기를 전후하여 국가적으로는 큰 혼란을 겪게 된다. 1960년 4·19 학생혁명이 일어나고, 이듬해에는 5·16 군사 쿠데타가 일어나면서 사회의 혼란과 통제의 강화, 그리고 재건 및 조국 근대화라는 국가적 목표가 강제된다. 그리고 원불교 교단적으로도 주법인 정산 종법사가 1962년 1월 24일 열반에 들었으며, 수위단 중앙단원이었던 대산은 수위단회의 추대를 받아 1월 31일 소태산과 정산의 법통을 이어 종법사에 선출된다.

4) 전법활동기

제4기는 전법활동기[傳法活動期, 1962~1994]로 정산의 뒤를 이어 종법사로 추대되어 33년간 재위하면서 원불교를 반석에 올려놓은 시기이다. 법주로서 33년간 원불교 경영의 대임을 시작하여 교단의 적체된 문제를 풀고 대사회 활동을 강화하였다. 대산이 짊어진 교단적 과업은 우선 정산이 병상에서 유촉한 4대 경륜인 교재정비(敎材整備), 기관확립(機關確立), 정교동심(政敎同心), 달본명근(達本明根)의 실천과 동원도리(同源道理), 동기연계(同氣連契), 동척사업(同拓事業) 등 삼동윤리(三同倫理)[84]의 계승·실천 문제였다. 1962년(원기47) 2월 23일 종법사 추대식에서 취임법문으로 다음과 같이 교단 운영 방침을 제시하고 있다.

교정의 큰 줄기는 대종사와 정산 종사께서 이미 그 기틀을 공고히 짜 놓으셨으니 동지 여러분과 함께 그 궤도를 엄중히 준행하여 법통과 공법(公法)에 추호도 어긋남이 없도록 하겠사오며, 특히 정산 종사의 4대 경륜을 높이 받들어 계승 완수할 것은 물론 다음 몇 가지 사항을 동지 여러분과 함께 실시하게 되기를 바랍니다.85

이어서 구체적 사업으로 첫째는 정수위단의 기능 강화에 의한 이단치교(以團治敎), 둘째는 종법사의 임기제, 셋째는 교령제(敎領制) 실시에 의한 교화체계 강화와 승좌설법, 넷째는 정산의 유촉에 따른 교서 완간과 정산 종사 기념사업 추진, 다섯째는 법은재단·육영재단·총부유지재단 확립을 들고 있다. 법치교단(法治敎團)의 틀을 굳건하게 확립하려는 의지가 드러난다.

1962년 9월 26일, 『정전』·『대종경』을 합본한 『원불교교전(圓佛敎敎典)』 발간을 시작으로 교서 편수에 박차를 가하였다. 1968년 3월 26일 『예전』·『성가』를 출간하며, 이듬해 6월 1일 『원불교신보』를 창간한다.

한편 1963년 4월에 교화 3대 목표[연원달기, 교화단 불리기, 연원 교당 만들기] 추진 운동을 전개하고, 5월 동산선원을 중앙선원에서 분리해 예비교역자 교육기관으로 운영한다. 1965년 2월 4일 제1차 교역자자격검정고시를 실시하며, 9월 26일에는 법위향상을 위한 특별 유시를 내린다.

또한 이 시기에 종교연합을 위한 여러 활동에도 참여하게 된다. 1964년 4월 18일 6대 종교연합회를 개최하여, 이를 바탕으로 12월 21일, 한국종교인협의회(KCRP) 창립에 참여하였고, 이듬해 5월, 원광대학에서 제1회 대학생종교제를 개최한다. 1970년 일본 교토에서 개최된 제1회 세계종교자평화회의(WCRP)에는 박광전 등을 파견하여 세계종교연합기구 창설에 대한 메시지를 전달한다. 한편 1964년 개교반백년기념사업회를 발족시켜 준비했던 개교반백년기념대회를 1971년 10월 9일 개최한다. 이때 「하나의 세계」 게송을 대회 표어로 제시한다.

> 진리는 하나
> 세계도 하나
> 인류는 한 가족
> 세상은 한 일터
> 개척하자 하나의 세계[86]

한편 정산 종사에 대한 추모사업도 진행하였다. 익산총부 경내를 두루 장엄하고 영모전(永慕殿)과 정산종사성탑(鼎山宗師聖塔) 등을 세우며, 그는 「정산종사탑명병서(鼎山宗師塔銘幷序)」를 찬술하였다.

> 후래 제자로서 묵묵히 우러러 뵈올 때 대종사는 하늘이요 태양이시라면 정산 종사는 땅이요 명월이시며, 대종사는 우리의 정신을 낳아주신 영부(靈父)시라면 정산 종사는 그 정신을 길러주신 법모(法母)시라.[87]

대산은 「정산종사탑명병서」에서 정산 종사의 무량성은(無量聖

恩)을 기리고, '개벽계성(開闢繼聖)'으로 받든다. 1972년 1월 25일에는 『정산종사법어』를 간행하였다.

당시의 교세는 출가 교도 1천여 명, 교도는 60여만 명, 기관·단체 50여 개소, 교당 180여 개소로 집계되었다.[88] 익산총부·영산성지 등을 장엄하고, 『개교반백년기념문총』을 발간하며, 법위사정(法位査定) 결과를 양성화하는 등 교단에 커다란 변혁을 가져온다. 대산을 정점으로 한 개교반백년사업의 회향을 당시 교단에서는 소태산 교법의 국내 결실을 뜻하며 세계 인류를 위한 결복 방향으로 상징화된다.[89]

대산이 1972년 8월에 교역자 자녀들에게 권장하여 원친회(圓親會)를 결성시킨다. 60세 되던 1973년 4월 5일, 해외의 첫 법인으로 미국LA교당법인이 인가되며, 1974년 7월 3일 원광대학교에 원불교사상연구원이 발족되고, 10월 30일에 종교문제연구소 편 『원불교사전』이 발간되어 원불교 교의사상의 체계화 내지 교학연구의 지평을 열었다.

한편, 1976년 9월 26일 개교반백년까지의 『원불교교사(圓佛教教史)』를 발간한다. 1977년 11월 1일, 대산종법사법문집 제1집인 『정전대의(正典大意)』를 발간하고, 6월 28일 교구제 시행에 따라 제1회 전국 교구장회의를 개최하며, 『원불교교헌(圓佛教教憲)』을 개정하여 10월 26일 『원불교전서(圓佛教全書)』[90]를 발행한다. 이를 통해 정산이 유훈으로 남긴 교서, 곧 교재정비를 일단락지어 대중화의 길을 열었다.

1979년 1월 25일 영모묘원(永慕墓園)[91]을 발족하고, 3월 2일 총부에 박물관을 신설하며, 이듬해 11월 21일, 원불교 교단은 세계불교우의회(WFB)에 가입한다. 1981년 3월 12일에는 교정원에 국제부를 신설하며, 이듬해 10월 10일 반백년기념사업의 일환으로 추진하다가 지연되었던 원불교서울회관을 준공, 봉불식 및 대법회를 거행한다. 1983년 2월 22일, '원불교창립 제2대 및 소태산대종사 탄생 100주년성업봉찬회'를 발족한다.

1983년 8월 1일, 이른바 6·20사업이라는 이름으로 계룡산 하에 삼군본부가 들어오는 관계로 신도안의 종교 시설들이 모두 외지로 이주하게 되는데, 이에 따라 대산이 오랜 기간 머물며 가꾸어온 삼동원(三同院)을 논산 벌곡으로 이전하게 된다. 이듬해 5월 6일, 한국을 방문한 가톨릭 요한 바오로 2세와 만나 종교연합(UR) 창설을 제안한다. 1985년 3월 3일 재가교무의 첫 사령을 내리고, 5월 15일 제주국제훈련원을 개원하고, 11월 9일 예비교무교육개혁위원회를 발족하며, 이듬해 6월 24일 저서 『교리실천도해』를 발간한다.

한편 사회적으로는 민주화 투쟁 등 혼란과 갈등의 과정을 거쳤고, 1986년 아시안게임, 1988년 올림픽 개최 등 국제적 행사가 이어지는 가운데 대산은 1988년 영모묘원에 주석하면서 비닐하우스에서 내빈을 접견하는데, 8월 23일 『교단제3대설계종합보고서』를 채택하고, 11월 6일 원불교 창립 제2대 성업기념대회를 개최한다. 1991년 4월 28일 그간 수행해 온 소태산대종사탄생100주년기념대회를 개최한다. 이와 때를 같이 하여 '소태산기념관'을 개관하고, 『원불교72년총람』과 『인류문명과 원불교사상』을 간행하며, 세계종교지도자대회를 개최하고, 한편 이날 대각여래위에 승급하여 법훈을 받는다.

1992년 3월에 교단이 국제자유종교연맹(IARF)에 가입하고, 11월 5일 수위단회에서 '새 불교로서 새 종교'라는 교단의 정체성을 확인한다. 1994년 3월 7일 원불교대학원대학교가 개교하고, 6월 23일 남자교역자 정복을 제정하며, 11월 6일 대사식(戴謝式)을 거행하여 법통을 좌산 종사에게 선위(禪位)하여 33년간의 법주 생활을 마감하고, 상사(上師)위에 오른다. 종법사 취임 때의 임기제 약속을 비롯하여 대종사 교법의 선양을 위한 정산의 사대경륜을 실천한 것이다.

5) 정양회향기

제5기는 정양회향기[靜養回向期, 1995~1998]로 좌산에게 종법사 법좌를 넘겨주고 모든 공식 활동에서 은퇴하고 휴양한 시기이다. 『원불교교헌』 38조에 따르면, 종법사가 현직에서 퇴위한 경우 상사(上師)로서 현직 종법사에 준하여 예우하도록 되어 있다.

대산은 좌산 종법사의 법위를 공고히 다지도록 상사의 도리를 했다. 상사위에 오른 후 대산은 영모묘원에 주석하면서 만년의 정양 생활에 든다. 대산은 말년에 이곳에 정양하며 비닐하우스를 대중 접견실로 사용하였다. 왕궁 영모묘원에서 수계농원을 운동 삼아 오가며 틈틈이 녹화된 영상물과 사진들을 보기도 하면서 방문객을 접견하였다.[92]

1995년 8월 16일에는 좌산이 세계종교지도자협의회 초청으로 유엔창설 50주년 행사에 참석하여 9월 22일 기념법설을 하고 원불교총부 유엔사무소를 개설하며, 10월 14일에는 '한국원불교학회'가 창립된다. 1996년 국제자유종교연맹 세계대회를 유치 개최한다. 이 해 5월 15일, 대산은 노구를 이끌고 하와이에 행가하여 6월 9일 하와이국제훈련원 봉불식에 참석한다. 1998년 2월 20일 교단은 정부로부터 원음방송국 설립 승인을 받는다. 4월 8일에 미주 선학대학원의 설립을 부촉하였다. 최후법문으로 「평화는 오리」를 발표하기도 하였다.

> 이 산하대지에 천화(天花)가 만건곤하니
> 평화는 오리, 평화는 오리.
> 따라서 이 회상에 천불만성(千佛萬聖)이 발아하고
> 억조창생(億兆蒼生)의 복문이 열려서
> 무등등(無等等)한 대각도인과 무상행(無相行)의 대봉공인이
> 많이 나오리 많이 나오리니,
> 다 같이 대적공(大積功) 대적공
> 대적공하고 대적공하리로다.[93]

1998년 9월 15일에는 '기원문 결어(祈願文結語)'를 남기고, 9월 17일 열반에 들었다. 대산의 세수는 85세, 법랍 70년, 종법사 재위 33년이다.[94]

3. 대산의 생애와 하나의 세계

대산은 대중에게 반백년기념대회 표어로 제시한 「하나의 세계」를 열반 게송으로 내렸다. 이를 통해 대산의 생애 전체를 통틀어 하나의 세계를 구현하고자 하였음을 알 수 있다.

대산은 "진리와 내가 하나요, 스승과 내가 하나요, 회상과 내가 하나요, 법과 내가 하나가 되어 (중략) 조그마한 자기 지견이나 영감으로 천지를 재려고 하는 것같이 큰 어리석음이 없다. 앞으로 대신근(大信根)만 뿌리박히면 10~20년 이내에 천지와 더불어 합일하게 클 것이다."[95]라고 부촉하였다. 천지와 더불어 합일 즉 '하나' 되는 것이다. 사대불이신심(四大不二信心)인 진리와 스승과 회상과 법과 둘이 아닌 '하나'가 되어 병고(病苦)를 앓으면서 독공을 쉬지 않는 정진심이 생애의 전반에 짙게 배어 있다.

> 대종사님께서 무상의 대 법문을 내려주시더라. 그때 나의 마음이 환히 트이고 그 하나 자리가 확연하여지더라. 또 과거 성인들의 법을 헤아릴 수 있고, 그분들의 법 중간에 조작되어 전하여진 것도 일목요연하게 알게 되더라. 이렇게 되니 천하가 한주먹에 들고 겁날 것이 하나도 없더라. 버려도 내 것이 되는데 그까짓 것 재색명리에 마음을 두고 그것을 찾으려 애쓸 것이 무엇이 있겠느냐.[96]

그는 스스로 "나는 몸이 아파서 치료할 때 아주 눕지 아니하고 기운을 챙겨 산에 가서 약을 캐고, 자연을 벗 삼아 함께하며 활생(活生)을 하는 것으로 자활력(自活力)을 얻었느니라."⁹⁷라고 밝힌 바와 같이, 치병양생(治病養生)을 벗 삼아 '하나'의 자리에서 종법사의 소임을 다하였고 원불교를 반석 위에 올려놓고 인재 양성에 심혈을 다한 생애였다고 할 수 있다. 대산은 일생 동안 기도 정성을 쉬지 않았다. 그의 기원문을 종합하여 다음과 같이 '기원문 결어'로 제시하였다.

일상원(一相圓) 중도원(中道圓) 시방원(十方圓)

주세불 : 불일중휘(佛日重輝) 법륜부전(法輪復轉)
조　사 : 불일증휘(佛日增輝) 법륜상전(法輪常轉)

세계부활 도덕부활 회상부활 성인부활 마음부활
네 가지 훈련, 자신훈련 교도훈련 국민훈련 인류훈련

대서원 대정진 대불과 대불공 대자유 대합력
대참회 대해원 대사면 대정진 대보은 대진급

일원회상(一圓會上) 영겁주인(永劫主人)
일원대도(一圓大道) 영겁법자(永劫法子)
천불만성 발아(千佛萬聖發芽) 억조창생 개복(億兆蒼生開福)
무등등(無等等)한 대각도인(大覺道人)
무상행((無相行)의 대봉공인(大奉公人)

대종사님의 일대경륜 '제생의세(濟生醫世)'
진리는 하나 세계도 하나
인류는 한 가족 세상은 한 일터
개척하자 하나의 세계.

이 세계는 하나의 마을,
이 세계는 하나의 가족,
이 세계는 하나의 세계,
세상은 한 일터
개척하자 하나의 세계.[98]

 대산은 '기원문 결어'에서 일원상의 진리를 '일상원(一相圓) 중도원(中道圓) 시방원(十方圓)'으로 밝혀 하나의 진리로서 '일상원'은 수행을 통해 '중도원'으로, 신앙과 불공을 통해 '시방원'으로 확장하였는데, 이는 하나의 진리에 입각한 심전계발 훈련과 종교연합운동과 공동시장개척으로 구현된다고 볼 수 있다.
 특히, 소태산의 경륜인 '제생의세'의 실현을 사대진리(四大眞理)인 '진리는 하나, 세계도 하나, 인류는 한 가족, 세상은 한 일터'를 통해 '하나의 세계'를 개척해 갈 것을 강조하고 있으며, '이 세계는 하나의 마을, 이 세계는 하나의 가족, 이 세계는 하나의 세계, 세상은 한 일터, 개척하자 하나의 세계'라 하여 '하나의 세계' 구현에 대한 염원을 거듭 강조하고 있다.

제3절
대산의 저술과 교단 운영

1. 저술 및 법문

대산의 저술 활동은 주로 출가수행기(出家修行期)부터 전법법륜기(傳法法輪期) 사이에 집중되어 있다. 1977년에 시작되어 1994년에 마무리된 5권 분량의 『대산종법사법문집』은 대산의 사상과 문학이 집대성된 대표적 저작물이다. 제1집 『정전대의』는 교리해설서이며, 제2·3·4집은 기념행사와 관련된 치사와 설법 그리고 천도법문으로 이루어져 있다. 제5집 『여래장』은 대산의 수행시(修行詩), 선시(禪詩), 게송(偈頌), 한글 가사 등을 비롯하여 「금강경」, 「옥추경」, 「천부경」, 「선가귀감」, 「유가귀감」, 그리고 '삽삼조사(卅三祖師)' 게송 등 유불선(儒佛仙)의 핵심적인 경전들에 대한 주해로 구성되어 있다.

1) 대산종법사법문집(1~5집)

먼저 총 5집으로 발간된 『대산종법사법문집』의 구성과 체계는 다음과 같다.

〈표2-1〉『대산종법사법문집』의 구성과 체계[99]

권수(발행연도)	구성 및 체계	수록편수
1집(1977)	교리해설(정전대의, 수신강요 등 총 4부)	204편
2집(1980)	취임식 및 각종 행사 기념법문 등 총 12장	203편
3집(1988)	법설, 논어식 구성(신성, 교법, 수행, 훈련, 법위, 공도, 법훈편 등 총 7편)	872편
4집(1993)	열반 및 천도법문 등 총 2부	182편
5집(1994)	여래장(무한동력, 연도수덕, 파수공행 등 총 3부. 수행의 경지와 삼교 경전 해설)	125편
총합		1,586편

『대산종법사법문집』은 대산의 제자와 후진들에 의해 1977년부터 1994년까지 17년에 걸쳐 편집, 출판된 것이다. 이는 종교사나 문학사적으로 대산의 문학과 사상의 진수가 집약된 중요한 성과물이라 할 수 있다. 오랜 세월에 걸쳐 완결된 모음집답게 법문집은 전 5집에 총 1,586편의 방대한 작품이 수록된 일종의 사상서이며 종교 문학이라 할 수 있다.[100]

(1) 정전대의(대산종법사법문집 제1집)

이 가운데 가장 중심이 되는 것은 『정전대의[正典大意, 대산종법사법문집 제1집]」라 할 수 있다. 그 세부적인 구성을 보면,「정전대의」, 「수신강요 1부」,「수신강요 2부」,「진리는 하나[5대 종교의 원리]」로 구성되어 있다.

먼저「정전대의」는 '1. 교전, 2. 교전해의의 주체강령, 3. 일원상, 4. 표어해의, 5. 개교의 동기, 6. 일원상 서원문, 7. 사은, 8. 사요, 9. 삼학, 10. 사대강령, 11. 일상수행의 요법, 12. 상시응용 6조 공부, 13. 참회문, 14. 심고와 기도, 15. 법위등급'으로 구성되어 있다. 이는 소태산의『정전』의 핵심 법문을 중심으로 그 대의를 밝힌 것이다.

다음으로「수신강요 1부」는 수도인의 세 가지 일과, 일일삼성, 세 가지 반조 공부, 살펴야 할 세 가지 말, 세 가지 생각, 공가에 살펴야 할 세 가지 생활, 도가의 세 가지 급선무, 지도인으로서 다섯 가지 주의할 점, 윗사람으로서 갖추어야 할 세 가지 법, 교화선상에 특별히 조심하여야 할 세 가지, 수도인이 걸리기 쉬운 세 가지 병, 수도인으로서 항복 받아야 할 세 가지 마음, 우리의 세 가지 소원, 원만한 육근, 수행 삼심, 정신의 의식주, 세 가지 마음공부, 세 가지 부처님 되는 공부, 세 가지 큰 공부길, 삼력, 네 가지 선법, 부처님의 원만하신 십대인격, 세 가지 바쁜 공부, 도가의 사종 인물, 도에 들어가는 데 어려운 세 가지 장애물, 특별히 세 가지 어려운 것, 사제 간 삼전 삼수, 사대불이신심, 도가에서 나날이 살아나야 할 네 가지 마음, 호흡오단 등 총 131편이 수록되어 있다. 이는 수신의 요법을 밝힌 것으로, 수도자가 수도 과정에서 염두에 두고 지침이 될 만한 내용을 강요(綱要)로써 정리한 것이다.

다음으로「수신강요 2부」의 경우는 자비의 도, 승부의 도, 자력

양성의 도, 수도상 버려야 할 마장, 전무출신의 도, 처세의 도, 인화의 도, 대인의 도, 교화의 도, 먼저 실천할 다섯 가지 도, 도덕의 순서, 같으신 여섯 마음, 여래 호념, 대종사 십상 등 총 53편 수록이 수록되어 있다. 이는 수신의 요법을 밝힌 것인데, 특히 수도자가 실천해야 할 내용을 강요로써 제시하고 있다.

그리고 「진리는 하나[5대 종교의 원리]」에는 불교, 도교, 유교, 기독교, 원불교의 총 5편으로 각 종교의 핵심 가르침을 제시하고 있다. 이상 1집은 전체적으로 총 204편의 법문이 수록되어 있다.

(2) 대산종법사법문집 제2집

『대산종법사법문집 제2집』은 제1부 교리, 제2부 정산종사성탑명, 제3부 종법사 취임법설, 제4부 신년법문, 제5부 대각개교절 경축사, 제6부 법인절 및 회갑법문, 제7부 교역자 훈련 결제·해제 법문, 제8부 열반법문, 제9부 행사치사, 제10부 회의치사, 제11부 시(詩), 제12부 법문 수편(數片) 등 총 169편으로 구성되어 있다.

구체적으로 살펴보면, 제1부 교리는 원상대의, 삼학공부, 팔조에 대하여, 염불십송, 원만평등한 세계건설, 고락에 대한 법문, 새 세상의 종교 등이다. 이 가운데 「원상대의(圓相大意)」는 소태산이 천명한 일원상(一圓相)의 진리를 깊이 연마하여 깨달음의 안목과 경지를 밝힌 내용이다.

원공(圓公)은 언어도단(言語道斷)이라 무법(無法)이로되 무불법(無不法)하야 천하만법(天下萬法)이 개종차이출입(皆從此而出入)하고 사면

장벽(四面墻壁)이라 무문(無門)이로되 무불문(無不門)하야 천하만유(天下萬有)가 개종차이왕래(皆從此而往來)하여 엄연이위육합지조종(嚴然以爲六合之祖宗)과 성철지궤철(聖哲之軌轍)과 중생지복전(衆生之福田)과 악인지화택(惡人之火宅)하니 기물(其物)이 공야(空耶)아 유야(有耶)아. 고불(古佛)도 유미회(猶未會)하시고 천하선지식(天下善知識)도 언불가칭지(言不可稱指)며 백가천경만론(百家千經萬論)도 불과모사 차원상지내일소영자(不過模寫此圓相之內一小影子)어늘 항여차천학(沉如此淺學)이 하감능지(何敢能之)리오.

연(然)이나 여우연부병(余偶然負病)하야 정야관심(靜夜觀心)에 추풍(秋風)은 증청(增淸)하고 월정(月精)은 익휘(益輝)한데 망연수필(妄然隨筆)하오니 차원상저소식(此圓相底消息)은 부재언어필묵경계(不在言語筆墨境界)나 즉재언어필묵경계(卽在言語筆墨境界)라 고로 왈 공이불공(曰空而不空)하고 유이비유(有而非有)하나니 차소위진공묘유(此所謂眞空妙有) 역명대다라니문(亦名大多羅尼門)이로다.

고로 삼세제불제불(三世諸佛諸佛)이 득저일착자(得這一着子)하사 시방법계(十方法界)를 개위자가지보고(皆爲自家之寶庫)하야 임의용지(任意用之)하시나니 시명무진여래장(是名無盡如來欌)이요 삼계육도(三界六途)를 개위자가지 유희장(皆爲自家之遊戲場)하야 임의왕래(任意往來)하시나니 시명무애대통문(是明無碍大通門)이로다.

…(중략)…

아등중생중생지불가량득마자(我等衆生衆生之不可量得磨者) 시야부(是也夫)저 연(然)이나 득유일문삼건(得有一門三鍵)하니 왈관공(曰觀空) 양공(養空) 행공(行空)이요, 득유일개주인공(得有一個主人公)하니

왈(日) 일심정공지사(一心精功之士) 능개득입(能開得入)이니 원제아
등구분무명 중생지류지(願諸我等九分無明衆生之類之) 문차법문(聞此
法門)하고 불생겁약(不生怯弱)하고 분발대지(奮發大志)하야 세세생
생시시처처(世世生生時時處處)에 심념구설신행(心念口設身行)하야 개
입차문(皆入此門)하야 증입무여열반(證入無餘涅槃)하고 득통대해탈
무애대통문(得通大解脫無碍大通門)하야 영위불퇴전(永爲不退轉)하라.
응여시무념(應如是無念)으로 위념(爲念)하고 무상(無相)으로 위설(爲
說)하고 무주(無住)로 위행(爲行)하면 어차(於此)애 강림청정법신불
(降臨淸淨法身佛)과 원만보신불(圓滿報身佛)과 백억화신불(百億化身佛)
하야 일신(一身)에 겸지삼신불(兼之三身佛)하야 정혜(定慧)가 원명
(圓明)하고 복혜(福慧)가 쌍족(雙足)하야 원리진념지소계(遠離塵念之
所繫)와 업력지소전(業力之所轉)하여 염념개무애(念念皆無碍)하고 보
보초삼계(步步超三界)하야 능위제불지소호(能爲諸佛之所護)와 인천
지소존(人天之所尊)과 법해지소류(法海之所流)와 중생지소귀(衆生之
所歸)리라.
함양대원기(涵養大圓氣)하야 보보초삼계(步步超三界)하고 함양대원
기(涵養大圓氣)하야 도무량중생(度無量衆生)하여지이다.[101]

'삼학공부'는 심전계발의 구체적인 내용으로서 소태산이 제시
한 삼학을 더욱 구체적으로 일상 수행에 적용한 것이다. 이는 별도
의 소책자로 유통되기도 하였다. 대산은 그 취지에서 다음과 같이
밝히고 있다.

위로 대종사님과 정산 종법사님의 가르치심과 고성(古聖)님들의 법문을 받들어 나의 평소에 생각해 보고 체험해 본 가운데 공부하고자 하는 바와 실천(實踐)하고자 하는 바를 그대로 적어 놓았으니 수도(修道)하시는 제현(諸賢)께서는 이로써 자신의 수행(修行)과 아울러 전 인류를 구제(救濟)해 내고 나아가 지상(地上)의 낙원(樂園)을 건설하는 동시에 일체중생(一切衆生)을 제도하는 데 일조(一助)가 되시기를 비는 바이다.102

'삼학공부'를 별도로 1. 삼학공부의 강령, 2. 삼학공부의 대요, 3. 정신수양 공부의 길, 4. 사리연구 공부의 길, 5. 작업취사 공부의 길, 6. 삼학공부 중 대기사(大忌事), 7. 삼학공부의 결과까지 자상히 제시하고 있으며, 팔정도와 삼학, 육바라밀과 삼학의 관계를 기술하고 있다. 이를 통해 자신의 수행과 인류의 구제, 제생의세(濟生醫世)의 경륜 실현에 일조하고자 하는 그 취지를 밝히고 있다.

다음으로 제2부 정산종사성탑명에서 1971년 10월에 작성한 비명과 병서를 함께 수록하고 있다. 비명의 내용을 보면, 다음과 같다.

    정산종사(鼎山宗師) 개벽계성(開闢繼聖) 일이관지(一以貫之)
    만고신의(萬古信義) 사대경륜(四大經綸) 회상성업(會上聖業)
    삼동윤리(三同倫理) 천하대도(天下大道) 도명덕화(道明德化)
    일월부명(日月復明) 법은무량(法恩無量) 천장지구(天長地久)103

대산은 소태산의 사상을 계승한 정산을 '개벽계성'으로 받들고, 소태산을 '만고일월(萬古日月)'로, 정산을 '만고신의(萬古信義)'로 서 두 스승을 함께 받들고 있다. 병서에서도 "대종사는 하늘이요 태양이시라면, 정산 종사는 땅이요 명월이시며, 대종사는 우리의 정신을 낳아주신 영부시라면 정산 종사는 그 정신을 길러주신 법모시라"104고 찬하고 있다. 이 글을 통해 정산의 사대경륜 실현과 삼동윤리를 계승하고자 하는 의지를 분명히 확인해 볼 수 있다.

제3부 종법사 취임법설 이하 제7부까지는 원불교 교단의 주요 행사에 제시된 공식 법문이다. 먼저 제3부에서는 전체공전의 대법통, 거듭나는 길, 하나의 세계 건설, 회상의 세 가지 뿌리 등 종법사 취임 초기에 설한 4편의 법문이 제시되고 있는데, 소태산과 정산의 경륜과 가르침을 계승 발전시킬 것을 다짐하는 내용이다. 특히 '하나의 세계 건설'에서는 소태산의 일원대도에 계합하고 정산의 삼동윤리를 실현하는 것이 세계평화의 요체가 되며, 이를 통해 '하나의 세계'를 건설하자는 포부와 의지가 천명되고 있다. 제4부 신년법문에서는 새해의 제언, 대도선양의 길, 수제치평의 길, 수도삼문, 종교인으로서 갖추어야 할 세 가지 힘, 인화하는 길, 사요 실천으로 평등세계건설 등이 있으며, 이 신년법문은 종법사 재임 기간 매년 새해를 맞이할 때 제시된 법문을 모아둔 것이다.

제5부 대각개교절 경축사에서는 새 세상을 창조하는 역군, 세계평화의 삼대 요소, 교화의 삼단, 교단의 삼대 원칙, 정기·상시훈련으로 삼대력 갖추자, 세계평화를 위한 3대 제언 등과 특히 제64회 대각개교절 경축사로서 설한 '세계평화 3대 제언'에서는 종교연합(UR)의 탄생, 공동시장의 개척, 심전계발의 훈련을 구체적으로 밝히고

있다. 이는 앞서 밝힌바, 소태산의 일원주의와 정산의 삼동윤리를 실현하여 하나의 세계를 이룩하는 구체적인 방안으로 제시되고 있음을 확인할 수 있다. 제6부 법인절 및 회갑법문에서는 살신성인의 대성사, 성현의 큰마음 두 가지, 하나의 세계건설로 인류의 새 역사 창조 등의 내용을 제시하고 있으며, 제7부 교역자 훈련 결제 해제법문에서는 우리가 몸소 실행해야 할 다섯 가지 요강, 불교의 오대주의, 인보(人寶)와 인보(仁寶), 공부하는 사업인과 일하는 공부인, 마음의 혁명, 삼대력 얻는 길 등의 법문이 제시되고 있다.

다음으로 제8부 열반법문에서는 생사 연마하는 길, 사대경륜 삼동윤리 받들어, 공산 송혜환 대봉도 교회장 의식에 임하여, 생사의 도 등, 제9부 행사 치사에서는 상의 도를 실천하자, 호법공덕, 개척하자 일원세계, 그 어느 때보다 기쁜 날, 로마 신교황 바오로 6세 당선 축하 메시지, 월남휴전 협정 축하 메시지 등, 제10부 회의 치사로는 육도 만행으로 진리 세계건설, 종법사 추대식에서 수위단 대표 인사, 세계를 향한 인재 양성, 재가출가 일심 합력, 도덕 사업은 스스로의 복 등이 있으며, 제11부 시(詩)에서는 입지시, 사공, 피안의 님, 일여선가(一如禪歌), 재방언의 노래 등이 실려 있으며, 제12부 법문 수편(數片)에서는 습관 개혁에 대하여, 여섯 가지 물음, 나날이 살아나야 할 새 마음, 입으로 짓는 죄와 복, 물의 열 가지 상주법설, 법훈 사제, 법훈 편편 등이 제시되고 있어서 2집 전체적으로 총 169편의 글이 수록되어 있다.[105]

(3) 대산종법사법문집 제3집

『대산종법사법문집 제3집』은 대산종법사의 법설을 공자가어(孔子家語)인 논어식으로 편집하고 주제별 7부로 구성하였는데, 제1 신성(信誠) 제2 교법(敎法) 제3 수행(修行) 제4 훈련(訓練) 제5 법위(法位) 제6 공도(公道) 제7 법훈(法訓) 등 총 7편에 872장의 법문이 수록되어 있다.

〈표2-2〉『대산종법사법문집 제3집』의 구성과 수록 법문

목차	수록 법문	내용
제1 신성	95장	신성(信誠)은 도가의 법맥을 잇는 기반으로 사제 간의 심법과 지도와 훈증에 제자가 일천 정성으로 시봉하는 법문을 중심으로 신의를 잃지 않도록 부촉한 내용을 수록하였다.
제2 교법	92장	교법(敎法)은 종교의 교리와 법과 구세이념으로 교조 소태산 대종사와 역대 스승님들의 가르침을 설한 전법(傳法)을 중심으로 일원주의와 심오한 성리를 밝히고 있다.
제3 수행	152장	수행(修行)은 수도인이 각증(覺證)하고자 하는 원력을 담아 성불제중 제생의세할 수 있도록 정진 적공하는 교의적(敎義的) 이념을 일상생활에서 실행하도록 수행 방법을 부연하고 있다.
제4 훈련	46장	훈련(訓練)은 교법으로 신도들을 단련하여 인격을 함양하는 법으로 정기훈련법과 상시훈련법으로 수행 정도를 자기가 점검하고 지도인의 감정을 받도록 하는 데 중점을 둔 대적공실 법문을 설하고 있다.

목차	수록 법문	내용
제5 법위	87장	법위(法位)는 법위등급의 준말로 여섯 가지 단계인 보통급, 특신급, 법마상전급, 법강항마위, 출가위, 대각여래위의 3급 3위로 수행계위를 밝히며 법위향상의 훈련과 법위사정을 통하여 불보살의 인격을 함양하도록 촉진하는 내용을 담고 있다.
제6 공도	64장	공도(公道)란 공평하고 바른 도리를 설한 법문으로 공심(公心)으로 불공하고 봉사하는 봉공의 정신을 강조하며 인류를 향한 이타적인 행을 설한 인류애를 밝히고 있다.
제7 법훈	336장	법훈(法訓)은 교훈적인 편편법어와 단편적이면서도 깊은 법문들로 세상을 살아가는 요긴한 법훈을 전하는 교훈담이나 요훈이나 명언 등을 밝히며 개인적인 수행이나 마음공부의 표준을 수록하고 있다.
전체	872장	

(4) 대산종법사법문집 제4집

『대산종법사법문집 제4집』은 부제로 '열반법문'이라고 덧붙여 있는 것처럼, 생사에 관련한 열반법문 및 천도법문이 총 2부로 구성되어 있다. 제1부 '열반 천도 법문'으로 1. '열반 천도'에 13편, 2. '생사이치'에 6편 등 총 19편이 실려 있다. 제2부 '열반인 영전에' 올린 천도법문으로 1. 전무출신의 경우 70편, 2. 재가교도의 경우 79편, 일반인의 경우 14편 등 열반인의 영전에 올린 천도법문이 총 163편, 이렇게 2집 전체를 합하여 총 182편이다.

(5) 여래장(대산종법사법문집 제5집)

마지막으로 『여래장[如來藏, 대산종법사법문집 제5집]』에는 대산의 신앙과 수행, 깨달음 경지인 선시와 오도송, 유불선 등의 경전해의, 과거 수행인의 선시와 참고 경서들을 망라하여 강설과 부연 법문을 대중에게 성리를 깨닫도록 공부 표준을 제시하고 있다. 총 3부에 걸쳐 총 125편의 법문이 수록되어 있다.

제1부 무한동력(無限動力)에는 원상대의, 정진문, 채약송, 일문일답, 지유즉지강, 좌우명 등 28장으로 제시되고 있다[이 중 원상대의는 제2집에 실린 내용을 재수록]. 이 가운데 14장 금산사에서 11편, 16장 천지인화에서 5편의 글이, 그리고 17장 시가에서 7편[이 가운데 입지시, 사공, 피안의 님, 일여선가, 재방언의 노래 등 5편은 제2집에 실린 내용을 재수록]이 실려 있다. 제2부 연도수덕(研道修德)에는 금강경 대의, 반야심경 대의, 과거칠불, 삽삼조사(卅三祖師) 게송, 증도가 등 12장이 제시되어 있다. 이 가운데 3장 과거칠불의 경우 총 7편, 4장 삽삼조사 게송의 경우 총 33조까지 33편의 게송에 대한 해설이 수록되어 있다. 제3부 파수공행(把手共行)에서는 1. 수행시, 2. 제가수행 요지, 3. 참고 경서 등 총 3장으로 구성되어 있다. 1장 수행시에는 15편, 2장 제가 수행의 요지에는 7편, 3장 참고 경서에는 5편의 각 글에 대한 해설이 담겨있다.

〈표2-3〉『여래장(대산종법사법문집 제5집)』의 구성과 수록 법문

목차	수록 법문		내용
제1부 무한동력	28장	48편	5. 금산사 - 11편 26. 천지인화 - 5편 27. 시가 - 7편
제2부 연도수덕	12장	50편	3. 과거칠불 - 7편 4. 삼삼조사 게송 - 33편
제3부 파수공행	3장	27편	1. 수행시 - 15편 2. 제가수행의 요지 - 7편 3. 참고경서 - 5편
전체	43장	총125편	

2) 교리실천도해

또한 대산의 저술 중에는 『교리실천도해(敎理實踐圖解)』(1986)가 있는데, 이는 원불교의 중심 교리를 생활 속에서 활용하고 실천하기 쉽도록 도표를 그려서 해설한 저술로서 1962년부터 프린트판으로 보급되다가 1986년에 48개의 항목으로 보충하여 발행했다.

항목의 내용을 보면, 1. 법신불일원상(法身佛一圓相), 2. 소태산대종사 게송, 3. 정산 종사 게송, 4. 교리도(敎理圖), 5. 개교의 정신, 6. 교법의 선언, 7. 사중보은(四重報恩), 8. 사요실천(四要實踐), 9. 삼학공부(一), 10. 삼학공부(二), 11. 삼학공부(三), 12. 삼학공부(四), 13. 삼학공부(結), 14. 팔조(八條), 15. 교강 구조(敎綱九條), 16. 상시응용 육조공부(常時應用六條工夫), 17. 이대 훈련법(二大訓練法), 18. 생활의 육대요령(六大綱領), 19. 법위(法位), 20. 신분검사(身分檢査), 21. 부1(附一), 도해법문(圖解法門)(表), 22. 삼동윤리(三同倫理), 23. 세계평화 3대요

소(世界平和 三大要素), 24. 대종사의 십상(十相), 25. 불타의 팔상(八相)과 우리의 수행, 26. 부2(附二), 도해(圖解) 최초법어부연법문(最初法語敷衍法門)(表), 27. 최초법어(最初法語), 28. 수신(修身)·제가(齋家)의 도(道), 29. 치국(治國)의 도(道), 30. 평천하(平天下)의 도, 31. 불법(佛法)의 수신, 32. 유교의 수신, 33. 대인군자진퇴(大人君子進退)의 도, 34. 도교, 기독교, 천도교, 증산교, 35. 원불교·유(儒)·불(佛)·선(仙) 원만신앙수행(圓滿信仰修行), 36. 세계평화의 사대운동(四大運動)(期一), 37. 세계평화의 사대운동(期二), 38. 부3(附三), 도해법문(圖解法門)(表), 39. 불공(佛供)의 뜻, 40. 여래의 삼대원(三大願), 41. 삼전법문(三田法門), 42. 육도(六道)·육학(六學)·육장(六藏) 43. 일원화(一圓花), 44. 인생의 좌표, 45. 유아교육, 46. 인류흥망의 삼대원인(三大原因), 47. 세계평화 삼대제언(三大提言) 48. 교단의 체제 등 총 48편이다.

3) 대산종사법어

그 외에 대산 열반 후에 대산종사법문편수위원회가 대산 종사의 수필법문을 요약하고 정선하여 『대산종사법어(大山宗師法語)』(2014)를 발간했는데, 여기에는 제1 신심편, 제2 교리편, 제3 훈련편, 제4 적공편, 제5 법위편, 제6 회상편, 제7 공심편, 제8 운심편, 제9 동원편, 제10 정교편, 제11 교훈편, 제12 거래편, 제13 소요편, 제14 개벽편, 제15 경세편 등 총 15편 699장의 법문이 수록되었다.[106]

〈표2-4〉『대산종사법어』의 구성과 수록 법문

목차	수록 법문	내용
제1 신심편	60장	후진들에게 대종사와 정산 종사에 대한 신성을 잇게 하시고 진리와 스승과 법과 회상에 대한 신심을 발하게 하시는 법문들을 수록하고 있다.
제2 교리편	84장	일원상의 진리를 비롯하여 삼학팔조 사은사요에 대한 법문과 정전에 밝혀주신 교리를 다시 밝혀주시고 교리를 실생활에 활용하도록 설해주신 법문들을 수록하고 있다.
제3 훈련편	40장	각종 훈련원을 건설하고 훈련에 대한 원훈을 내리시며 재가출가 교도들을 직접 훈련케 하고, 훈련의 중요성을 강조하여 다 같이 성불하도록 조불불사를 염원하신 법문들을 수록하고 있다.
제4 적공편	68장	즉위하시기 전과 즉위하신 후, 퇴임하신 후에 정진 적공하셨던 실제를 보이시고, 평생 불건(不健)한 몸으로 정양하며 적공하신 실례(實例)와 교단 100주년을 맞아 적공하자는 유시를 담은 대적공실 법문들을 수록하고 있다.
제5 법위편	46장	교단의 주법으로서 법위를 사정하신 과정과 법위를 현실화하고 사실화하여 재가출가가 천여래 만보살의 법보에 오를 수 있도록 법위 향상을 염원하신 법문들을 수록하고 있다.
제6 회상편	57장	법치교단으로 이단치교 하도록 제도를 정비하고 교단의 체제를 구축하신 과정과 재임 중 교단사의 난제를 전화위복 삼아 교단을 혁신하고 화합단결을 강조하여 일원회상의 소중한 법연들을 기리는 내용과 교단의 상사(上師)로 계시며 호념하신 법문들을 수록하고 있다.

목차	수록 법문	내용
제7 공심편	38장	재가출가가 공도 사업에 헌신하며 일원회상 영겁주인으로 살아갈 수 있도록 공심을 키워주시고 북돋아 주시며 전무출신과 거진출진107의 근본정신을 표준삼도록 내리신 지침과 교단 공심과 더불어 세계 인류에 대한 공심을 강조한 법문들을 수록하고 있다.
제8 운심편	46장	교단과 정계와 각계각층의 많은 사람을 만나시며 운심처세하신 표준과 지도자들이 갖추어야 할 심법과 교단이 대사회에 대처할 운심 등을 수록하고 있다.
제9 동원편	35장	각 종교의 교리를 두루 섭렵하고 동원도리의 대의를 설하신 법문과 종교 간의 교류와 대화를 이끄시며 우리나라뿐 아니라 전 세계 종교인 간의 모임을 후원하시고 염원하셨던 법문들을 수록하고 있다.
제10 정교편	18장	정교동심으로 교단과 국가와 세계가 함께 협력하자는 근본을 말씀해주시고 정치인이나 경제인들이나 사회 각계의 인사들을 만났을 때 해주신 보감될 법문을 수록하고 있다.
제11 교훈편	73장	교훈적인 편편법어와 단편적이면서도 뜻이 깊은 내용, 인생의 보감될 법구들을 수록하고 있다.
제12 거래편	55장	생사 거래와 인과 원리 등을 중심으로 열반하신 영가들을 위하여 내리신 천도법문과 수시법설 등을 수록하고 있다.
제13 소요편	27장	평생 적공하시며 소요 자적하신 심경을 읊으신 한시(漢詩), 정진문, 발원문, 원상대의, 게송, 우연자연으로 솟아난 글귀 등을 수록하고 있다.

목차	수록 법문	내용
제14 개벽편	28장	회상의 미래와 전망을 예측하신 내용을 중심으로 교운과 국운과 세계운의 대세와 방향을 설하신 법문들을 수록하고 있다.
제15 경세편	24장	경륜과 포부를 밝힌 편으로 교단과 국가 세계를 구원할 간절하신 마지막 '기원문 결어'와 부촉의 법문들을 수록하고 있다.
전체	699장	

4) 대산종사수필법문집

그리고 또 하나 주목해야 할 것은 『대산종사수필법문집』 1권·2권(2020)이다. 이는 대산의 시봉진들이 기록한 법문을 모아서 종법사 재위 기간인 33년간의 법설을 편년체 형식으로 정리한 것으로 앞서 발간된 문헌들의 원본(原本)이자 저본(底本)이라 할 수 있다. 이는 『대산종사수필법문집』 1권[원기47~64년; 1962~1979]과 『대산종사수필법문집』 2권[원기65~83년; 1980~1998]으로 종합하여 1질로 원불교출판사에서 발간되었다.

2. 수행 일과

대산은 수도인의 세 가지 일과를 "아침은 수도 정진 시간이고, 낮은 보은 봉공 시간이고, 저녁은 참회 반조 시간"[108]으로 밝힌 바 있으며, 평생 이에 따랐다. 일상생활에서 수행하고 정진하는 모범

이 되었는데, 항상 '사시정진(四時精進)'하고 '사절훈련(四節訓練)'으로 진행하였다. 즉 하루를 네 때로 나눠 정진하고, 1년을 네 절기로 나눠 훈련한다. 아침은 수행 정진으로 선(禪)과 기도, 도인법(導引法)과 요가와 선보[행선]로 수양하고, 낮에는 보은 봉공의 시간으로 방문객 접견 등 감사보은하고 공도헌신하는 시간으로 삼았다. 저녁은 하루에 대한 참회 반조와 내일을 준비하는 시간으로 하루를 마무리하였다.

원불교 재가출가 교역자들은 아침 5시와 저녁 9시 30분에 조석심고의 시간으로 교도 사종의무 중 하나로 실행하고 있다. 대산은 아침저녁으로 심고를 올리고 선정에 들며, 젊을 때부터 10년, 20년, 30년을 기도 일념으로 계속해야 일생을 잘 살고 영생을 잘살 수 있다고 하였다. 또한 심고와 기도에 대하여 "항상 사은의 위력을 얻고 체성(體性)에 합하도록 하여 주셨으니 사은을 잘 모시도록 하라. 너희들이 부처님이나 대통령과 일가(一家)가 된다면 좋지 않겠느냐? 그러나 그보다 더 좋은 것은 사은 전체와 일가가 되는 것이 더 좋은 것이다. 사은의 윤기는 보은으로 건네고, 불조(佛祖)의 법맥(法脈)은 신(信)으로 통한다."109라고 하였다. 조석 심고는 진리의 위력을 얻고 체성과 하나가 되는 시간이므로 마음 챙겨 정성스럽게 모시라는 것이다. 대산은 부처와 한 가족 되며 축복이지만 그보다 더 좋은 것은 우주 만유와 하나 되는 것이라고 하였다.

고슴도치는 그 몸에 가시가 있어서 둥글면 그 가시에 여러 잡다한 것이 묻어 덩치가 커지는데 사람도 진리를 모르면 일생 살고

간 업의 덩어리가 여기서 묻고 저기서 묻어 집채만큼 커져서 내생에 가면 그것에 끌려다니느라 자유가 없다. 부처님이나 성현들은 한 생각 불생불멸한 자리를 회광 반조하여 전부 털어버리기 때문에 묻고 붙는 것 없다. 부처님께서 최후 일념에 무착거(無着去)하라는 말씀이 무서운 법문이시니 고슴도치 모양 되지 않도록 공부들 잘해야 하겠다.110

업의 덩어리가 붙은 고슴도치가 되지 않도록 오늘 하루를 어떻게 살았는지 참회 반성의 시간을 통해 남은 업을 깨끗이 털고 지나가라는 것이다. 붓다는 49년간 무량 법문을 설하였지만, 녹야원에서 발제하에 이르기까지 한 법도 설한 바가 없다고 말하였다. 바로 착이 없는 가운데 하나가 되라는 것이다. 대산의 하루 생활을 간단히 표현하였지만, 당시 시자였던 주성균은 다음과 같이 회고하고 있다.

> 하루 네 때는 큰 틀에서 말한 것이다. 소소하게 분류하면 하루를 초로 분으로 시간으로 나눠 한 3일만 따라다니면 모두 도망갈 것이다. 교단의 최고 지도자로서 교도들을 접견하고 법문을 설하고, 일반 손님들을 맞이하는 일이 녹록지 않은 일인데 옆에서 지켜보면 한가로움 그 자체였다.111

대산은 한 잡지와의 인터뷰에서 구체적인 일과를 묻자, 다음과 같이 답변했다.

나의 생활 표준은 사시정진(四時精進), 사절훈련(四節訓練)이다. 즉 하루에 어떠한 일이 있더라도 네 때로 나누어 정진하고, 1년도 네 때로 나누어 훈련해야 한다.

나의 일과는 기상 후 각탕(脚湯)을 하는 것부터 시작된다. 4시 30분에 기상하여 각탕을 하고 심고를 올린 후 좌선하게 된다. 좌선 후에는 아침 산책으로 맑은 공기를 마시고 또 일과를 생각하면서 선보를 하게 된다. 그 후에는 아침 식사를 하고 약간 쉬었다가 매일 하는 치료를 받고 오전 정진을 한다. 오전에는 주로 좌선이나 선보를 하면서 할 일이 있으면 시자들과 함께하기도 하고 시키기도 한다.

그 후로는 점심을 먹게 되는데 아침과 저녁은 밥으로 먹지만 점심은 감자나 빵으로 간단히 먹게 된다. 점심 식사 후에는 대개 우리 교도들을 접견하게 되는데 멀리서 나를 보러 찾아온 교도들이기 때문에 나도 정성을 다하여 그 사람들을 맞이하게 된다. 접견 후에는 선보를 하면서 오전과 같이 할 일이 있으면 같이 하기도 하고 또 시키기도 하여 보은 봉공의 시간을 갖게 된다.

그 후로 내 방에 들어와서 약간 선을 하고 저녁 식사를 하게 된다. 식사 후에는 다시 치료받고 선보를 하면서 하루를 돌아보고 사은 전에 사배를 올리고 나의 방으로 들어간다. 방에 들어가서는 저녁 정진 시간으로 좌선과 와선으로 저녁 잠자기 전까지 적공을 하게 된다. 밤 10시에 잠자리에 들게 되는데, 9시 30분이면 우리 원불교인이면 모두가 목탁 소리에 맞추어 심고를 올리게 되는데 심고를 올리고 난 후에 잠옷으로 완전히 갈아입고 잠자리에 들게 된다.

이것이 나의 하루 생활이고 이 생활은 몇십 년을 변하지 않고 해 왔었다.112

이처럼 대산의 수행 일과는 수도정진, 보은봉공, 참회반성으로 이루어지고 있다.

먼저 아침은 수도정진의 시간이다. 대산은 『정전대의』에서 "아침은 수도정진 시간으로 정하여 마음의 때를 벗기는 선(禪) 공부를 계속해서 나날이 새 마음을 기를 일[계정혜, 공원정, 일심 원만수행]."113 이라고 밝히고 있다. 아침에 세수하듯이 마음의 세수를 하자는 것이다. 때를 벗기는 선 공부로 나날이 새 정신을 기를 일이며, 도량을 맑히는 조기 청소로 나날이 새 환경을 가꿀 일이라는 것이다.

아침에 수도정진을 철저히 하였다. 주성균의 회고에 따르면, 당시 정진하는 모습을 엿볼 수 있다.

> 모든 잡심부름을 도맡아 하던 때라. …… 조실 방에 녹음기를 가지고 오란다. 조심스럽게 조실로 들어가니 대산 종사께서 등을 돌린 채 앉아 있었다. 조실로 발을 들여놓은 순간 고개를 턱 하니 돌리셨다. 어두운 방에서 안광이 번쩍했다. 어두운 밤에 호랑이 눈에서 발광하는 모습이었다. 그 순간 다리에 힘이 쭉 빠지고 주저앉아 움직일 수가 없었다. 그때 대산 종사께서 "이 시간에 오지 마라. 내가 부를 때면 몰라도 내 개인 수양 시간이니 오지 마라."고 나지막한 음성으로 타이른다. 지금도 안광에서 품어 나

오는 형언할 수 없는 광채를 잊을 수가 없다.114

대산은 평상시 새벽 4시면 어김없이 일어나 세수와 냉수마찰 및 도인법과 선으로 하루를 시작하고, 6시면 대중과 함께 요가를 하고 산책을 한다. 요가를 마치고는 "우리의 다짐! 새 마음 새 몸 새 생활로 새사람이 되어 새 가정 새 나라 새 세계 새 회상 이룩하자. 야!"라고 새 마음 구호를 외친다.115 이후 원불교 출가자 및 원불교 훈련기관에서는 아침 좌선 후 요가[서서 하는 요가]를 마치고 함께 외치고 있다.

다음은 낮에 하는 보은봉공의 시간이다.『정전대의』에서 "낮은 보은 봉공 시간으로 정하여 부지런히 활동해서 사은에 보답하여 나날이 새 세상을 만들 일[誠·敬·信, 일체 보은불공]."116이라고 밝히고 있다. 오후는 보은봉공으로 교도 및 다양한 분들을 접견하게 되는데 멀리서 대산을 찾아온 교도들에게 정성을 다하여 그들을 맞이함으로써 그들의 의식이 확장되고 안심과 희망을 주도록 한다. 대산은 평소에도 봉공(奉公)을 특히 강조하였다.

재가·출가·국가·세계의 사대 봉공으로 각자가 봉공 활동을 해야겠다. 서울에서 이번에 400여 명의 세계봉공회 원화단이 결성되었다 하는데 부산 연화단까지 합하면 천여 명이 된다. 우리가 잘살았다 하는 것은 남한테 봉공하고 살았다는 것이고 못살았다 하는 것은 남에게 얻어먹고 폐 끼쳤다는 것이기 때문에 우리는 지금부터 보은봉공하기로 결심해야겠다.117

이처럼 재가봉공회, 출가봉공회, 국가봉공회, 세계봉공회 등 4대봉공회의 설립과 활동을 독려하였는데, 이처럼 공도사업에 사 없는 마음으로 부지런히 활동하고 감사 보은함으로써 복덕의 문을 열어 가도록 하였다.

마지막으로 밤에 참회반성의 시간이다. 대산은 『정전대의』에 "밤은 참회반성 시간으로 정하여 하루 동안 신·구·의 삼업으로 남을 해친 일이 있는가 없는가를 반성하여 나날이 새 생활을 개척할 일[신구의 삼업청정, 원만].118"이라고 밝히고 있다. 즉 마음에 계문이 없고 볼 것 같으면 그날부터 타락이다. 그러기 때문에 생명하고 바꾸지 않을 심계(心戒)를 하나씩 가지고 있어야 한다고 하였다. '내가 이 짓은 죽어도 안 해야 하겠다.' 하는 심계가 있는 사람은 천하에 난리가 나더라도 세세생생 어디를 가도 살아날 구멍이 있다고 하였다. 만약에 스스로 가만히 눈을 감고 생각하여 '심사도 없고 심우도 없으며, 참 생명을 바꿀 수 있는 심계도 없다'고 한다면, 지금 현재는 복으로 잘산다고 할지라도 가는 곳이 없을 것이라고 하였다. "그러기 때문에 우리가 영생과 일생을 잘 사는데 심사, 심우, 심계를 정해서 참회 반조해야 한다. 저녁에 불을 끄고 자기를 생각해 보고 나서 어려서 한두 살, 서너 살 때는 몰라도 지금까지 사는 가운데 네가 무슨 죄를 짓지 않았는가?"119 참회 반성을 해야 한다. 그리고 자기는 자기가 속일 수 없기 때문에 하루 일과를 마치면 몸과 입과 마음으로 지은 모든 일을 반성과 참회를 통하여 죄업을 진심으로 참회하고 선업은 날로 더욱 힘쓰기로 서원하는 시간이다. "마치 밭에는 풀이 나는 것이니 그 풀만 뽑아내면 된다."120라고 하였다.

대산의 수행과 일과를 사시정진(四時精進)으로 보면, 아침은 수행정진, 낮은 보은봉공, 저녁은 참회반조로 구분하였지만, 사시의 구분이 '하나'의 시(時)이고, 그일 그때 그 순간 두 마음이 아니고 한 마음으로 일관하는 '하나'의 선(禪)이 된 모습이라고 생각한다. 그러므로 밤은 선몽일여(禪夢一如)에 해당한다. 사절훈련(四節訓練)으로 절기 따라 기운을 받는 수행을 해야 하고, 1년에 최소한 네 차례 정도 훈련을 해야 함을 의미한다. 그래서 대산은 절기 따라 처소를 바꿔 전지요양 겸 훈련과 훈증(薰蒸)을 하였다. 이를 통해 움직이되 정을 여의지 않고 동(動)하시고 정(靜)하시되 무기에 빠지지 않고 어느 때 어디서나 무시선 수행으로 매사 동정일여(動靜一如)의 여래(如來)의 삶, 활불(活佛)의 삶을 여의지 않았다.

3. 교단 운영

대산의 수행과 일과는 무시선(無時禪) 무처선(無處禪)의 정신으로 이어져서 결국 원불교 교단 대소사의 운영과 밀접하게 연관된다. 소태산이 대각하기 이전에는 평범한 역사 속에 한 개인의 생활 역사에 머물렀다면 소태산의 대각으로부터 시작된 원불교는 소태산을 믿고 따르는 제자들을 중심으로 저축조합운동, 방언공사, 법인기도 등으로 교단의 기초를 세웠다. 초기에는 종교조직으로서 형태를 갖추지 못했으나 믿음 체계와 의례, 제도 등이 성립되면서 점진적으로 교단의 틀을 갖추게 되는데 이러한 과정은 곧 종교의 조직화 또는 제도화라고 할 것이다.121 1962년 정산 열반 후 종통을 계승하여 33년간 종법사로서 원불교를 이끈 이가 바로 대산이다. 33년이란 짧지 않은 기간을 통하여 원불교 교단 최고 지도자로서 원불교를 반석 위에 올렸다. 원불교 교단을 오랜 기간 이끌었던 대산의 교단 운영관을 살펴보고자 한다.

대산은 소태산과 정산의 포부와 경륜을 계승하여 교단의 주법으로 오랜 재위 기간을 통하여 원불교라는 종교의 위상을 세웠다고 볼 수 있다. 급격한 변화의 시대에 있어서 현재와 미래에 대하여 성찰할 수 있는 계기가 될 것이다.

『원불교교헌』122에서는 종지(宗旨)와 목적을 밝히며, 교리를 신봉하는 교도로서 교단을 구성하고 있음을 분명히 한다. 또한 그 목적을 달성하기 위한 제도와 조직, 의례 등을 갖추고 있다는 점에서 제도화된 종교로서 교단이라 할 것이다. 종교조직으로서 교단이라는 용어는 원불교『정전』의 주요 교리인 사요의 내용 중에, "교단에서나 사회·국가·세계에서 ……", 라든가 "세계나 국가나 사회나 교단을 위하여……"라고 하여 원불교라는 종교를 지칭하며, 『대종경』에서는 전체 15품 가운데 교단품은 주로 교단 화합과 발전, 구성원의 자세 등을 밝히고 있다. 그 밖에도 『대종경』의 다른 품의 내용과 『정산종사법어』, 『대산종사법어』 등 교서에서 '교단'이라는 용어는 종교조직으로서 그 의미가 대단히 크다고 할 수 있다.

대산은 소태산을 만고일월(萬古日月)이라면 정산은 만고신의(萬古信義)라 하여123, 소태산과 정산에 대한 절대적인 존숭과 신의일관의 법맥을 계승한 인물이다. 그러므로 대산이 바라보는 원불교 교단은 소태산과 정산의 교설과 경륜에 기초하고 있으며, 이를 계승 발전시켜 미래를 향한 약속을 실현해 가는 장일 것이다.

대산은 후천개벽 시대를 여는 새 회상으로 원불교 교단의 목표는 곧 "파란고해의 일체 생령을 광대 무량한 낙원으로 인도하려 함"124이라는 원불교 개교의 동기가 된다고 하였다. 뿐만 아니라 "교단 2대를 청산하고 3대를 향한 계획을 수립하는 시점에서 대산의 유시 가운데, 개교의 동기는 우리 회상의 한결같은 목표니 항상 시대화·생활화·대중화로 하나의 세계, 보은의 세계, 균등의 세계를 건설하는데 모든 힘을 기울일 것이요,"125라고 하여 개교의 동기가 우리 교단의 목표가 되며, "소태산과 정산께서 이미 그 기틀을 공고히 짜 놓으셨으니"126 이러한 목표가 실현되는 낙원 세계가 곧 하나의 세계임을 강조하고 있다.

대산은 이러한 교단 목표를 이루기 위해 무엇보다 근본으로 삼아야 하는 것에 대해서 소태산이 밝혀 놓은 일원의 교법을 말하고 있다. 대산은 근본이 서야 도가 살아나므로 근본에 바탕을 두어 힘써 행해야 한다고 하며, 교단의 근본에 대하여 다음과 같이 제시하고 있다.

> 교단의 근본은 대종사께서 밝혀주신 일원의 교법이니
> 공부를 위주로 하여 교화가 따르도록 하고[工夫爲主敎化從],
> 교화를 위주로 하여 사업이 따르도록 하며[敎化爲主事業從],
> 사업을 위주로 하여 인류가 따르도록 하고[事業爲主人類從],
> 인류를 위주로 하여 사생이 따르도록 하라[人類爲主四生從].127

원불교 교단의 근본은 일원(一圓)의 교법이며, 이 일원의 교법을 공부하는 것이 교단이 나아가야 할 방향이다. 대산은 교단 운영을 소태산과 정산의 경륜을 이어받아 신앙·수행을 잘하고 보면 교화는 자연히 따라오게 되고, 교화가 잘되면 사업은 저절로 된다고 하였다. 사업이 잘되면 인류가 좋아지고, 인류가 진급하면 사생도 좋아지므로 주와 종을 알아야 한다고 하였다. "우리 교단은 공부하는 교단, 훈련하는 교단, 보은하는 교단을 기본 방침으로 삼아 마음 밭을 계발하고 마음 혁명을 이뤄나가는 데 힘써야 하느니라."**128**라며 기질 변화가 되도록 하기 위해서 훈련을 기본으로 하는 교단임을 명시한다.

일반적으로 모든 사회 조직은 외적 내적으로 전체 조직의 유지를 위한 목표 달성의 기능이 필수적으로 요청된다고 하는데, 특히 종교조직의 경우 목표 달성은 신도 훈련의 과정으로 이루어진다고 본다. 종교조직이 형성되어 오래되다 보면 자칫 본래 목표와 아주 달라져 버리는 현상이 생기거나 목표 상실이 일어날 수 있는데, 조직의 구성원인 신도들에게 목적의식을 주입하기 위해서는 훈련 및 교육이 필수적이라는 것이다.**129** 대산은 종교조직으로서 교단의 목표를 실현하기 위해 공부와 훈련으로 법위향상에 중점을 두었다.

> 법위는 교단의 생명이요 자산으로 대종사께서 법위등급을 내놓으신 까닭은 우리의 공부 정도를 법계(法階)로 알게 함이시니라. 그러므로 법위등급은 우리의 서원과 신앙심과 수행력을 측정하는 기준이요, 개교의 동기를 구현하기 위한 인격의 표준이며, 일

원 세계를 건설하는 설계도이자 교리를 실천하는 이정표요, 여래위까지 올라가는 안내도이자 천여래 만보살을 배출할 교본이니라.130

이처럼 대산은 법위향상으로 공부심을 진작시켜 갈 수 있도록 하였다. 또한 훈련에 대해서도 "훈련이라야 산 종교 산 교단 산 도인이 나오나니,"131라고 하여 훈련에 중점을 두면서 각 교구마다 훈련원을 두도록 했을 뿐 아니라, 제주도와 하와이에 국제훈련원을 설립하여 내왕하면서 '자신훈련, 교도훈련, 국민훈련, 인류훈련'을 주장하였다. 대산은 공부와 훈련이 일원의 교법을 익히고 체득해 가는 길이며, 교단의 목표를 성취해 가는 주요 방향로인 것이다. 그러므로 교단 운영의 원칙에도 아래와 같이 밝히고 있다.

교단 운영의 원칙이 있어야 하나니, 첫째는 명심(明心)이라, 세상 일로 혼탁해진 마음과 삼독 오욕에 가린 자성을 밝힐 것이요, 만일 종교문하에 명심의 실적이 없다면 건실한 종교라고는 할 수 없을 것이다. 둘째는 화합이라, 아무리 큰 교단이라도 화합이 무너지면 그 교단은 해체되고 말 것이니 지은보은 겸양의 도로 재가·출가와 교당·기관이 대동 화합의 기틀을 확립할 것이요, 셋째는 조직이라, 인체도 사지 백해(四肢百骸)로 생명을 유지하고 활동하듯 교단도 10인 조단으로 기능을 확립시켜 나가야 할 것이니, 이 3대 원칙이 확립될 때 교단 만년 대계의 기틀이 공고해질 것이요 전 생령이 남김없이 제도 받을 수 있느니라.132

이처럼 교단 운영 3대 원칙을 명심, 화합, 조직이라고 하였다.

첫째, '명심'이다. 옛 성인의 말씀에 '사흘의 마음공부는 천년의 보배요, 백년의 탐낸 물건은 하루아침 티끌이라.″133고 하였다. 명심이 되기 위해 대산은 삼학 팔조 공부법에 '정기훈련법'과 '상시훈련법'을 강조하였다.

> 일원상의 진리를 신앙하고 수행하려면 훈련을 하여야 하는데 그 훈련은 정기훈련 십일 과목과 상시응용주의사항 육조목이다. 훈련기관은 정기와 상시의 훈련으로 일일시시로 자기훈련, 교화단 훈련으로 세계훈련, 자기 신분검사로 인류 검사를 하는 대적공실이다.134

이처럼 일원상의 진리를 신앙하고 수행하는 데 있어서 훈련의 중요성을 강조하고, 훈련도 정기와 상시로 동시와 정시의 두 때에 빈틈없이 공부법을 짜주었고, 신분검사를 통해 스스로 적공을 쉬지 않도록 하였다.

한편 대산은 소태산이 밝혀준 유무념 대조공부를 통해 자신의 심전계발을 위해서 일생을 실행해 왔다.

> 소태산께서는 생활 속에서 한마음을 끊임없이 챙기는 공부로 유무념 대조공부를 일러 주셨나니, 유무념 대조공부는 성리를 바탕으로 한마음을 찾고 한마음을 길들이고 한마음을 잘 쓰자는 공부인바, 한마음을 챙기면 한없는 광명의 길, 진급의 길, 은혜의

길로 나아갈 것이요, 한마음을 놓으면 어두운 길, 강급의 길, 해
독의 길로 나아가게 되느니라.135

유무념 대조를 통해 명심(明心), 즉 마음 밝아지도록 화합하고 조
직을 잘 운영하기 위해 스스로 공부하고 보은하는 교단의 문화를
형성하였다. 또한 대산은 십인일단(十人一團)의 조단으로 정기훈련과
상시훈련을 통하여 자신훈련, 교도훈련, 국민훈련, 인류훈련까지 강
조하였다.

둘째, 화합이다. '화합'이 없이 한때의 발전이 있었다고 할지라
도 그로 인한 그 단체의 상처는 더욱 큰 것이며 일이 약간 더딘 한이
있더라도 화합의 보장이 튼튼하다면 결단코 내일의 대 발전은 약속
될 것이라고 하였다.

대산이 종법사 재위 때 큰 경제 사고가 있었는데, 대산은 관계
자들에 대한 질책 없이 먼저 책임을 지고 한 사람도 버리지 않으려
고 노력하였다.

한 사람의 동지도 희생 없이 잘 해결되도록 공을 들이고, 내가
독단적인 영단으로 처리하면 할 수 있었다. 그러나 그때는 결사
가 될는지 모르나 뒤에 다른 일들이 많이 터지고, 또 뒤 지도자
가 그 본을 따거나 후인들이 법 받으면 이 교단이 어떻게 되어
가겠느냐. 공의로 처리시키니 시일은 좀 걸리고 빡빡한 것 같았
으나 갈수록 원만히 해결되고, 전체가 각성하는 동시에 대중을
무서워하는 훈련이 되어 감이 누구나 독재성을 가지지 못하게

되지 아니하였느냐? 이것이 교단적인 훈련이니라.136

셋째 교단의 명맥은 '조직'으로 유지 발전시켜야 한다고 하였다. 조직 활동이 건전하지 못하다면 아무리 좋은 교리라 할지라도 열매를 맺기 어려우므로 십인일단(十人一團)의 조직을 잘 운영하도록 하였다.

4. 세계평화의 경륜

소태산의 일원주의 사상과 정산의 삼동윤리 사상을 이어 대산은 '하나의 세계'를 언급하며 세계 평화의 문제를 해결하고자 염원하였다. 대산이 주장하는 '하나의 세계'는 '일원에 의한 하나의 진리'가 아니라 모든 종교와 교지가 통합 활용할 수 있는 요소로서의 '하나'임을 알 수 있다.137 『정전』 제2장 '교법의 총설'에서는 세계의 모든 종교의 그 근본 되는 이치는 하나라는 사실을 밝혀 놓았다. 하나는 어느 시대, 어느 종족, 어느 국가, 어느 이념, 어느 종교만 해당하는 것이 아니다. 여기에서 말하는 '하나'라는 것은 보편적인 것이며, 대중적인 것이며, 모든 일체 만물에 적용할 수 있는 '하나'여야 하는 것이다. 대산의 '하나의 세계'는 앞에서 밝힌 소태산의 일원주의에서 비롯되어 모든 인간에게 전하고자 하는 메시지임을 알 수 있다.

대산은 1970년 10월 16일, 일본 교토에서 열린 '세계종교인 평화회의'에 참가하여 인류의 구제와 평화세계 건설을 위해 '세계평화 삼대제언', 즉 심전계발의 훈련, 공동시장개척, 종교연합기구 창설을 제안하였다. 대산은 1970년 일본에서 열린 제1차 세계종교자평화회의에서 세계평화 3대제언을 발표한다.

첫째 종교연합 창설이니 우리 모든 종교인들이 합심 합력하여 국제연합 기구에 대등한 종교연합 기구를 창설하여 인류의 영과 육의 무지·빈곤·질병을 퇴치할 수 있는 의무와 책임을 갖자는 것이요, 둘째 공동시장개척이니 우리 모든 인류가 나라와 사상의 울을 넘어서서 공동시장을 개척하여 생존경쟁보다 서로 공생 공영할 수 있는 새로운 길을 개척하자는 것이요, 셋째 심전계발 훈련이니 우리 모든 인류가 묶어 있는 마음 밭을 계발하고 훈련시켜 마음을 크게 넓히고 밝히고 잘 쓰는 슬기로운 새 나라 새 세계를 만들자는 것이니라.[138]

대산은 1984년(원기69) 방한한 교황 요한 바오로 2세 환영식에서도 다음과 같이 세계평화 3대제언을 한다.

오늘 이 귀중한 시간을 빌려 세계평화 3대제언인 심전계발 훈련과 공동시장개척과 종교연합 창설을 제언합니다. 종교의 목적은 하나이므로 천주교에서 천심을 길러 천국을 만드는 것이나, 불교에서 자비심을 길러 불국을 만드는 것이나, 유교에서 성심(聖

心)을 길러 성세(聖世)를 만드는 것이나, 도교에서 도심(道心)을 길러 도국(道國)을 만드는 것이나, 원불교에서 원심(圓心)을 길러 원만 평등한 세상을 만드는 것이 표현은 달라도 본래 이념은 다 같은 것이므로 우리가 합심하여 세계 평화를 이루고 전 인류를 구원하는 일에 노력합시다.139

이 중 심전계발과 종교연합의 상세한 논의는 뒤에 후술할 예정이며, 공동시장개척은 경제의 울을 터서 다 함께 잘 사는 경제적 공동체를 이루자는 내용으로 이해할 수 있다.

1980년 제64회 원불교 대각개교절 경축사에서 대산은 소태산의 일원주의 사상 그리고 정산의 삼동윤리 사상에 입각해 제창한 세계평화를 위한 삼대제언의 의의를 좀 더 자세히 밝히고 있다.

첫째, 종교 유엔(UN)의 탄생입니다. 지금까지 우리 인류는 세계의 모든 문제를 국제연합 기구를 통하여서만 해결하려고 하였습니다. 그러나 정치 유엔은 권력[힘]에 바탕하여 정치 경제 사회 문화의 세계 문제를 해결해 나가는 기구라면 종교 유엔은 도덕에 바탕하여 전 인류의 정신 문제를 해결해 나가는 기구라고 할 것입니다. 이 정치 유엔이 아버지 역할이라면 종교 유엔은 어머니의 역할이라 할 수 있습니다. 현 세계는 아버지만 있고 어머니가 없는 가정과 같아서 원만한 조화(調和)를 이루지 못하고 있습니다.

그러므로 종교 유엔을 탄생시켜 삼권(三權)을 잡고 삼군(三軍)으로 국가와 인류를 지도하는 정치 유엔과 삼계(三界)의 대권(大權)을 잡고 삼대력(三大力)과 사중은(四重恩)의 지은보은(知恩報恩)[天地·父母·同胞·法律恩, 精神의 修養力, 事理의 硏究力, 作業의 取捨力]으로 일체중생을 구원하는 종교 유엔이 국가와 세계의 모든 문제를 해결하는데 합심합력하여 도치(道治)와 정치가 아우르고 내외가 겸전한 세계를 이룩하도록 해야 하겠습니다.

둘째, 공동시장의 개척입니다. 현재의 유럽 공동시장과 같은 형태의 지역 공동시장을 아시아 지역 아프리카지역 등 세계 요소에 몇 군데 더 늘려서 세계 각국이 상호 교류로 경제의 활로를 트고 자리이타(自利利他)의 도로 상부상조하여 경제의 균등을 모색하자는 것입니다.

어린아이가 처음 태어나서는 어머니 젖 밖에는 모르지만, 차차 커서 철이 들면 부모 형제가 일가인 줄을 아는 것과 같이 세계 전 인류는 시방이 일가요, 사생이 일신인 것을 자각해야 하겠습니다. 그리하여 전 세계 각국이 사상의 대립과 반목과 투쟁에서 벗어나 서로 살리고 같이 살아서 고루 잘 사는 나라로 번영된 세계를 이룩해야 하겠습니다.

셋째, 심전계발(心田啓發)의 훈련입니다. 과거 모든 부처님과 성인들께서는 심전계발의 훈련을 천직으로 삼으셨습니다. 부처님께서는 육년 설산고행(雪山苦行)으로 자신의 심전계발을 비롯하여 십대 제자와 천이백 대중과 더불어 49년간 심전계발을 하셨고 예수님께서는 광야에서 40일간 자신의 심전계발을 비롯하여 12사도와 함께 3년간 심전계발을 하셨으며 공자님께서는 십철

(十哲)과 칠십이문인(七十二門人)들과 같이 심전계발의 훈련을 하셨습니다. 우리 대종사님께서는 대각하시기 전 20년 동안 자신훈련을 비롯하여 대각하신 후 28년간 심전계발의 훈련을 하셨습니다.

이러한 심전계발이 없이는 자신과 인류의 진정한 구원과 평화가 이룩될 수 없습니다. 현하 세계 각국이 청소년의 지도 문제에 대하여 고심하고 있으나 그에 앞서 기성세대의 자각과 훌륭한 지도자의 훈련과 교화를 해야 할 것입니다. 따라서 우리 종교인들은 자신훈련을 비롯하여 국민훈련과 전 인류를 훈련시키는 데 먼저 힘써야 하겠습니다.

우리는 이미 교단적으로 도시와 해상(海上) 산상(山上) 등에 특설 훈련지가 마련되어 있어서 이에 대비한 훈련을 해나오고 있으나 대종사님께서 가르쳐 주신 바와 같이 앞으로 세계 각국의 종교 지도자들과 합심하여 국제합동훈련 장소까지 우리나라에 설치하여야 하겠습니다.

그리하여 전 국민과 전 인류가 심전계발의 훈련으로 정신을 개벽하여 인인개개(人人個個)가 영원한 혜복의 문로를 개척하고 하루속히 도덕세계를 건설해야 하겠습니다.**140**

이를 요약하면, 먼저 종교연합운동을 통해 UN[국가연합]과 쌍벽을 이루는 UR[종교연합]이 한 가정의 아버지와 어머니처럼 정치와 종교가 한 마음으로 인류를 위해 합심합력하여 내외겸전의 세계를 만들자는 것이다. 다음으로 공동시장개척을 통해 전 인류가 자리이타로서 상부상조와 공생공영의 길로 나아가자는 것이다. 마지막으로 심전계발훈련을 통해 자신훈련, 국민훈련, 나아가 전 인류의 훈련을 통해 도덕세계를 건설해가자는 것이다.

제3장
심전계발과 '하나의 세계'

제1절
심전계발의 개념과 연원

1. 심전계발의 개념과 의의

1) 심전계발의 개념

심전계발의 개념을 한자어로 풀이하면, 심전(心田)이란 말 그대로 '마음 밭'으로 마음을 밭에 비유한 말이다. 계발(啓發)은 열어서 일으켜준다는 뜻이다. 즉 '마음 밭을 잘 가꾸어 혜와 복을 얻도록 한다.'라고 할 수 있다.

김성관은 심전계발(心田啓發)에 대해서 다음과 같이 정의하고 있다.

'심전'은 "심(心)과 전(田)의 합성어로서 심은 사람의 심장의 모양을 본뜬 그림이 발전하여 중앙·중심으로 이루어진 상형문자이고 전(田)은 사방의 경계선을 본뜬 'ㅁ'와 동서남북으로 통하는 길을 본뜬 '十' 이 합하여 이루어진 상형문자이기에 심전은 마음 밭을 의미한다. '계발'이라는 용어는 계(啓)와 발(發)의 합성어로서 계(啓)가 '尸+口+'인데 본디는 '尸+口'로서 입[口]을 벌리듯이 문[尸]을 연다는 뜻이었고 이에 어떤 일을 시킨다는 뜻을 나타내는 두드릴 복(攵)을 더하여 '만들고 열다', '가르쳐 인도하다'의 뜻을 나타내게 되었다."141

'심전[마음 밭]'이라는 표현은 원래 아무것도 심겨 있지 않은 빈 밭에 씨앗이 떨어짐에 따라 온갖 식물이 나고 자라듯이, 원래 분별과 주착이 없는 인간의 마음[성품]에서 모든 분별이 일어남을 비유한 것이다. 비슷한 표현으로 '심지(心地)', 즉 '마음 땅'이라는 표현이 있는데 역시 같은 맥락이다.

'계발'은 사전적으로는 열어서 일으켜 준다는 의미이지만 가꾼다는 뜻으로 해석할 수 있다. 밭에 있어서는 잘 갈고 거름을 주고, 농작물은 가꾸고 잡초는 제거하여 마침내 수확하듯 마음에 있어서는 마음 바탕에서 참된 본성을 양성하고, 선악 간 마음 발하는 것을 조사하여 악심이 나면 제거하고 선심이 나면 양성하여 결국 혜복을 얻음을 가리킨 말이다. 계발과 유사한 용어인 개발(開發)과 비교하면, 계발은 지능을 깨우쳐 열어 준다는 뜻으로, 문답을 통하여 자발적으로 이해하게 하여 지식을 향상시키고 창의와 자존심을 길러 주는 교육 방법을 이르는 말이며, 개발은 무엇인가를 더욱 쓸모 있거나 향상된 상태로 변화시키는 행위이다. 지적 능력의 향상에 대해서는 개발과 계발(啓發)을 모두 사용할 수 있으나, 계발이 좀 더 자발적이고 창의적인 변화를 의미한다고 볼 수 있다.

2) 원불교에서 마음의 특성

원불교에서는 모든 존재의 근원인 일원을 인간의 마음인 '심인'과 '본성'으로 설명한다. "일원(一圓)은 법신불(法身佛)이니 우주만유(宇宙萬有)의 본원(本源)이요 제불제성(諸佛諸聖)의 심인(心印)이요 일체중생(一切衆生)의 본성(本性)이다."[142] 일원의 진리에서 밝힌 바와 같이 '심인'과 '본성'의 의미에서 현상적인 마음 작용이 아닌 근원적인 '마음'의 특징을 살펴볼 수 있다. 원불교 경전에는 마음에 관한 다양한 용어들이 등장한다. 예를 들어 '일원(一圓)', 성품, 자성(自性), 심지(心地), 정신(精神), 영지(靈知), 뜻 등이 대표적이다. 정순일은 마음을 '근본심'과 '분별심'으로 대별하였으며[143], 한내창은 '포괄적 개념의 마음'과 '개별적 개념의 마음'으로 나누어 양자를 '분별 이전의 자리'와 '분별이 나타난 자리'로 구분하기도 한다.[144] 장진영(2012)은 분별 유무를 기준으로 분별 이전과 분별 이후로 대별하여 성품과 마음을 구분하고, 정신과 영지의 경우는 그 분별과 주착이 없는 본성[성품], 즉 진공을 떠나지 않으면서 묘유의 작용을 일으킨다는 점에서 중간 상태로 볼 수 있다고 하였다.[145]

이처럼 마음은 언어도단의 자리이지만, 강연히 설명하자면 크게는 두 측면으로 나누어 볼 수 있다. 먼저 첫 번째 측면은 본성적 측면으로 분별을 떠난 불생불멸하는 자리를 말한다. 이는 상대를 떠난 절대 자리이고, 분별을 떠난 진공 자리이며, 모든 차별이 사라진 평등한 자리이다. 다음으로 두 번째 측면은 현상적 측면으로 분별이 나타난 인과보응의 이치에 따라 생멸하는 자리로서, 상대가 있는 자리이며, 묘유의 자리이며, 차별의 자리이다.

또한 소태산은 일원의 속성을 공(空), 원(圓), 정(定)으로 밝힌 바 있는데, 이는 『대승기신론』에서 일심(一心)을 체(體), 상(相), 용(用) 삼대(三大)로 일체법을 설명하고 있는 방식과 상통한다. 즉, "체가 크다는 것은 모든 법이 진여 평등하여 증감이 없기 때문이요, 상이 크다는 것은 여래장이 무량한 성품의 공덕이 구족하기 때문이요, 용이 크다는 것은 모든 세간과 출세간의 선한 인과를 일으킬 수 있기 때문이다."146는 것이다. 장진영은 이러한 마음의 세 가지 속성을 "첫째, 모든 분별이 사라지고 텅 비어서 자타, 선악, 시공 등의 분별 자체가 없는 '체(體)' 혹은 '공(空)', 둘째, 자타, 선악, 시공 등의 분별이 현상적으로 드러나서 원만하게 다 갖추어져 있는 '상(相)' 혹은 '원(圓)', 셋째, 매 순간 시비선악 등의 분별을 가려서 선택[활용]하는 '용(用)' 혹은 '정(正)'으로 정리될 수 있다."147라고 밝혀서 앞의 본성적 측면과 현상적 측면, 나아가 작용적 측면까지 세 가지로 마음의 속성을 밝혀 삼학[즉 정신수양, 사리연구, 작업취사]과 연결하고 있다.

염승준은 마음의 특성을 다음과 같이 네 가지로 설명하고 있다. 첫째, 마음의 절대성이다.148 '마음'은 인간의 지각을 통한 구분과 구별이 의미가 없는 것이며, 대와 소, 유와 무 등의 '분별이 없는 자리'로 모든 상대를 초월한 절대적 성격을 갖는다. 둘째, '마음'은 생멸 거래에 변함이 없는 '영원불멸성'을 갖는다. 셋째, 마음의 '신비로운 지혜로움[靈知]'이며, 이는 '공적영지(空寂靈知)'로 표현되는 마음이다.149 『대승기신론』에는 "진여 자체는 모든 범부·성문·연각·보살·부처에 있어서 차별이 없으므로 과거의 어느 시기에 난 것도 아니고 미래의 어느 시기에 사라지는 것도 아니다. 항상 있어서 왔으며, 원래부터 본성 스스로 일체 공덕을 완전히 갖추고 있는 것이다."150라고 하였다. 넷째, 마음의 무한성으로서 이는 시공간을 초월한 마음의 '진공묘유의 조화'는 '무시광겁에 은현자재한다.'고 표현된다. 즉 앞의 절대성은 곧 상대를 떠난 하나의 자리를 말하는 것이며, 영원불멸성은 생멸 없는 자리로서 진공의 자리를, 다섯째 공적영지로 표현되는 마음은 묘유의 자리를, 마지막 무한성은 진공묘유의 조화가 무한히 작용하는 자리라 할 수 있을 것이다.

한편 소태산은 진인은 마음에 거짓이[私邪] 없으므로 삿됨이 없어서 있는 그대로 드러나고, 성인은 마음에 좋고 나쁘고 간택심과 자타(自他)가 없으므로 안온하여 괴로움이 없어서 매사가 덕으로 화하게 된다고 하였다.

> 진인(眞人)은 마음에 거짓이 없는지라 모든 행사가 다 참으로 나타나고, 성인(聖人)은 마음에 상극(相克)이 없는지라 모든 행사가 다 덕으로 나타나나니, 그러므로 진인은 언제나 마음이 발라서 삿됨이 없고 성인은 언제나 마음이 안온하여 괴로움이 없나니라.151

"그 마음에 한 생각의 사(私)가 없는 사람은 곧 시방 삼계를 소유하는 사람이니라."152 사가 없는 사람은 곧 나[我]가 없는 '나'이기 때문에 시방 삼계를 소유할 수 있는 것이다. "형상 있는 바가 다 이 허망한 것이니 만일 모든 상이 상 아님을 보면 곧 여래를 보리라."153 하였고 "마음에 사사(私邪)가 끊어지면 일원의 위력을 얻고, 마음에 망념(妄念)이 쉬면 일원의 체성에 합하느니라."154고 하였다.

형상이나 모양이나 형체에 있어서 인연의 소치가 다하면 변하기 때문에 허망한 것이므로 이 이치를 알면 일체 상(相) 아님을 보기 때문에 곧 여래를 본다고[卽見如來] 하였다. 여래를 본다는 것은 마음에 사사(私邪)가 없으므로 이렇게 되기까지 심전계발 훈련을 통하여 마음을 알고 때에 따라 마음을 잘 사용하는 마음공부가 요구되는 것이다.

불교 전통에서 마음에 관한 내용은 다양하게 제시되고 있다. 특히 대승불교에서는 "용수는 그가 천명한 공(空)사상을 통하여 비로소 분별 이전의 자리[마음]'에 대한 탐구의 길이 크게 열렸으며, 이는 일정한 범주로 마음을 분별하는 방식의 한계를 넘어서 분별이 있기 이전의 마음을 그대로 비추어 보게 한 것이다."[155] 이처럼 무분별의 공성(空性)을 체득함으로써 이후 본성, 법성, 불성, 자성, 일심 중심의 대승불교 관점이 다양하게 제시될 수 있었다.

대산의 경우도 이 분별 이전의 마음[無分別心]에 대해 깊은 관심을 가지고 이를 대공심(大空心)과 대공심(大公心)으로 정리하고 있다. 대공심(大空心)은 크게 빈 마음으로, 삼독 오욕·사량 계교·시기 질투·선악귀천·염정미추·원근친소·희로애락·시비장단 등 온갖 중생심이 텅 비어 진리와 하나가 된 마음을 말한다. 이처럼 빈 마음은 반야의 지혜요, 우리의 본래 면목이며, 청정자성으로, 원불교에서 교역자들에게 강조하는 마음 자세이다. 대산은 "대공심(大空心)이란, 이 마음은 과거에도 공(空)하고 현재에도 공하고 미래에도 공할 것을 알기 때문에 마음의 고향인 공에 합한 것[156]"이라고 했다.

이 크게 빈 마음[大空心]에서 크게 공변된 마음 즉 대공심(大公心)

이 나온다. 공심(公心)은 자기 개인이나 가족을 뛰어넘어 사회, 국가, 인류 전체를 위한 공변된 마음을 의미한다. 원불교에서 대공심(大公心)은 공심(公心)을 더 확장하고 초월하여 이루어지는 것으로 표현하고 있다. 즉 공심이 나보다 남을 위하는 것이라면, 대공심은 이를 더 뛰어넘어 자(我)와 타(他)의 간격이 없어지고 전 인류만이 아니라 전 생령을 자신과 한몸으로 삼고, 온 우주를 한 집안으로 삼는 마음이다. 대산의 대세계주의는 대공심(大公心)을 기초로 하고 있다 해도 과언이 아니다.

> 분별이 있기 이전의 마음을 그대로 비추어 보게 하는 그 마음 일념미생전(一念未生全) 소식, 천지미분전(天地未分全) 소식, 부모출생전(父母出生前) 소식의 무생법인(無生法忍)자리요, 삼세제불의 도본(圖本), 천만 경전의 근원의 무진장(無盡藏)의 보고(寶庫)·복혜의 원천이다. 이렇게 크게 빈 마음[大空心]에서 큰 지혜가 솟고, 큰 지혜에서 큰 사상이 나오며, 큰 사상에서 세계주의가 나오고, 세계주의에서 큰 공심[大公心]이 나오느니라.[157]

분별 이전의 마음자리를 일념미생전 소식이라고 한다. 하늘과 땅이 갈라지기 이전의 소식, 즉 세존(世尊)이 도솔천을 떠나지 아니하시고 이미 왕궁가에 내리시며, 모태 중에서 중생 제도하기를 마치셨다 하니 그것이 무슨 뜻인가[158]하는 것과 같다. 이전의 한 소식의 언어 차이요 다 같은 것을 말하는 것이다. 즉 어머니를 두고 자식이 볼 때 어머니요, 시어머니가 볼 때 며느리요, 남편이 볼 때 아내요,

손자가 볼 때는 할머니이듯이 어느 측면에서 보느냐에 따라 다르게 표현될 뿐이다. 이렇게 지극히 텅 비워진 하나 자리에서 자타 국한이 없으므로 세계주의 사상이 나오고 작용에 있어서 지극히 공변된 공심으로 작용한다.

『중론』에서 '더할 것도 없고 덜할 것도 없다[不增不減].' 하였는데, 그 의미가 상통한다. 그런데 대종사님은 이를 원만구족 지공무사라 하였나니 이를 알면 18계(十八界)가 다 공해지는바, 더 구체적으로 밝히면 공·원·정(空圓正)이니라. 우리 마음을 허공같이 텅 비워버리고 일월같이 밝고 두렷하게 만들며 물과 같이 부드럽고 바르게 하면 십팔계가 다 비어지리니, 십팔계가 공하려면 공·원·정으로 크게 적공을 해야 하느니라.[159]

『반야심경』에 "더럽지도 아니하고 깨끗하지도 아니하며[不垢不淨]" 늘지도 않고 줄지도 않으므로[不增不減], 우리의 인식기관, 인식대상, 그리고 인식결과인 18계[十八界-六根·六境·六識]가 다 공(空)해지므로 그 자리를 다 갖추어진 원만구족하고 육근(六根) 사용에 있어서 지공무사하다는 것이다.

정산은 "불경의 정수는 공(空)이요 대종사께서도 공원정(空圓正)을 말씀하시었나니, 그대들은 공의 원리를 알고 공의 진리를 체 받아 항상 청정한 마음을 닦아 기르며 무사(無私)한 심념을 닦아 행하라."[160]라고 하였는데, 18계가 모두 무자성(無自性)인 공이므로 이 자리를 잘 지키고 잘 알고 잘 사용하기 위해 삼학병진[161]의 적공을 말하는 것이다.

> 법신불이라 함은 곧 만법의 근원인 진리불을 이름이요, 보신불과 화신불은 그 진리에서 화현한 경로를 이름인 바, 화신불 가운데에는 진리 그대로 화현한 정화신불이 있고 또는 진리 그대로 받지 못한 편화신불이 있으니, 정화신불은 곧 제불 제성을 이름이요 편화신불은 곧 일체중생을 이름인 바, 비록 지금은 중생이나 불성만은 다 같이 갊아 있으므로 편화신불이라 하나니라. 그러므로, 우리의 마음이 청정하고 바른 때에는 곧 내가 정화신불이요 삿되고 어두울 때에는 편화신불임을 알아야 할 것이니라.162

크게 빈 마음에서, 진공에서[空, 진리불], 일원 같은 묘유[圓, 보신불] 속에 광명과, 조화[正, 화신불]가 나온다. 화신불에서 진리 그대로 화현한 정화신불과 편화신불로 나누어진다. 정화신불은 모든 부처 모든 성자들이 있다. 가리고 그려서 그대로 나투지 못한 편화신불은 일체중생들로서 불성은 다 같이 갊아 있으므로 마음공부를 통하여 불성을 회복하자는 것이 심전계발이고 마음 부활을 하자는 것이다. 심전을 계발하여 일상생활에서 안·이·비·설·신·마음을 사용할 때 원만구족 지공무사하게 하자는 것이다. 즉 마음을 사용할 때 편화신불이 아닌 정화신불로 사용하기 위하여 마음공부를 하자는 것이다.

3) 심전계발의 의의

마음을 밭, 또는 땅에 비유한 것에는 마음의 특성과 수행의 중요성을 일반 대중에게 효과적인 이미지로서 쉽게 설명하는 데 유리하기 때문으로 보인다.

첫째, 아무것도 심어 있지 않은 빈 밭의 이미지로써 성품의 평등함을 설명할 수 있다. 사람들은 잘 가꾸어진 밭[선업과 수행력을 갖춘 사람의 마음, 부처의 마음]과 황폐한 밭[악업이 쌓이고 어리석은 사람의 마음, 중생의 마음]이 원래부터 다를 것으로 생각하지만, 원래 부처나 중생이나 본래 성품은 텅 비어 평등하다는 것이다.

둘째, 밭의 주인이 밭에 무엇을 심느냐에 따라 결과물이 달라진다는 점을 설명할 수 있다. 콩 심은 데 콩이 나고, 팥 심은 데 팥 난다는 것처럼, 선연을 심으면 선연이 나오고, 악연을 심으면 악연이 나온다. 이에 밭 주인의 적극적인 역할[좋은 씨를 심을 것]이 중요하다.

셋째, 주인이 밭에 거름을 주고 물을 주는 등 관리를 통해 결과가 달라질 수 있음을 설명할 수 있다. 노력을 통해 더 기름진 밭으로 변화시킬 수 있다는 점은 우리가 마음공부 즉 수행을 통해 더 효과적으로 복과 혜를 얻을 수 있음을 의미한다.

넷째, 아무리 잘 가꾼 밭에서도 농작물과 잡초가 같이 자라는 것처럼 마음의 속성이 절대선과 절대악으로 나뉘는 것이 아니라 때로는 수행자의 마음에 탐진치(貪瞋癡)가 날 수 있음을 떠올려서 자만하지도 자책하지도 않을 수 있음을 가르쳐 줄 수 있다. 오히려 기름진 밭에서 잡초가 더 많이 자랄 수 있다. 따라서 원불교의 수행법에서는 끊임없이 부지런히 마음 밭을 돌아볼 것을 강조하고 있다.

다섯째, 마음 밭에서 자라는 농작물을 통해 사회에 기여할 수 있다는 점이다. 원불교에서는 밭을 텅 빈 밭으로만 둘 것이 아니라, 풍성하게 가꾸어서 그 결과물로 나도 풍요롭게 살고, 이웃에도 나누라고 제안하고 있다.

2. 심전계발의 연원

1) 심전계발의 불교적 연원

불교에서 마음이란 형상도 없고 모습도 없으며, 무한한 가능성을 지니고 있어 '빈 땅'에 비유될 수 있다. 『휴휴암좌선문(休休庵坐禪文)』에서는 마음을 "크기로는 바깥 없는 데까지 포함하고 가늘기로는 안 없는 데까지 들어가며 신통과 지혜와 광명과 수량과 대기와 대용이 다함이 없고 다함이 없나니"[163]라고 하였다.

또한 『화엄경』에는 "선재동자가 중생을 보니 마음 밭이 몹시 황폐한지라 삼독의 가시덤불을 제거하기 위해 오로지 밝은 지혜만을 구한다."[164]라고 하였다. 송나라 소덕혜순(紹德慧詢, 960~1279) 등이 번역한 『보살본생만론(菩薩本生鬘論)』에서는 "부처님이 설법하여 칭찬하기를, 보시행과 뜻하는 대로 가져오는 마음 밭[心田]이 둘 다 수승하면, 원인은 적어도 결과가 많다."[165]라고 하였다. 한편 청나라 보능진숭(普能眞嵩)은 "마음의 밭에는 무명의 풀이 자라지 않으며, 성품의 땅에는 지혜의 꽃 항상 피어난다."[166]라고 하였다.

심전계발은 농부의 농사짓는 전답(田畓)과 같으므로 마음 가운데 정심(正心)은 곡식과 같고, 요란하고 어리석은 잡심은 잡초와 같아서 정심은 불성이라고도 하며 무명은 잡초와 같아서 곡식과 잡초는 같은 땅에서 나온다. 불성이 나오면 무명은 사라지고 무명이 나오면 불성이 숨듯 잡초를 제거하며 농작물 수확을 얻는 것과 같이 선·악간에 사심·번뇌·관념·상(相)을 제거하며 정심(正心)을 양성하여 혜복이 항상 넉넉할 것이라고 하였다. 『대승본생심지관경(大乘本生心地觀經)』에서도 마음을 땅에 비유하여 설명하고 있다.

> 중생의 마음은 마치 대지와 같아서 오곡 오과가 대지로부터 나오듯이 이와 같이 심법도 세간이나 출세간의 선악의 오취(五趣), 유학, 무학[성문], 독각, 보살, 그리고 여래를 낳는 것이다. 이러한 인연으로써 삼계가 오직 마음뿐이니, 마음을 땅[地]이라 한 것이다.167

이처럼 심전은 모든 만물을 생성하므로, 이는 만법의 근원이 된다고 하는 데서 대지에 비유하여 '심지'라고 하였다. 그 자리를 성품(性稟), 마음[心], 불성(佛性), 진여(眞如) 등의 다양한 이름으로 드러낸 것이다. 『진심직설(眞心直說)』에 진심의 여러 가지 이름을 밝힌 '진심이명(眞心異名)'을 살펴보면 다음과 같다.

"혹 말하기를, 단지 진심이라고만 합니까, 따로 다른 이름이 있습니까?"
"부처님의 가르침과 조사의 가르침에서 이름을 세운 것이 다르다. 먼저 부처님의 가르침 『범망경보살계품』에서 '마음 땅[心地]'이라 하나니, 온갖 선[萬善]이 발생하기 때문이다. 『반야경』에서 '보리'라 하나니, 깨달음의 바탕이 되기 때문이다. 『화엄경』에서 '법계'라 하나니, 서로 통하고 융섭하기 때문이다. 『금강경』에서 '여래'라 하나니, 온 곳이 없기 때문이다. 『반야경』에서 '열반'이라 하나니, 여러 성인이 귀의하는 곳이기 때문이다. 『금광명경』에서 '여여(如如)'라 하나니, 참으로 영원하여 변하지 않기 때문이다. 『정명경』에서는 '법신'이라 하나니, 보신과 화신에 의지하기 때문이다. 『기신론』에서는 '진여'라 하나니, 나지도 않고 죽지도 않기[不生不滅] 때문이다. 『열반경』에서는 '불성'이라 하나니, 삼신(三身)의 본체이기 때문이다. 『원각경』에서는 '총지(摠持)'라 하나니, 공덕을 유출하기 때문이다. 『승만경』에서는 '여래장'이라 하나니, 감춰져서 함장되어 있기 때문이다. 『요의경』에는 '원각(圓覺)'이라 하나니, 어둠을 파하고 홀로 비추기 때문이다. 그러므로 연수(延壽) 선사는 『유심결』에서 하나의 법에 천 가지 이름이 인연 따라 세워서 부르는 것이니 경전들에 다 갖추어 있어서 모두 인거할 수 없다고 하였다.**168**

이상에서 밝힌 바와 같이 우리의 참 마음[眞心]에는 수많은 이름이 인연 따라 사용되는데, 특히 『범망경보살계품』에서 이를 '마음 땅[心地]'이라 하였다. 온갖 선(善)이 여기에서 발생하기 때문이다. 『대지도론소(大智度論疏)』에서는 "만약 마음 밭[心田]에 대해 논한다면, 보시마다 축생이나 보살이나 부처나 예외 없이 모두가 다 평등하다."¹⁶⁹라고 하였다. 여래는 본래 생하고 멸할 것이 없지만 어리석은 중생을 위하여 생사를 분별하여 설하는 것이다. 마음 밭은 성품과 대등하여 분별이 없으므로 이 자리에서는 축생, 보살, 부처가 모두 평등한 것이다.

또한 『종경록』에서 "구마라다의 전법게송에는 "종자가 있고 마음 땅[心地]에 있으면 인연에 의해서 싹이 발한다. 조건[緣]에 서로 걸림이 없으면 (싹이) 생함에 당하되 생함도 생함이 아니다."¹⁷⁰라고 하였다. 씨앗이 있고 땅이 있으니 시절 인연 따라 싹이 발하는 것이다. 또한 인연에 걸리고 막히고 구애됨이 없는 것이니, 생(生)을 당하되 연을 따라 생하는 것이므로 생함도 생함이 아닌 것이다. 일체 경계 속에서 온갖 마음을 일으키되 일으킴이 없는 것이다. 바로 그 자리는 일념미생전 자리요 일원의 자리며 천지미분전 자리이며, 여래 자리이다.

『대승장엄경론』에서는 "마음 밖 대상 없기에 대상 없으면 마음 또한 없다. 둘이 없음을 아는 까닭에 참된 법계에 제대로 머문다."¹⁷¹라고 하였다. 그리고 『종경록』에서는 "불여밀다존자의 전법게송에는, 참 성품이 마음 땅[심지]에 감추니 머리도 없고 또한 꼬리도 없더라. 인연에 따라서 만물에 화하니 방편으로 지혜라 부른다."¹⁷²라고 하였다. 불성과 무명은 한집 속에 불성이 무명에 의지하고 무명은 불성에 의지한다. 둘은 서로 의지하기 때문에 있으면 같이 있다. 깨달으면 불성이고, 깨닫지 못하면 무명이다. 그러므로 선지식들의 가르침을 글로도 마음으로도 증득하여 일승과 오율의 도를 마음 밭 성품에 머무른다. 즉 참 성품이 마음 밭에 감추니 머리도 없고 꼬리도 없다[無頭無尾], 이름도 없고 글자도 없으며 없다 하는 그것도 없는 것이다. 그런데 일만 경계를 따라 만물을 교화하므로[應緣而化物] 이를 방편으로 '지혜'라 한 것이다. 이처럼 조사들의 게송에 마음 땅을 근본 바탕의 하나 자리에 비유하고 있다.

2) 원불교에서의 심전계발의 중요성

원불교에서 '심전'과 '심지'는 마음을 지칭할 때 자주 쓰인다. 마음을 밭에 비유한 데에는 몇 가지 이유가 있는 것으로 보인다. 먼저 밭[땅]이란 만물을 다 실어 주는 근본으로 성품과 유사하게 볼 수 있으며, 그러한 밭에 씨앗이 발아하여 온갖 식물들이 자라듯이 사람의 마음에도 씨앗에 따라 수많은 선·악이 나타날 수 있음을 보여줄 수 있다는 점 등에서 마음을 설명하기에 좋기 때문이다.

심전이란 용어는 소태산이 직접 표현한 것이다.『대종경』에서도 '심전'에 대해 언급하고 있다. "예로부터 도가에서는 심전을 발견한 것을 견성(見性)이라 하고 심전을 계발하는 것을 양성(養性)과 솔성(率性)이라 하나니 이 심전의 공부는 모든 부처와 성인이 다 같이 천직으로 삼으신 것이요 이 세상을 선도하는 데에도 그 근본이 되는 것"[173]이라고 하였다.

또한 마음이란 뿌리 없는 주인공으로서 시시때때로 기쁘고, 화나고, 슬프고, 즐거움을 취하고자 욕심과 노여움과 어리석음의 탐·진·치를 도량의 잡초로 비유하여 마음을 대조하고 마음공부 하는 것을 도량의 잡초 제거와 같은 것으로 말한다.

우리의 마음을 자주 살피지 아니하면 잡념 일어나는 것이 마치 이 도량을 조금만 불고하면 어느 틈에 잡초가 무성하는 것과 같아서 마음공부와 제초 작업이 그 뜻이 서로 통함을 알리어, 제초하는 것으로 마음공부를 대조하게 하고 마음공부 하는 것으로 제초를 하게 하여 도량과 심전을 다 같이 깨끗하게 하라는 것이라.[174]

이러한 마음의 특성을 "사람의 마음은 지극히 미묘하여 잡으면 있어지고 놓으면 없어진다고 하였으니, 챙기지 아니하고 그 마음을 닦을 수 있으리오."[175]라고 하였다. 즉 마음 밭[心田]을 부지런히 챙겨서 계발(啓發)하도록 한 것이다.

심전을 잘 계발하는 사람은 저 농사 잘 짓는 사람이 밭에 잡초가 나면 매고 또 매어 잡초는 없애고 농작물만 골라 가꾸어 가을에 많은 수확을 얻는 것 같이, 선악 간에 마음 발하는 것을 잘 조사하고 또 조사하여 악심이 나면 제거하고 또 제거해서 악심은 없애고 양심만 양성하므로 혜복이 항상 넉넉할 것이요.[176]

이처럼 심전계발은 불교적으로 깊은 전통을 가지고 있으며, 원불교도 이 전통을 계승하고 있는 것이다. 그러나 일제강점기에 '심전개발(心田開發)운동'이라는 이름으로 크게 왜곡되어 오히려 식민지 지배를 위한 수단으로 이용되기도 하였다. 일제강점기에는 심전개발운동이 전쟁 동원에 적극 참여를 위한 정신무장을 강조하는 운동으로 악용된 것이다.177 이때 심전의 개발(開發)과 계발(啓發)의 단어 사용에 차이가 있다. 사전적으로 개발(開發)은 산업이나 경제 등을 더 나아지도록 개척하여 발전시킨다는 의미이고, 계발(啓發)은 슬기와 재능을 널리 열어 준다는 의미다. 두 단어가 유사하고 혼용되기도 하였으나, 불교 전통에서 많이 사용되어 온 심전계발을 일제강점기에 의미를 왜곡하여 '심전개발(心·田開發)'이라고 사용하였다.178

윤기엽에 따르면 특히 1930년대 중반 일본의 심전개발운동은 정신계몽 운동으로써 식민지 이데올로기 사상 통제의 방책이었고, 또 조선인을 천황의 신민(臣民)으로 만들고자 한 식민지정책의 일환이었다. 총독부에서 행한 심전개발 정책의 목표는 다음 세 가지로 정리된다. 첫째, 국체관념(國體觀念)을 명징(明徵)하는 것, 둘째, 경신숭배(敬神崇拜)의 사상 및 신앙심을 함양(涵養)하는 것, 셋째, 보은(報恩)·감사(感謝)·자립정신을 양성하는 것이다. 심전개발의 첫 번째 목표인 '국체관념을 명징하게 하는 것'은 일본이 국체관념을 주입하는 것이 가장 중요한 이데올로기적 과제로 조선 동포를 정신적으로 향상시켜, 제국신민으로서의 지위를 확보하게 하는 기초조건이 되는 것이다. 두 번째 '경신숭조의 사상'은 천황은 국가의 지배자·통솔자이며 국민 전체의 종가존장(宗家尊長)이며 신격화로 절대복종하게 하자는 것이다. 세 번째 '보은·감사·자립정신의 양성'은 농본주의 이데올로기로써 농촌진흥운동의 정신을 조선 농민들에게 의식화하는 의식침투의 과정으로 이용하는 것을 말한다. 이처럼 일본의 의도는 불교 내 뿌리가 깊었던 '심전계발'과 유사한 어감을 지닌 '심전개발' 운동을 앞세워 식민지 조선 민중의 정신을 통제하는 수단으로 악용

한 것이라고 할 수 있다.179

반면 소태산은 불교적 심전계발의 전통을 온전하게 계승하고 있다. 소태산은 물질의 노예가 되어 파란고해의 생활을 하는 일체생령을 낙원세계로 인도하기 위해서는 진리적 종교의 신앙과 사실적 도덕의 훈련으로 정신의 세력을 확장해 가야 함을 명확히 밝혀주었다.180 여기서 말하는 정신세력의 확장은 바로 심전계발이요 포괄적으로 마음공부를 표현하고 있다고 보아도 무방할 것이다. 소태산은 "모든 학술을 공부하되 쓰는 데에 들어가서는 끊임이 있으나, 마음 작용하는 공부를 하여 놓으면 일분 일각도 끊임이 없이 활용되나니, 그러므로 마음공부는 모든 공부의 근본이 되나니라."181라고 하면서 마음공부, 특히 마음을 사용하는 법인 '용심법(用心法)'을 강조하였는데 마음공부란 결국 심전계발의 또 다른 말이라고 할 수 있다.

정산도 영산성지의 정관평 방언답에서 땀 흘리며 일하는 임직원들을 격려하면서 다음과 같이 심전계발의 중요성을 강조하였다고 한다.

> 수선(修禪)의 목적은 심전계발(心田啓發)에 있고, 심전계발을 하자는 것은 우리의 마음 밭을 잘 개척하여 복(福)과 혜(慧)만 나오게 하여 복과 혜의 주인공이 되자는 것이니라. 그러므로 전농자(田農者)는 천하지대본(天下之大本)으로 일신의 신락(身樂)을 건설하는 근본이 되고, 심농자(心農者)는 영생지대본(永生之大本)으로 영생의 심락(心樂)을 얻게 되는 근본이 되자는 것이니라. 그러나 전농

(田農)은 용지유진(用之有盡)이요, 심농(心農)은 용지무진(用之無盡)이라. 1년 농사라 하는 것은 한정이 있는 일이지만 영생의 농사인 심전계발은 써도 다함이 없기에 심전계발에 힘써야 복과 혜를 마음대로 수용할 수 있으므로 이 사람이 세상에서 제일 잘 사는 사람이 되나니라.[182]

이어서 정산은 '여덟 가지 토전(土田)'에 비유하여 심전계발에 대한 법문을 내려주고 있다. 즉 자갈이 많아서 종자가 잘 눌리는 석전(石田), 모래가 많이 섞여 거름기가 없는 사전(沙田), 기울어지고 깎여진 경전(傾田), 찬 기운이 어려 있는 냉전(冷田), 잡초가 무성하여 곡식이 자라지 않는 잡전(雜田), 밭의 모양이 비뚤어져 보기도 남부끄럽고 가꾸기도 어려운 횡전(橫田), 아무리 가꾸어도 수확이 적은 박전(薄田), 묵은 땅을 개간한 기름진 옥전(玉田) 등이다. 이상의 토전(土田)의 비유와 심전(心田)계발 내용을 정리하면 아래 표와 같다.

〈표 3-1〉 토전 비유와 심전계발[183]

종류	토전(土田) 비유	심전계발
석전 石田	자갈이 많아서 종자가 잘 눌리는 석전: 원망과 불평이 많아 마음이 시끄럽고 불안하여 다른 사람의 어떠한 충고도 들리지 않으며, 또 대질리면 싸움도 서슴지 않고, 신경질을 부리는 경우의 마음의 밭.	먼저 자신의 잘못을 발견하고 남의 잘못을 용서하는 마음으로 매사에 은혜를 발견하고 감사생활을 하는 한편 염불과 좌선, 기도를 통해 뜬 마음을 안정시켜 본성(本性)을 올곧게 해야 하나니라.

종류	토전(土田) 비유	심전계발
사전 沙田	모래가 많이 섞여 거름기가 없는 사전: 좋은 법문이나 좋은 충고를 듣는다고 할지라도 들으면서 모두 잊어버리는 마음이니, 한 귀로 듣고 한 귀로 흘려버리는 '총알귀'를 가진 사람이 사전의 경우.	법문을 자주 듣고, 마음을 항상 반성하며, 얼마만큼 실천하고 있는가를 잘 살펴야 하나니라. 백화(白化)가 병들지 않고 만수(萬樹)가 위풍당당한 것은 그 토양이 얼마나 기름지고, 단비가 제때 내리는가에 달려있나니, 감로의 법문을 자주 들으면서 마음 밭을 기름지게 해야 하나니라.
경전 傾田	기울어지고 깎여진 경전: 우리의 마음도 어디로 기울어지고 흘러가 버려 본심(本心)을 찾을 수 없을 때이니, 보는 대로 가지고 싶고, 먹고 싶고, 가고 싶어지는 허영심이 심전의 경전.	안으로 근본 마음을 살펴 바깥 경계에 휩쓸리는가를 항상 방조하는 공부를 하며, 또 그 일 그 일에 담담한 맛을 길들여 부동심(不動心)을 양성하는 무심(無心)공부를 계속하여 바깥 경계가 본심을 흔드는 경우가 줄고 줄어 시일이 오래되고 적공의 힘이 쌓이면 마음을 잡고 놓아도 법에 어긋나지 않아 큰 자유의 힘을 얻게 되나니라.
냉전 冷戰	찬 기운이 어려 있는 냉전: 누구와 한 번 막히면 '꽁'하고 절대로 풀지도 않고, 말하지도 않는 것. 부처님께서도 "마음은 부처를 만들기도 하고, 금수를 만들기도 한다."라고 하신 것.	먼저 불공법으로 막힌 기운을 풀어야 하나니, 저 따스한 태양이 중천에 떠야 꽁꽁 얼어붙은 땅이 풀리는 것처럼 진리불공과 당처불공을 통해 풀어야 하나니라. (중략) 또 내 자신이 되갚을 차례에 참으며 용서하는 마음으로 감싸야 하나니, 용서하는 사람이 어른이니라.

종류	토전(土田) 비유	심전계발
잡전 雜田	잡초가 무성하여 곡식이 자라지 않는 잡전: 마음에는 탐·진·치의 삼독심이 있고, 시기심·질투심 나태심·아만심·교만심·허영심이 있으므로 이 마음이 보시심·지계심(持戒心)·인욕심·정진심·선정심·지혜의 마음과 뒤섞여 버림으로써 양심도, 선심(禪心)도, 공심도 볼 수 없게 됨.	악심(惡心)을 뿌리째 뽑아버리고 선심(善心)만을 잘 길러 복과 혜가 쏟아져 나오게 하는 것. 악심은 이기심(利己心)에서 비롯되나니, 이 이기심을 먼저 버리는 마음을 비롯하여 이타심(利他心)의 대공심(大空心)·대공심(大公心)을 가져야 하나니라.
횡전 橫田	밭의 모양이 비뚤어져 보기도 남부끄럽고 가꾸기도 어려운 횡전: 원·근·친·소에 끌리고 희·로·애·락에 치우친 마음. 바르게 보고, 바르게 판단하여, 바르게 취사하지 못하고, 미운 것을 보면 미운 것에 끌리고 예쁜 것을 보면 예쁜 것에 끌려 도무지 무엇이 옳은지 그른지를 분간하지 못하는 마음.	일원상(一圓相)과 같은 원만구족(圓滿具足)하고 지공무사(至公無私)한 마음을 가지는 것이니 어떤 인연이나 어떤 경우에도 항상 마음이 반듯하고 편벽되지 않도록 하라. 횡전(橫田)은 경지정리를 하여야 제대로 농사를 지을 수 있듯 우리의 마음 밭도 묵은 습관과 친·불친에 끌리지 말고 항상 원만하게 쓸 수 있도록 다스려야 하나니라.
박전 薄田	아무리 가꾸어도 수확이 적은 박전: 마음에 의욕이 없고 죽어 있는 경우이다. 성격이 우유부단하여 용단력이 부족하고 마음공부에 별 재미를 느끼지 못하는 상태가 박전의 마음.	향상심과 분발심이라, 비록 한 때는 실수나 실패하여 마음을 살리기가 쉽지 않지만, 이 박토를 가꾸기 위해서는 특별한 각오와 결심으로 분발심을 내어야 하며, 또 마음을 일으켰으면 끊임없는 정성심을 들이대어야 하나니, 무슨 일이나 성공을 볼 수 있는 것은 정성심이니라.

종류	토전(土田) 비유	심전계발
옥전 玉田	묵은 땅을 개간한 기름진 옥전: 과거 전생부터 현생에 이르기까지 잘 지었고, 잘 닦았으며, 잘 타고난 사람으로서 마음이 너그럽고, 원만하며, 착한 성품으로 복 짓기를 좋아하고, 틈나는 대로 마음공부에 적공하는 사람.	법문을 들으면 듣는 대로, 경전을 보면 보는 대로 복과 혜를 얻는 실천을 하며, 자신도 심락(心樂)이 넘쳐흐르지만, 다른 사람에게도 심락을 얻게 해주는 사람이니라. (중략) 근본적으로 사심·악심(惡心)·욕심이 적고, 신심·공심·자비심·관유심(寬宥心)을 가지고 있는 사람이니라.

제2절

심전계발의 수행

1. 심전계발과 삼학

1) 원불교에서 삼학의 의미

원불교에서는 불교의 계·정·혜(戒定慧) 삼학을 계승하면서도 이를 좀 더 실천적으로 변형하여 정신수양(精神修養), 사리연구(事理硏究), 작업취사(作業取捨)의 세 가지를 '삼학'이라 하여 수행의 강령으로 삼고 있다. 즉 삼학수행이 심전계발의 중요한 수행법이 되는 것이다.

소태산은 이 삼학을 최초에는 '삼강령(三綱領)'이라는 말로 표현하였다. 이 말의 뜻은 우리의 육신 생활에 의식주 3건이 필요불가결의 요소가 되는 것처럼, 정신에는 일심, 알음알이, 실행의 세 가지 힘이 반드시 있어야 한다는 것이다.

삼학(三學)은 우리의 정신을 단련하여 원만한 인격을 이루는 데에 가장 필요한 법이며, 잠깐도 떠날 수 없는 법이니, 예를 들면 육신에 대한 의·식·주(衣食住) 삼건(三件)과 다름이 없다 하노라. 즉, 우리의 육신이 이 세상에 나오면 먹고 입고 거처할 집이 있어야 하나니, 만일 한 가지라도 없으면 우리의 생활에 결함이 있게 될 것이요, 우리의 정신에는 수양·연구·취사의 세 가지 힘이 있어야 살 수 있나니, 만일 한 가지라도 부족하다면 모든 일을 원만히 이룰 수 없나니라.184

소태산은 삼학수행의 원리를 원불교의 종지인 일원상의 속성에서 근거하고 있다. 즉 수행을 통해 갖추어야 할 원만한 인격이란 일원상과 같은 진리의 속성을 내재화하려는 것인데, 삼학수행이 일원상의 속성과 연결되어 있다는 것이다. 소태산은 일원의 진리를 공(空)과 원(圓)과 정(正)으로185 밝혀주었다. 공은 언어도단(言語道斷)한 일원의 진공체(眞空體)요, 원은 소소영령(昭昭靈靈)한 일원의 광명이며 정은 진공묘유한 일원의 조화(造化)이다. 이것을 인간의 마음에 비추어 말하면, 공(空)은 마음의 참모습[實體]이고 원(圓)은 매(昧) 하지 아니한 마음의 영지(靈知)이고, 정(正)은 고정(固定)되어 있지 않은 일체소성(一切所成)의 작용(作用)이다.

대산도 이러한 사상을 계승하여 『정전대의(正典大意)』에서 아래와 같이 밝히고 있다. 즉 일원의 진리인 공·원·정을 삼학수행으로 실행하자는 것이다.

원불교의 삼학은 일원상 진리에 근원하여 그 진리의 근원인 공 (空)·원(圓)·정(正)에 표준하여 수양·연구·취사의 세 길을 밝혔다. 즉 공은 수양의 원리가 되고 원은 연구의 원리가 되며 정은 취사 의 원리가 된다.186

이처럼 삼학수행을 통해 법신불 일원상의 속성을 닮아가는 원 만한 인격을 단련하자는 내용이 「일원상서원문」에도 담겨 있다.

법신불 일원상을 체받아서 심신을 원만하게 수호하는 공부를 하 며, 사리를 원만하게 아는 공부를 하며, 또는 심신을 원만하게 사 용하는 공부를 지성으로 하여 진급이 되고 은혜는 입을지언정 강급이 되고 해독은 입지 아니하기로써 일원의 위력을 얻도록까 지 서원하고 일원의 체성(體性)에 합하도록까지 서원함.187

세부적으로 삼학의 뜻을 『정전』 삼학장(三學章)을 중심으로 살펴 보면 다음과 같다.
첫째, 정신수양은 정신을 수양하여 모든 욕심 경계에 부동(不動) 하는 온전한 일심(一心)을 기르자는 것이다.

정신(情神)이라 함은 마음이 두렷하고 고요하여 분별성(分別性)과 주착심(住着心)이 없는 경지(境地)요 수양(修養)이라 함은 안으로 분 별성과 주착심을 없이하고 밖으로 산란하게 하는 경계에 끌리지 아니하여 두렷하고 고요한 정신을 양성하는 것.188

둘째, 사리연구는 일과 이치를 연구하여 걸림 없이 알아낼 수 있는 지혜(智慧)의 힘을 얻자는 것이다.

사(事)라 함은 인간의 시비이해(是非利害)를 이름이요 이(理)라 함은 천조(天造)의 대소유무(大小有無)를 이름이니 대(大)라 함은 우주 만유의 본체를 이름이요 소(小)라 함은 만상(萬象)이 형형색색(形形色色)으로 구별되어 있음을 이름이요 유무(有無)라 함은 천지의 춘하추동 사시순환과 풍운우로 상설과 만물의 생로병사와 흥망성쇠의 변태를 이름이요 연구라 함은 사리(事理)를 연마(研磨)하고 궁구(窮究)하는 것.189

셋째, 작업취사(作業取捨)는 작업을 취사하여 모든 일에 정의를 실천(實踐)할 수 있는 실행의 힘을 얻자는 것이다.

작업이라 함은 정의는 취하고 불의는 버림을 이름한다.190

한편, 소태산은 심전계발을 삼학과 연계하여 설명하고 있다. 즉 사리연구를 통해 견성(見性)을 하여 심전을 발견하고, 정신수양을 통해 양성(養性)을 하여 심전을 좋은 땅으로 가꾸며, 작업취사를 통해 솔성(率性)을 하여 잡초는 제거하고 좋은 농작물을 수확하자고 한 것이다.

예로부터 도가(道家)에서는 심전을 발견한 것을 견성(見性)이라 하고 심전을 계발하는 것을 양성(養性)과 솔성(率性)이라 하나니, 이 심전의 공부는 모든 부처와 모든 성인이 다 같이 천직(天職)으로 삼으신 것이요, 이 세상을 선도(善導)하는 데에도 또한 그 근본이 되는 것이니라.191

이와 같이 심전계발의 구체적인 방법으로 삼학을 연계하여 설명하고, 심전계발이 부처와 성인들이 천직으로 삼으며 세상을 선도하는 데 핵심적임을 강조하고 있다.

2) 불교와 원불교의 삼학

일반적으로 불교에서 말하는 삼학(三學)은 계·정·혜이다. 초기불교에서 삼학의 목적은 궁극적으로는 해탈 열반에 있다고 할 수 있다. 『아비달마구사론(阿毘達磨俱舍論)』 권22에 "발심한 사람이 장차 도를 깨치고자 하면 먼저 청정한 계에 안주하고 그런 후에 이루어야 할 것들을 닦아야 한다. 말하자면 먼저 견제(見諦)의 이치를 듣고 받아들이고, 듣고는 들은 법의 뜻을 열심히 구하며, 법의 뜻을 듣고는 전도됨 없이 사유하며, 사유한 뒤에는 바로 선정에 의하여 닦을 것. 이와 같이 계를 지켜 부지런히 들어서 이루는 지혜에 의지해 생각으로 이루는 지혜를 일으키고 생각해서 이룬 지혜에 의지해 닦아서 이루는 지혜여야 한다."192라고 하였다.

불교의 삼학은 기본구조가 계(戒)에서 정(定), 정에서 혜(慧)의 순으로 되어 있고 이를 겸수함에 있어서도 계를 통하여 정을 닦고 정을 통하여 혜를 닦도록 하고 있어서 계·정·혜 중에서 혜를 최상으로 하고 있음을 볼 수 있다. 이처럼 불교의 삼학 순서는 계·정·혜의 순으로 닦아 얻어진 지혜를 얻는 것을 목적으로 한다고 할 수 있다.

한편 『단경(壇經)』에서는 이른 바 '자성삼학(自性三學)'을 밝히고 있다. "심지에 그름이 없는 것이 자성의 계이다. 심지에 어리석음이 없는 것이 자성의 혜이다. 심지에 요란함이 없는 것이 자성의 혜이다."193 역시 『단경』의 핵심은 자성에 있는 것이며, 우리의 자성에는 이미 삼학이 갖추어 있다고 본 것이다. 『단경』에서는 무념(無念), 무상(無相), 무주(無住)의 삼무(三無)를 강조하여, "내가 설한 이 법문은 달마 조사 이래의 조사들이 모두 돈점(頓漸)을 세우고, 무념(無念)으로 종(宗)을 삼았고, 무상(無相)을 체(體)로, 무주(無住)를 본(本)으로 삼았다."194라고 한다. 송대 명교설숭(明敎契嵩, 1007~1072)은 『단경』의 찬(讚)에서 "무상을 체로 삼은 것은 계를 크게 높인 것이고, 무념을 종으로 삼은 것은 정을 크게 높인 것이고, 무주를 본으로 삼은 것은 혜를 크게 높인 것이다."195라고 삼학(三學)을 배정(配定)하여 설명한다.

원불교의 삼학은 불교 삼학을 모체로 하여 조직된 것이다. 소태산은 "대각 후 과거의 경전을 두루 열람하시다가 금강경을 보고 석가모니불(釋迦牟尼佛)은 진실로 성인들 중의 성인이라 찬탄하고 연원(淵源)을 부처님에게 정하노라."196라고 하면서 "계·정·혜 삼학도 이것으로써, 수양은 정이며 양성이요, 연구는 혜며 견성이요, 취사는 계며 솔성이라 이 공부를 지성으로 하면 학식 있고 없는 데에도 관계가 없으며 총명 있고 없는 데에도 관계가 없으며 남녀노소를 막론하고 다 성불함을 얻으리라"197라고 하였다. 특히 원불교의 삼학은 자성삼학을 적극 수용하되, 경계 속에서 삼학을 병진하도록 하였다. 그리고 일반적인 삼학의 순서인 계-정-혜의 순서와 달리 원불교에서는 정신수양·사리연구·작업취사의 순서로 삼학을 밝히고 있다.

먼저 수양을 통해 마음의 안정을 얻으면[정신수양], 맑아지면 자연히 지혜가 솟아나 일과 이치 간에 깨달음이 있게 되고[사리연구], 그 깨달음을 현실에 적용하여 은혜를 만들어내는 것[작업취사]으로 그 순서에 차이가 있다. 원불교에서 정신수양과 사리연구의 목표가 최종적으로 현실에 잘 적용하여 더 바람직한 세계를 만들어가려고 한다는 점이 강조된다. 정신수양, 사리연구, 작업취사를 정·혜·계와 연관 지어 설명하기도 한 점에서 볼 때 상호 밀접한 관계성을 지니고 있다.

정산(鼎山)은 아래와 같이 설명하였다.

> 삼학에 대하여 과거에도 삼학이 있었으나 계정혜와 우리의 삼학은 그 범위가 다르나니, 계는 계문을 주로 하여 개인의 지계에 치중하셨지마는 취사는 수신제가 치국평천하의 모든 작업에 빠짐없이 취사케 하는 요긴한 공부며, 혜도 자성에서 발하는 혜에 치중하여 말씀하셨지마는 연구는 모든 일 모든 이치에 두루 알음알이를 얻는 공부며, 정도 선정에 치중하여 말씀하셨지마는 수양은 동정 간에 자성을 떠나지 아니하는 일심 공부라, 만사의 성공에 이 삼학을 벗어나지 못하는 것이니 이 위에 더 원만한 공부 길은 없나니라.[198]

이 양자는 자성에 근원하여 세 가지로 실천 강령을 분류하고 있음은 원리상 같으나 그 방법론에서 차이가 있는 것이라 할 수 있다. 불교는 혜를 정점에 두고 반야의 지혜[慧學]를 통해 무명을 타파함으로써 생사 해탈을 얻도록 한다. 원불교에서는 실행인 작업취사 공부[戒學]를 강조함으로써 정학과 혜학을 통해 얻은 마음의 힘을 현실에 적극 적용하고 실천할 것을 강조하고 있는 점에서 차이가 있다고 볼 수 있다.

2. 심전계발과 훈련

1) 원불교 훈련의 개념과 의의

원불교에서 심전계발을 위한 마음공부 운용 방법으로 제시된 것이 '훈련법(訓練法)'이다. 훈련이란 사전적으로는 가르쳐서 익히고 연습하는 의미로써 일정한 목표를 향한 의도적인 인간의 조성 활동을 말한다. 그러나 원불교에서는 훈련을 부분적이고 지능적이며 일시적인 것으로 보지 않고, 지속적으로 반복하면서 근본적인 인간의 심성과 기질을 변화시켜 원만한 인격을 갖추고, 더 나아가 사회적으로 상생과 평등의 조화를 이루는 것까지를 포함한다.[199] 이러한 측면에서 원불교 훈련의 정의는 '중생을 대도정법으로 단련시켜 불보살로 만드는 것'[200] 이라고 할 수 있다.

소태산은 출가교도뿐 아니라 재가교도를 포함한 누구든지 철저한 수행이 가능하도록 자세한 훈련법을 밝혀놓았으며, 훈련을 통해 불보살이 될 수 있다고 강조하였다. 또한 훈련법을 통해 삼학수행을 고르게 할 수 있도록 제안하였다. 따라서 훈련법은, 원불교적인 선수행이라고도 볼 수 있을 것이다.

> 모든 쇠를 풀무 화로에 집어넣고 달구고 또 달구며 때리고 또 때려서 잡철은 다 떨어 버리고 좋은 쇠를 만들어 세상에 필요한 기구를 제조함과 같나니, 너희들이 그러한 괴로운 경계 속에서 진리를 탐구하며 삼대력을 얻어 나가야 범부의 잡철이 떨어지고 정금(精金) 같은 불보살을 이룰 것이라, 그러므로 저 풀무 화로가 아니면 능히 좋은 쇠를 이뤄내지 못할 것이요.201

소태산은 훈련의 의미를 용광로에 비유하였다. 잡철은 다 떨어 버리고 좋은 쇠를 만들어 세상에 필요한 기구를 제조하듯이 삼대력을 얻어 나가야 범부의 잡철이 떨어지고 정금 같은 불보살을 이룰 수 있다고 보았다.

한편 소태산이 훈련법을 제정할 당시부터 근대 교육의 장점도 수용하고 있는데, 그것이 정기훈련에서 '전문공부성적표'를 제시하는 것이라든지, 삼학의 구체적인 공부법을 '11 과목(科目)'이라고 칭한 점이라든지, '학력고시(學力考試)'나 '학위등급(學位等級)' 등의 고시와 등급의 평가 제도를 정기 공부에 도입한 점 등202이 그것이다. 뿐만 아니라 상시 공부에서도 1인의 지도인[團長]과 9인의 단원으로 구성된 '단(團)' 조직을 공부에 적극 활용하고 있다.

2) 원불교 훈련의 방법

원불교 훈련의 방법은 정기훈련(定期訓練)과 상시훈련(常時訓練)으로 나뉜다. 정기훈련은 정(靜)할 때 공부로서 시간을 정해놓고 집중하여 공부하는 것을 말하며, 상시훈련은 동(動)할 때 공부로서, 어느 때든지 일을 하면서도 할 수 있는 공부법을 말한다. 소태산은 일과 중 별도 시간을 내어 공부하는 것도 필요하지만, 24시간 어느 때라도 마음공부를 할 수 있어야 한다고 보았으며, 이를 통해 공부인이 물 샐 틈 없이 수행을 하도록 하기 위해 이와 같은 훈련법을 제시했다고 하였다.

원불교의 훈련 방법은 『정전』 수행편에 매우 자상하게 나와 있다. 예를 들어 원불교에서 시간을 정해놓고 새벽에 좌선을 한다면 그것은 정기훈련에 해당하고, 일상 중 항상 한가롭게 선을 하는 심경으로 살아간다면 그것은 후술할 예정인 무시선(無時禪)으로 상시훈련에 해당한다. 소태산은 정기훈련과 상시훈련이 서로 도움이 되어 효과적인 수행이 가능하다고 제안하였다.

> 정기훈련법과 상시훈련법의 관계를 말하자면, 정기훈련법은 정할 때 공부로서 수양·연구를 주체 삼아 상시 공부의 자료를 준비하는 공부법이 되며, 상시훈련법은 동할 때 공부로서 작업취사를 주체 삼아 정기 공부의 자료를 준비하는 공부법이 되나니, 이 두 훈련법은 서로서로 도움이 되고 바탕이 되어 재세 출세의 공부인에게 일분 일각도 공부를 떠나지 않게 하는 길이 되나니라.[203]

한편, 정기훈련의 구체적인 과목은 염불(念佛)·좌선(坐禪)·경전(經典)·강연(講演)·회화(會話)·의두(疑頭)·성리(性理)·정기일기(定期日記)·상시일기(常時日記)·주의(注意)·조행(操行) 11과목으로, 이를 통해 삼학을 치우치지 않고 고르게 닦을 수 있다. 소태산은 공부인이 삼학 중 하나에만 치우친 경우, 원만한 인격 형성이 되지 않는다고 하여 매우 경계하였다.

> 공부인에게 정기(定期)로 법의 훈련을 받게 하기 위하여 정기훈련 과목으로 염불(念佛)·좌선(坐禪)·경전(經典)·강연(講演)·회화(會話)·의두(疑頭)·성리(性理)·정기일기(定期日記)·상시일기(常時日記)·주의(注意)·조행(操行) 등의 과목을 정하였나니, 염불·좌선은 정신수양 훈련 과목이요, 경전·강연·회화·의두·성리·정기 일기는 사리연구 훈련 과목이요, 상시 일기·주의·조행은 작업취사 훈련 과목이니라.[204]

한편, 상시훈련의 구체적인 방법은 평소에 일 처리를 할 때 주의해서 실행하는 「상시 응용 주의 사항」과 교당에 다녀갈 때 주의하여 공부할 점을 얻어가는 「교당 내왕시 주의 사항」이 있다. 특히 수행자는 원불교 교당에 방문하여 평소 지낸 일을 문답하고 반조할 기회를 가지도록 하였다.

「상시 응용 주의 사항」
1. 응용(應用)하는 데 온전한 생각으로 취사하기를 주의할 것이요,

2. 응용하기 전에 응용의 형세를 보아 미리 연마하기를 주의할 것이요,

3. 노는 시간이 있고 보면 경전·법규 연습하기를 주의할 것이요,

4. 경전·법규 연습하기를 대강 마친 사람은 의두 연마하기를 주의할 것이요,

5. 석반 후 살림에 대한 일이 있으면 다 마치고 잠자기 전 남은 시간이나 또는 새벽에 정신을 수양하기 위하여 염불과 좌선하기를 주의할 것이요,

6. 모든 일을 처리한 뒤에 그 처리 건을 생각하여 보되, 하자는 조목과 말자는 조목에 실행이 되었는가 못 되었는가 대조하기를 주의할 것이니라.

「교당 내왕시 주의 사항」

1. 상시 응용 주의 사항으로 공부하는 중 어느 때든지 교당에 오고 보면 그 지낸 일을 일일이 문답하는 데 주의할 것이요,

2. 어떠한 사항에 감각된 일이 있고 보면 그 감각된 바를 보고하여 지도인의 감정 얻기를 주의할 것이요,

3. 어떠한 사항에 특별히 의심나는 일이 있고 보면 그 의심된 바를 제출하여 지도인에게 해오(解悟) 얻기를 주의할 것이요,

4. 매년 선기(禪期)에는 선비(禪費)를 미리 준비하여 가지고 선원에 입선하여 전문 공부하기를 주의할 것이요,

5. 매 예회(例會)날에는 모든 일을 미리 처결하여 놓고 그 날은 교당에 와서 공부에만 전심하기를 주의할 것이요,

6. 교당에 다녀갈 때에는 어떠한 감각이 되었는지 어떠한 의심이 밝아졌는지 소득 유무를 반조(返照)하여 본 후에 반드시 실생활에 활용하기를 주의할 것이니라.205

3) 대산의 훈련 강조

대산은 심전계발 훈련에 대해서 "우리 모든 인류가 묶어 있는 마음 밭을 계발하고 훈련시켜 마음을 크게 넓히고 밝히고 잘 쓰는 슬기로운 새 나라 새 세계를 만들자는 것"206이라고 밝히고, 이것이야말로 원불교의 존재 이유이며, 나아가 인류의 미래도 또한 심전계발 훈련에 달려 있음을 강조하였다.

특히 대산은 소태산이 밝힌 "정기훈련법과 상시훈련법은 만고에 없는 위대한 훈련법"207임을 강조하였다. 훈련을 통한 교도들의 법위향상을 위해 훈련원을 건립하고, 법문을 통해 훈련의 중요성을 설파하였다.

> 대종사님께서는 구원겁래(久遠劫來)의 서원(誓願)으로 많은 회상을 펴시고 제도하실 때 자신훈련(自身訓練)으로부터 교도(敎徒)훈련, 국민과 인류훈련을 시켜 오셨습니다. 만일 이 훈련이 없으면 불일(佛日)은 희미해지고 법륜(法輪)은 쉬게 되어 암흑(暗黑)과 강급(降級)만을 초래합니다. 반면(反面)에 이 훈련이 쉬지 않으면 어둠에서 헤매던 중생들은 광명과 진급(進級)의 길을 걷게 되고 자연이 세상에는 불국정토(佛國淨土)가 건설될 것입니다. (중략) 그러자면 일원상(一圓相)의 진리를 신앙하고 수행하되 정기훈련법과 상

시훈련법을 통하여 삼대력을 원만하게 얻어야 하겠습니다.208

대산이 '하나의 세계'를 현실에 구현하는 데 가장 기초가 되는 방법은 훈련이었다. 대산은 역사는 그저 흘러가는 것이 아니고 인류가 주체적으로 만들어가는 것이며, 그러기 위해서는 사람의 힘이 가장 중요하고, 그러한 인물은 훈련을 통하여 만들 수 있다고 확신하였다. 즉 불국토를 건설하고자 하는 새로운 역사를 만들어가는 데에, 개인의 훈련이 중요하다는 것이다.

> 전 인류의 마음 마음에 일원대도(一圓大道)의 광명(光明)과 제불제성(諸佛諸聖)의 참뜻을 심을 수 있는 그 인물(人物)이 무수히 배출되어야 (중략) 미개척지(未開拓地)인 훈련법(訓練法)을 제정(制定)하시어 일일시시(日日時時)로 자기가 자기훈련(自己訓練)을 하게 하시고 교화단(敎化團)으로 전 교도와 전 인류가 서로서로 훈련을 촉진(促進)시켜 누구나 활불(活佛)이 되고 다 같이 불국세계(佛國世界)를 건설(建設)할 수 있도록 물 샐 틈 없는 법을 우리에게 전해 주셨습니다. 훈련(訓練)은 곧 수련(修練)이오, 수련은 곧 심신(心身)을 단련(鍛鍊)하는 것이니 심신을 단련함으로써 각자의 마음에 혁명(革命)이 일어나고 스스로의 기질(氣質)에 변화(變化)를 가져와야 하는 것입니다.209

또한 대산은 이러한 훈련을 교도들이 매일 일상 속에서 끊임없이 해나갈 것을 강조하였다. 원불교 정전 '훈련법'에는 이미 소태산이 지세하게 교단 차원에서 일정한 시기를 정해놓고 하는 훈련[정기훈련]과 교도 개인이 삶 속에서 스스로 해야 하는 훈련[상시훈련]의 방법이 제시되어 있다. 대산은 이러한 훈련법을 교도들에게 실제 훈련에서 적용하여, 자신의 습관과 기질까지 변화시킬 것을 강조하였다. 훈련의 결과는 결국 자기 자신과 세계를 변화시킬 정도까지 힘을 갖추는 것이다.

> 자기가 자기를 가르치고 단련시키는 공부법으로서 정기훈련(定期訓練)과 상시훈련(常時訓練)으로 동정간(動靜間)에 끊임없이 삼학(三學)을 병진하여 정신(精神)에 자주력(自主力)과 사리(事理)에 연구력(研究力)과 작업(作業)에 취사력을 얻고 완전히 기질변화(氣質變化)를 시켜서 스스로 불보살(佛菩薩)의 대 인격을 완성하는 동시에 만일 중요성을 알지 못한 채 일생을 허비하고 보면 참으로 허망한 사람이 될 것으로 생각해 보라. 그러므로 "정기훈련과 상시훈련을 조석으로 결제하고 해제하라, 아침에 일어나면 정기훈련을 결제하여 심고·좌선·독경 등을 한 다음 이를 해제함과 동시에 상시훈련을 결제해 각자의 일터에서 활동을 하고, 오후에 일을 마치면 다시 이를 해제하고 정기훈련을 결제하여 경전·의두·회화·심고·염불·좌선·일기 등으로 정진하라. 이처럼 매일매일 결제 해제, 해제 결제를 3년만 계속하고 보면 마침내 큰 힘을 얻게 된다.[210]

대산은 소태산이 제시한 정기훈련법과 상시훈련법을 교도들이 알기 쉽게 그림으로 정리하여 『교리실천도해』에 「이대훈련법(二大訓練法)」으로 제시하고 있다.

3. 심전계발과 무시선

1) 무시선의 개념과 의의

인도에서 발생한 불교사상은 중국에 전래되어 독자적인 불교사상을 형성하기에 이른다. 그 대표적인 것이 조사선(祖師禪)으로 대표되는 선불교(禪佛敎)이다. 중국의 선사상은 달마로부터 시작되어 6조 혜능(慧能, 638~713)에 이르러 그 독자적인 선사상을 형성하였다. 이는 교리적 이념에 그치지 않고 자심(自心) 혹은 자성(自性) 중심의 실천적 공부로 전개되었다. 이는 원불교의 마음공부와 소태산(少太山)의 무시선(無時禪)으로 대표되는 선사상 형성에 큰 영향을 미쳤다. 소태산은 "예로부터 큰 도에 뜻을 둔 사람으로서 선을 닦지 아니한 일이 없나니라."211라고 하여 선의 중요성을 강조하였다. 선(禪)이란 '터 닦을 선'이니 심전(心田) 즉 마음의 터전을 닦음으로써 자심(自心)의 기초를 확립하는 것이다.212

소태산은 일반적으로 앉아서 하는 좌선(坐禪)뿐만 아니라 이를 기초로 하되, 구경에는 '언제나 선, 어디서나 선'을 하는 무시선(無時禪) 무처선(無處禪)을 특히 강조하였다. 그는 "참된 공부가 자성(自性)의 원리를 연구하여 원래 착(着)이 없는 그 자리를 알고 실생활에 나아가서는 원래 착이 없는 행(行)을 하는 것"이라고 하였다.213

〈그림1〉 이대훈련법(二大訓練法)[214]

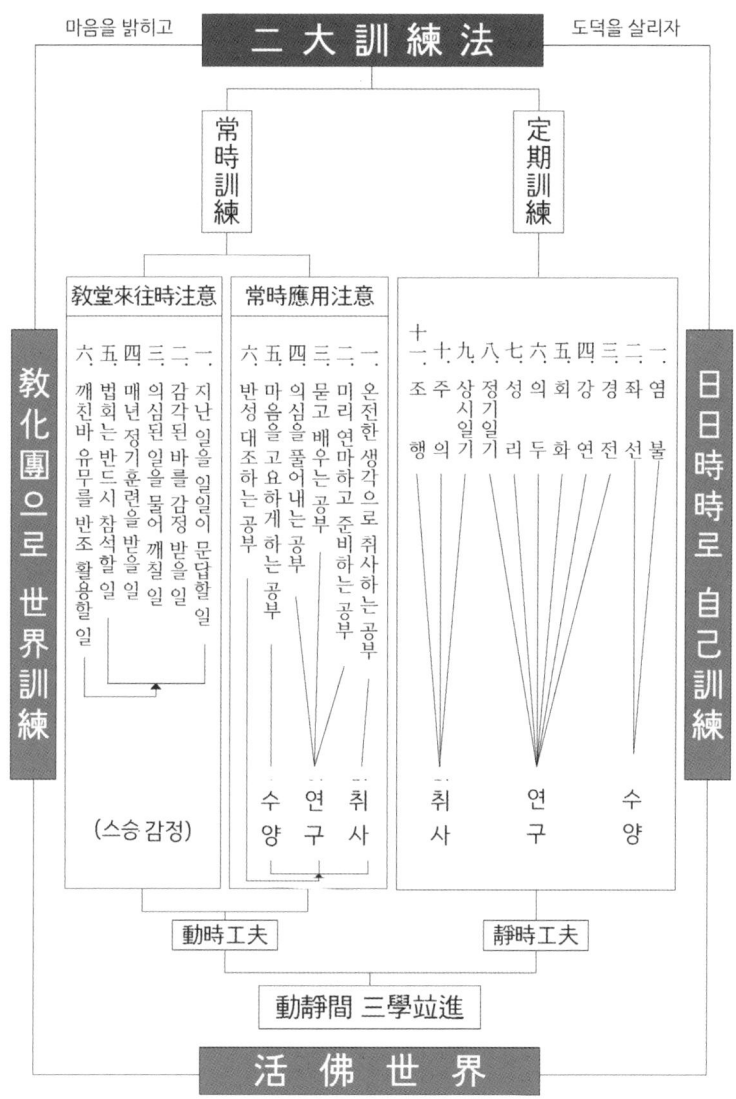

제3장 심전계발과 '하나의 세계'

따라서 소태산의 무시선법은 앉아서만 하는 좌선에 머무르지 않고 원래 착이 없는 그 자리를 알고 실생활에 착 없는 행을 하는 것으로 어느 때 어디서나 행·주·좌·와·어·묵·동·정 간의 생활에서 선을 할 수 있도록 한 것이라고 볼 수 있다.

오늘날 현대인들에게 어느 곳, 어느 때나 마음을 다스리는 무시선은 현대문명의 병폐를 치유하는 선으로서 주목해야 할 사상이라 할 수 있다. 일상의 바쁜 경계 속에서 살아가야 하는 현대인들에게 때와 곳을 가리지 않고 일 가운데에서 분별 주착이 없는 각자의 성품을 오득하여 마음의 자유를 얻게 하는 무시선은 매우 큰 유익함을 줄 것이다.

2) 선 전통의 계승과 무시선

중국선은 달마 이후 일심을 통해 선사상을 일체화시켜 복잡한 실천철학을 간소화한 것으로써 붓다의 정신을 언제 어디서나 누구나 실천이 가능하도록 한 것이다. 이와 같은 그의 노력이 조사선을 발전할 수 있게 하는 터전이 마련되었다. 혜능 이전에 도신(道信)의 '수일불이(守一不移)'의 주장으로 전개되고 있으며, 뒷날 제자인 홍인(弘忍)의 '수본진심(守本眞心)'으로, 다시 이 사상은 육조 혜능(六祖惠能)에 이르러 '일행삼매(一行三昧)', '일상삼매(一相三昧)'로 이어진다. 육조를 선양한 하택신회(荷澤神會)는 '응무소주이생기심'을 '본적지체(本寂之體)'와 '본지지용(本知之用)'으로 밝히고, 원효는 일심을 무이공성(無二空性)의 일(一)과 성자신해(性自神解)의 심(心)의 결합이라 하며, 보조지눌은 『수심결』에서 자성을 곧 공적영지(空寂靈知)로 밝힌 바 있다.

원불교 선의 특징은 한마디로 '무시선'이라 할 수 있는데, 이는 때를 정한 선에만 그치는 것이 아니라 일상을 살면서 늘 '먼저 마땅히 진공으로 체를 삼고 묘유로 용을 삼아', '육근을 작용하는 바가 다 공적영지의 자성에 부합'이 되도록 하자는 것이다. 이 무시선법은 달마 이래 전해져 온 일심법의 계승이라 할 수 있다. 이는 어느 때 어디서나 선의 실행이 가능하다고 하면서, 어떤 경계 속에서도 마음이 흔들리지 않도록 하는 것이다. 대종사는 정전에서 무시선에 관해 설명하기를 '이 법이 심히 어려운 것 같으나 닦는 법만 자상히 알고 보면' 사농공상의 누구나 선을 할 수 있다고 하였다. 무시선은 움직일 때[動時]와 고요하게 멈추어 있을 때[靜時]에도 선을 떠나지 않는다는 뜻에서 '동정간불리선(動靜間不離禪)'이라고도 한다. 이는 선농일치의 보청법(普請法)을 제시한 백장선사의 활선사상을 계승하며, 『백장청규』에서 처소나 수행처를 지키는 사람, 당직자, 노승들을 빼고는 모두 함께 일하는 것으로 제도화하여 공동노작의 정신을 확장함으로써 선을 생활화했던 것과도 맥락을 같이 하는 것이다.

소태산의 무시선은 '수도와 생활이 둘이 아닌 산 종교'로서 '영육을 쌍전하여 개인·가정·사회·국가에 도움이 되게 하자'는 영육쌍전의 정신을 담고 있다. 소태산의 무시선 사상을 계승한 대산도 이치[理]와 일[事] 즉 진리를 공부함과 세간의 생활을 함이 분리되지 않고 서로 도움이 되도록 함께해야 한다는 이사병행(理事竝行)을 강조하고 있는데, 이는 선농일치를 주장한 보청법의 정신과 상통되는 것이다.

원영상에 의하면, 무시선에 대한 연구는 두 가지 방향에서 이루어져 왔는데, 무시선의 원리와 사상에 관한 연구215와 무시선의 수행법에 관한 연구로 나누어 볼 수 있다.216 전자는 주로 불교의 선사상과의 관계를 다룬 것으로, 이는 무시선이 일원상(一圓相)의 진리에 입각하여 삼학병진과 이사병행, 영육쌍전의 정신 아래 종래(從來) 불교의 선사상을 종합하는 성격을 띠는 것으로 본 결과라 생각된다. 후자는 무시선법의 본래 취지가 일상의 경계에서 자성을 여의지 않는 불리자성(不離自性)의 공부를 하자는 것이니, 공적영지의 자성을 여의지 않는 공부법이며, 진공으로 체를 삼고 묘유로 용을 삼는 공부법으로서 구체적인 실천방법론에 주목한 결과로 보인다. 소태산의 무시선법은 후대 종법사인 정산과 대산을 거쳐서 오늘날 계승되고 있다.217

3) 무시선과 삼학병진(三學竝進)

삼학(三學)은 원만한 인격을 이루기 위한 세 가지 수행 길로 불교와 원불교에서 각각 수행의 강령으로 삼고 있다. 삼학이 바로 자성의 세 가지 활동 방면인 동시에 자성 발견의 원리가 되기 때문이다. 소태산은 삼학의 대중이 없이 세상을 잘 살 수 없음을 강조하고 있다.

삼학을 비유하여 말하자면 배를 운전하는데 지남침 같고 기관수 같은지라, 지남침과 기관수가 없으면 그 배가 능히 바다를 건너지 못할 것이요, 삼학의 대중이 없으면 사람이 능히 세상을 잘

살아 나가기가 어렵나니라.218

뿐만 아니라 소태산은 삼학 중 한 부분에만 치우쳐서 수행하는 것을 크게 경계하였다. 정기훈련법에서는 삼학을 별개의 과목으로 하되, 고루 수행하도록 하였으며, 상시훈련 중에서는 삼학이 같이 나타나니 아울러 수행하여 병진(竝進)할 것을 강조한 것이다.

우리가 경전으로 배울 때에는 삼학이 비록 과목은 각각 다르나, 실지로 공부를 해나가는 데에는 서로 떠날 수 없는 연관이 있어서 마치 쇠스랑의 세 발과도 같나니, 수양을 하는 데에도 연구·취사의 합력이 있어야 할 것이요, 연구를 하는 데에도 수양·취사의 합력이 있어야 할 것이요, 취사를 하는 데에도 수양·연구의 합력이 있어야 하나니라. 그러므로, 삼학을 병진하는 것은 서로 그 힘을 어울려 공부를 지체 없이 전진하게 하자는 것이며, 또는 선원에서 대중이 모이어 공부에 대한 의견을 교환하는 것은, 그에 따라 혜두가 고루 발달되어 과한 힘을 들이지 아니하여도 능히 큰 지견을 얻을 수 있게 하자는 것이니라.219

대산은 삼학 각각에 대해서도 내외겸전, 이사병행의 관점에서 정신수양, 사리연구, 작업취사의 삼학에 관해 설명하고 있다. 먼저 정신수양[定]의 경우를 아래와 같이 무시선 무처선을 통한 외부동심(外不動心)과 내불방심(內不放心)을 밝히고 있다.

멈추는 공부로 일을 당할 때마다 일단 마음을 멈추어서 정력[定力, 수양력]을 쌓고 (중략) 출입시 검인(檢認)으로 일심의 부동심을 만들어 마음의 자유를 얻는 것으로 그일 그일에 일심(一心)을 만드는 것이 무시선 무처선(無時禪 無處禪)으로 밖으로 경계를 대하되 마음이 흔들리지 않게 하는 외부동심(外不動心) 공부와, 안으로 경계 따라 나가는 마음을 늘 찾아 가라앉히는 공부인 내불방심(內不放心)으로 (중략) 흩어진 마음을 일심으로 만들어 통일시키는 공부인바 … 천지대기(天地大氣)에 합일하게 된다.220

다음으로 사리연구[慧]의 경우 "멈춘 후, 일과 이치를 늘 궁구해서 대연구력을 얻는다."라고 하여 일[事]과 이치[理]를 함께 연마하도록 하였으며, 마지막으로 작업취사[戒]의 경우는 아래와 같이 내수계율(內修戒律)과 외행정의(外行正義)를 함께 밝혀 동정간의 바른 취사의 실행 공부가 끊이지 않도록 하였다.

대소사간(大小事間)에 바른 판단을 얻은 후에 바른 취사로 결단 있게 실천한다. 동(動)할 때 밖으로 정의를 행하여 모든 덕을 쌓는 공부인 외행정의(外行正義), 정(靜)할 때 안으로 계율을 지켜서 모든 악을 끊는 공부인 내수계율(內修戒律)로 과거 현재의 모든 악을 고쳐서 선을 실행하는 공부인바 극치에 이르면 대중도행(大中道行), 대보은행(大報恩行), 대원만행(大圓萬行) 등의 덕행(德行)이 나타나게 된다. 그러나 이렇게 된 뒤에도 늘 계속 정진해야 상(相) 없는 무위이화(無爲而化)의 덕화(德化)가 나타날 것이다.221

이처럼 대산은 동정 간에 늘 정신수양과 사리연구와 작업취사 공부를 시간과 처소를 가리지 않고 수행해야 함을 강조함으로써 무시선 수행과 연관하여 삼학을 설명하고 있다.

또한 대산은 삼학병진을 강조함과 함께 동시삼학(動時三學)이 '온전한 생각으로 취사'이니 시간과 처소를 가리지 않고 늘 수행해야 덕화가 나타난다고 하였는데 이는 동시삼학이 무시선 수행과 연관하고 있음을 말한 것이다.

> 우리 교리의 총 강령이 처처불상 사사불공, 무시선 무처선이다. 곳곳이 부처요 일일이 불공이라, 어느 때나 선(禪) 어느 곳이나 선이다. 산중에서만 부처 만나 불공하고, 교회당에서만 하느님 만나 예배하고, 교당, 강당, 선방에서만 선 공부하고, 나가서는 공부가 없다면 이는 옳은 공부법이 아니다. 무시선 무처선으로 마음공부를 잘하면 그 마음이 항상 불방심(不放心)해서 간단이 없다. 이것이 바로 면면약존(綿綿若存)하는 것이다. 실올이 면면(綿綿)해서 10년, 100년, 1,000년 가더라도 한결같다.**222**

즉 동시삼학과 편중된 삼학이 아니라 병진(竝進)된 삼학을 말하면서 동정 간에 늘 정신수양과 사리연구와 작업취사 공부를 함께 해야 함을 강조한다.

뿐만 아니라 대산은 삼학병진과 함께하는 무시선 수행이 인류의 행복에 기여하는 데까지 나아가게 하려는 실천적 모습의 무시선 수행을 그의 행적을 통해 보여주었다. 또한 대산의 무시선 수행에 관한 이러한 입장은 인류의 행복을 위해 유·불·선 삼교와 기독교 등 각 종교가 한편에 머무르지 않고 서로 대화하고 총섭(總攝)함을 통하여 인류의 평화와 행복에 실천적으로 기여하는 종교연합(UR) 창설을 주창하는 데까지 나아갔다.

또한 대산은 무시선을 수행하며 당대의 다양한 정치, 경제, 사회 인물들을 만나서 지혜를 나눔으로써 실천하기도 하였다. 대산은 선에 대해 문을 잠그고 그 안에 앉아서 하는 것뿐 아니라, 현실 참여와 활동을 하면서도 자성금강을 회복할 수 있다고 하였다.

> 어떤 수도인들은 문을 잠그고 그 속에 앉아 선을 하는 것을 무문관(無門關)이라 하나 참다운 무문관은 육근문을 닫고 자성을 바라보는 것[無門觀]이니, 참다운 토굴이 내 몸 안에 있음을 알아 무너지지도 어두워지지도 물들지도 않는 자성 금강을 회복하는 데 힘쓰라.223

즉 대산은 하나하나의 동작마다 숨결마다 이 하나의 자리에 입각하여 공부하고 사업하며, 일마다 전 생령과 전 인류가 한 몸이 되고 한 가족이 되며, 한 동지가 되고, 한 민족이 되어서 전 인류와 일체생령이 하나의 세계에서 평화안락하게 살아갈 수 있도록 염원하였으며, 이 자체가 이미 무시선 수행이라고 볼 수 있을 것이다.

4) 무시선과 동정일여(動靜一如)

선은 "원래에 분별 주착이 없는 각자의 성품을 오득하여 마음의 자유를 얻게 하는 공부"²²⁴이다. 선을 닦는 방법은 체용에 해당하는 진공과 묘유를 말하고, 이를 기반으로 경계에 대한 부동함과 청정한 마음을 지키며 동정일여의 마음 작용이다. 사농공상의 어떤 직업을 가지고 살더라도 동정과 처소에 구애되지 않는 선을 무시선이라 할 수 있다.

> 정할 때 공부에만 편중하여, 일을 하자면 공부를 못 하고 공부를 하자면 일을 못 한다 하여, 혹은 부모 처자를 이별하고 산중에 가서 일생을 지내며 혹은 비가 와서 마당의 곡식이 떠내려가도 모르고 독서만 하였나니 이 어찌 원만한 공부법이라 하리요. 그러므로, 우리는 공부와 일을 둘로 보지 아니하고 공부를 잘하면 일이 잘되고 일을 잘하면 공부가 잘되어 동과 정 두 사이에 (중략) 간단이 없는 큰 공부에 힘쓸지어다.²²⁵

이것은 행주좌와 어묵동정 간에 동정(動靜)의 양면성을 법도(法度)에 맞게 생활화하는 길이다. 무시선법에서 "동(動)하여도 동하는 바가 없고 정(靜)하여도 정하는 바가 없이 그 마음을 작용하라."²²⁶ 함은 동정 간에 심경을 바르게 활용(活用)하여 한결같은 생활을 하라는 것이라고 생각한다. 시간적으로 무간단(無間斷)하게 행할 수 있도록 표어로 제시한 '동정일여(動靜一如)'가 선(禪)의 경지의 심경을 생활화하는 길이라 하겠다. 『휴휴암좌선문(休休庵坐禪文)』에 "나가대정(那迦大定)은 무정무동(無靜無動)하고 진여묘체(眞如妙體)는 불생불멸(不生不滅)"이라고 한 의지(意旨)와 심경이 일치된다. 대산도 이러한 동정 간 불리선인 무시선의 관점을 계승하여 동정일여의 공부 길을 밝히고 있다.

> 우리의 생활은 동정(動靜) 두 사이이니 동하되 정할 줄 알고 정하되 동할 줄 아는 동정간 불리선(動靜間不離禪)의 공부를 하여야 하겠습니다. 우주의 이치는 음양이 상추(相推) 반복하는 가운데 사시가 순환하고 만물이 화육(化育)됩니다. 이러한 교리를 따라 우리의 생활도 동정이 서로 균형을 잃지 아니하고 반복되는 조화 속에서 새로운 역사를 창조하는 것입니다. 그러나 현대인의 생활은 주야로 그칠 줄 모르고 동하기만 하여 심신 간에 진력(盡力)이 되고 여력(餘力)이 없어서 불안과 치병으로 생명의 위협까지 받게 됩니다. 그러므로 동서고금의 모든 성자들과 철인들이 다 동정일여의 공부 길을 밝혀 주셨습니다.[227]

대산의 동정일여는 즉 동정간불리선을 말한다. 자연현상에서 낮과 밤, 밀물과 썰물이 있듯이 세상만사는 움직임과 멈춤으로 이루어져 있다. 따라서 움직일 때 잘 움직이고 멈출 때 잘 멈추는 공부가 중요하다. 만약 멈출 때 잘 멈추지 못하면 정신 기운을 계속하여 빼앗기고 번뇌가 끓어, 마치 등불을 켜면 기름이 닳듯 정신 기운이 닳게 된다. 그 결과 현대인들에게 우울증 등 여러 정신질환을 초래한다. 대종사는 원불교 개교의 동기에서 현대 과학 문명이 발달함에 따라, 인간이 정신 기운을 화려한 물질문명에 빼앗기는 현상을 지적하였다. 이에 대한 대처방안 중 하나가 바로 정신 기운을 충만하게 하는 선이다. 그리고 이 선을 단지 멈추어서 할 것이 아니라, 생활 속에서 일 가운데 움직일 때도 할 수 있도록 한 것이 동정일여, 즉 동정간불리선이다.

> 부처님 같은 어른도 도를 깨치시고 칠일입정(七日入定) 칠일설교(七日說敎)를 하셨다. 그것이 동정일여(動靜一如)이다. 또 이것이 면면약존 용지불근이다. 우리가 평생과 영생을 큰 공부 큰 사업을 하려면 원리 원칙을 알아 길로 나가야 한다. 길로 안 나가고 얻는다는 것은 진리가 아니다.228

수입에 비해 지출이 많으면 원만하지 못하듯이, 수입과 지출이 조화롭게 이루어질 때 삶의 가치를 실현할 수 있다. 부처께서도 칠일입정 칠일설교를 동정의 원리 원칙으로 사용하였다. 그러므로 육근의 작용에 있어서 동(動)과 정(靜)이 한결같아지려면 그 마음이 동할 때 정할 때 선심 그대로 이어져 유지하고 활용하는 것으로 생각한다.

> 동정일여(動靜一如)로 동(動)과 정(靜), 정과 동이 꼬리를 무는 수행이 되어야 한다.229 동정일여 즉 동중정 정중동의 진리 수행을 하는 것이 부활이다. 또 노자님은 복중 팔십년(腹中八十年)이라 하는데 이는 다름 아니라 무문관(無門觀), 성리대전(性理大全), 존야기(存夜氣) 하는 수양을 하여 입정 삼매에 드는 것이다.230 그래서 동중정, 정중동이 되어서 동정이 한결같아야 한다. 우리가 활동

할 때는 뛰고 웃고 조용할 때는 무아의 경지, 삼매의 경지에 들
어서 동정일여 하여야 하고 영육쌍전하여야 한다.231

대산의 일상생활은 사시정진으로 언제나 일 분 일각도 어김없
는 수행자의 표준이 되었다. 아침은 수도 정진시간이고, 낮은 보은
봉공시간이고, 저녁은 참회반조시간으로 동과 정, 정과 동으로 면
면히 이어지도록 하여 수도인의 일과로 동정일여(動靜一如)로 무시
선 수행을 강조하였다. 그리하여 고요한 가운데 동(動)하고 동(動)하
는 가운데 고요해서 항상 동정(動靜)이 둘이 아닌 동중정 정중동으로
무문관 존야기하였다. 동(動)하여도 분별에 착(着)이 없고 정(靜)하여
도 분별이 절도에 맞아서 동(動)과 정(靜)이 항상 자성(自性)을 여의지
않도록 한마음, 하나의 무시선으로 일관하였다. 대산의 시자였던 주
성균은 다음과 같이 병중에서도 무시선을 쉬지 않던 대산의 모습을
기술하고 있다.

내가 종기로 최고의 아픔에 처했을 때 스스로 허허 웃으면서 위
안하여 낙고(樂苦)하였다. 그러니 최고의 고가 돌아올 때 고를 낙
으로 하여 고가 고가 아닌 낙으로 화하도록 하는 것이다. 과거의
수운 대신사가 사형을 당하셨을 때나, 예수님이 십자가에 못 박
히실 때나 이차돈 성자가 사형을 당한 때나 낙고의 경지로써 삼
매에 들었다. 다른 사람들은 그런 상황에서 원망을 가졌지만, 이
분들은 기꺼이 받아들여 낙고 삼매에 들었다.232

이처럼 대산은 병고 속에 삼학병진 영육쌍전[선요가, 행선, 선, 와선, 선보] 동정일여의 무시선 수행으로 깊은 선정과 말할 수 없는 심락을 누렸는데, 이 삼매의 경지를 '열 가지 삼매'로 제시하고 있다.

첫째, 선정삼매(禪定三昧)로 선정삼매에는 선과 도인법(導引法)과 요가와 기도로써 삼매에 드는 경지고,

둘째, 염불삼매(念佛三昧)인데 지성으로 때에 따라서 염불을 하게 되면 삼매에 들게 되는데, 삼매란 정정(正定)으로 솥으로 말할 것 같으면 세 발이 고정되어서 움직이지 않는 것과 같이 부동하다는 것이다.

셋째, 독서삼매(讀書三昧)인데 성경현전(聖經賢典)을 배우고 깨우쳐 내가 인생을 다시 거듭나고 다시 설계하는 독서의 삼매다.

넷째, 사상삼매(事上三昧)인데 매일 일을 할 때 일 가운데 사심 잡념 없이 살고 볼 것 같으면 삼매에 드는데 그것이 사상삼매다.

다섯째, 해탈삼매(解脫三昧)로 내가 피부병을 앓을 때 몸을 벗어야 하겠다고 해서 공기 맑고 조용한 바다라든지 산에 가서 몸도 벗고 마음도 벗어버려 해탈에 드는 것이 바로 해탈삼매다.

여섯째, 선보삼매(禪步三昧)로 산책이나 어디 갈 때는 반드시 선보삼매에 드는 것이 좋다. 될 수 있는 대로 조석으로 선보삼매가 좋으니 선보삼매에 들도록 하자.

일곱째, 와선삼매(臥禪三昧)인데 한때 내가 피부병이 성할 때 앉지도 서지도 걷지도 못할 때 가만히 누워서 선정(禪定)에 들었는데 와선삼매가 좋더라.

여덟째, 낙고삼매(樂苦三昧)로 내가 종기로 최고의 아픔에 처했을 때 스스로 허허 웃으면서 위안하여 낙고하였다. 그러니 최고의 고가 돌아올 때 고를 낙으로 하여 고가 고가 아닌 낙으로 화하도록 하는 것이다. 과거에 수운 대신사가 사형을 당하셨을 때나, 예수님이 십자가에 못 박히실 때나 이차돈 성자가 사형을 당한 때 낙고의 경지로써 삼매에 들었다. 다른 사람들은 그런 상황에서 원망을 했지만, 이분들은 기꺼이 받아들여 낙고삼매에 들었다.

아홉째, 감로삼매(甘露三昧)로 생수를 마실 때 입에 넣고 너무 뜨겁지 않게 너무 차지 않게 하여 감로 즉, 단 이슬이 되도록 하여 한 컵을 마실 때 10분이 됐든지 20분이 됐든지 그 시간이 삼매가 되게 하는 것인데 그것이 바로 감로 삼매이다.

열째, 설법삼매(說法三昧)로 자기의 수행담이라든지 앞으로의 계획이라든지 대중에게 유익한 대 설법을 할 때, 너도나도 아무 사량계교 없이 또 설법을 들을 때에 원망과 미움과 예쁨과 싫음이 없는 삼매의 경지에 들게 되는데 그것이 설법삼매다.[233]

대산은 새벽부터 아침, 오전, 오후, 저녁 하루 24시간 좌선 및 정신수양 시간에는 삼매의 경지인 선정삼매(禪定三昧)로, 염불·독경 시에는 염불삼매(念佛三昧), 독서삼매(讀書三昧), 사상삼매(事上三昧), 해탈삼매(解脫三昧), 선보삼매(禪步三昧), 와선삼매(臥禪三昧), 낙고삼매(樂苦三昧), 감로삼매(甘露三昧), 설법삼매(說法三昧) 등으로 일관했다. 즉 행주좌와 어묵동정 간에 둘이 아닌 '하나'로 동하여도 분별에 착이 없고 정하여도 분별이 절도에 맞는다고 하는 동정일여의 법문이 바로 이 삼매다. 동하여도 분별에 착이 없다는 것은 육식(六識)이 육진(六塵) 중에 출입하되 섞이지도 아니하고 물들지도 아니하여 매양 중도행을 하는 것이다. 이와 같이 대산은 동정일여(動靜一如)의 무시선 수행을 어디까지나 소태산의 무시선 사상의 계승임을 항상 밝히고 있다.

> 대종사님께서 정시(靜時) 분별이 절도에 맞아 호리도 틀림이 없으셨으므로 만대에 전무후무한 대도 정법을 짜서 제도 사업을 하시게 되신 것이다. 동정일여의 무시선 무처선 공부법은 많은 불보살이 나오도록 하신 크나큰 법이시다. 대종사님께서 다시 이를 시정하여 깨우쳐 주셨으며, 대도인이 무수히 나오도록 하셨다. 대각여래위의 자격 중 동하여도 분별에 착이 없고, 정하여도 분별이 절도에 맞는 그 공부를 한 것이다. 보통 사람은 정(靜)하면 방심하여 지내나 부처님은 그때 더 준비하여 동정일여의 여래 만능을 갖추셨다.234

대산의 일거수일투족의 동하고 정하는 마음 작용은 무시선 수행으로 열 가지 삼매로 밝혔으며, 열 가지 삼매의 결국 무시선 수행으로 이어지는 것이다. 이러한 대산의 무시선 수행은 「무아무불아(無我無不我)」 선시(禪詩)를 통해 잘 나타나 있다.

無我無不我 나 없으매 나 아님이 없고

無家無不家 내 집 없으매 천하가 다 내 집이로다.
是卽眞家鄕 이것이 나의 참 집이요 참 고향이니
聖聖佛佛居 삼세의 모든 성자와 부처님이 늘 주거하고 사시는
　　　　　 곳이로다.235

나(我)가 없으므로 대상이 없는 것이다. 대상이 없기 때문에 나 아님이 없는 것이 없다. 시방삼계가 다 오가(吾家)의 소유요 만물의 이름이 각각 다르나 둘이 아닌 줄을 알며, 제불 조사와 범부 중생의 성품인 줄을 알기 때문에 삼세 모든 성자 부처는 즉 '하나'에서 주거와 내왕하는 것이다. 이를 통해 대산의 '하나선' 사상이 자타의 분별을 떠난 참된 성품에 의해 모든 성자와 부처님의 한자리에서 통할 수 있도록 하고 있음을 알 수 있다.

5) 무시선과 영육쌍전(靈肉雙全)

『정전』에서는 다음과 같이 '영육쌍전'의 의미를 밝히고 있다.

과거에는 세간 생활을 하고 보면 수도인이 아니라 하므로 수도인 가운데 직업 없이 놀고먹는 폐풍이 치성하여 개인·가정·사회·국가에 해독이 많이 미쳐 왔으나, 이제부터는 묵은 세상을 새 세상으로 건설하게 되므로 새 세상의 종교는 수도와 생활이 둘이 아닌 산 종교라야 할 것이니라. … 수양·연구·취사의 삼학으로써 의·식·주를 얻고 의·식·주와 삼학으로써 그 진리를 얻어서 영육을 쌍전하여 개인·가정·사회·국가에 도움이 되게 하자는

것이니라.²³⁶

이는 과거 승려들이 수행이라는 명분으로 노동을 기피함으로써 파생된 병폐로 행해졌던 이른바, '삼무일종(三武一宗)'의 박해에 대한 성찰이며, 백장선사의 유명한 어록이 된 "하루 일하지 않았으면 하루 동안 먹지 말라[一日不作 一日不食]는 경책을 수용한 것이다. 따라서 이제부터는 묵은 세상을 새 세상으로 건설하려 하면 수도와 생활이 둘이 아닌 산 종교라야 한다고 주장한 것이다. 대산은 소태산이 "영육의 쌍전 교리와 제도로 새 종교의 대 기반을 만들어 주셨다."라고 하면서 "과거 묵은 세상에서는 수도와 생활이 둘로 나누어져 왔다. 육신과 정신, 공부와 사업, 도학과 과학, 동(動)과 정(靜), 이(理)와 사(事) 한쪽으로 치우치는 경향이 두드러졌다. 새 세상의 종교는 쌍전(雙全) 내지 병행(竝行)해야 한다."²³⁷라고 하였다.

법신불 일원상의 진리와 수양·연구·취사의 삼학으로써 의·식·주를 얻고 의·식·주와 삼학으로써 그 진리를 얻어서 영육을 쌍전하라 하였다. 수행이란 삼학을 단련하는 것이고 생활이란 의·식·주를 건전하게 함을 지칭한다. 건강한 육신, 건강한 마음이 우리 삶에 필수적이다. 삼학수행과 의·식·주가 분리되지 않고 함께 병행할 때 원만한 삶을 유지할 수 있으며 그것이 곧 새 세상의 수행자요 공부인이라고 생각한다. 또한 대산은 다음과 같이 주장했다.

과거 모든 종교가 형이상학(形而上學)을 표방하여 너무 치우쳤다. 따라서 현대에 와서는 형이하학(形而下學)을 주장하게 되었다. 그러나 이 세상이 형이상학에 치우치면 세상은 빈곤에 떨어지고, 형이하학에 떨어지면 세상은 전쟁과 생존경쟁이 심하게 될 것이다. 그러므로 대종사님께서는 영산방언(靈山防堰) 일을 시작하시면서 형이상학과 형이하학을 종합하여 형이중도(形而中道) 사상을 일으키시었다. 과거의 종교나 현대의 과학을 종합하여 형이상학과 형이하학의 중도를 이루어 영육쌍전이 될 것을 표방한 것으로 종교의 크고 새로운 혁명이다.238

이렇듯 대산은 형이상학과 형이하학을 종합한 형이중도 사상을 강조했는데 이는 종교와 현대의 과학을 종합하려는 시도이다. 대산의 영육쌍전과 관련한 무시선 수행의 여러 행적 즉 육신과 정신, 공부와 사업, 도학과 과학, 이치[理]와 일[事] 등과 관련된 무시선 수행의 행적들이 많다. 다만 본고에서는 이 가운데 육신의 건강과 영성의 건전을 온전하게 하려는 실천 방법의 일부로 영육쌍전의 선 요가와 선보(禪步)를 예로 들겠다.

대산은 선과 요가와 도가의 호흡법을 종합한 선요가를 새롭게 개발하고 50여 년간 실천 수행하였다. 이는 육신의 건강을 회복함과 정신의 삼학수행이 쌍전(雙全)된 무시선 수행과 관련된 내용이다.

긴장(緊張)과 이완(弛緩)을 반복시켜 육신(肉身)의 활력이 솟게 하는 진리(眞理)이다. 천지(天地)의 사시순환(四時循環), 주야(晝夜), 삼한사온(三寒四溫), 음양(陰陽), 한서(寒暑), 호흡개폐(呼吸開閉) 모두가 만물을 생성시키는 원리이다. 그러므로 성인들은 이러한 도리를 알기 때문에 귀(貴)해도 다 받지 않고 스스로 천(賤)한데 거(居)하시고, 천(賤)하여도 떨어지지 않으시어 항상 귀(貴)하다. 인류의 생활 자체가 많이 긴장되게 되어 있으니 풀어나가는 공부를 시켜야 하겠다. 신경, 힘살, 근육, 뼈마디까지 다 풀어 늦추고 외계의 소리, 경계, 시비 등에 동하지 않고 받아들여 평온, 안정, 평화를 얻어야 이것이 선이요, 진활선(眞活禪)이다. 몸은 일생을 긴장으로 산다. 죽은 후에 긴장을 다 푸나 선은 무시 무처로 생활의 긴장, 육신과 마음의 긴장을 풀어 평안하여지니, 이것이 산송장이 되는 생활법이다. 사람이 큰 뜻을 품고 그 목적을 달성하기로 하면 일생을 산송장으로 묻혀 공들여야 한다. 적게는 10~30년이라도 묻혀 공들여야 한다.[239]

이는 정신과 육신을 함께 온전히 하고자 하는 영육쌍전 실현의 구체적인 방법으로서 선요가가 제시되고 있음을 알 수 있다. 이처럼 긴장이완(緊張弛緩), 단전중심(丹田中心), 일심해탈(一心解脫), 육신통제(肉身統制), 호흡통제(呼吸統制), 의식통제(意識統制), 육신자유(肉身自由), 호흡자유(呼吸自由), 의식자유(意識自由), 육신의 사활력(自活力), 정신의 자주력(自主力) 등을 영육쌍전의 선요가 강령[240]으로 삼고 있다.

대산은 선보(禪步)에 관해서도 "사람들이 걸음을 잘 걸을 줄 알아야 한다. 걸음을 선보(禪步)로 걸으면 얼마든지 높은 데나 먼 데를 걸을 수 있다. 걸음에는 선보(禪步), 중보(中步), 정보(正步)로 걸어야 한다."[241]고 하였다. 대산은 매일 빠짐없이 아침저녁으로 선보를 하였다.

나는 삼십 대에 아픈 뒤로는 척추를 제대로 못 쓰게 되어 좌선을 오래 할 수 없으므로 … 네 가지 선법[四種禪法]을 연구하여 지금까지 해오고 있다. 서서하는 선[立禪]은 두 다리를 적당히 벌리고 서서 긴찰곡도(緊紮穀道)를 하고 요골수립(腰骨竪立) 한 후 단전에 마음을 주하고 한 손은 위로 쳐들어 하늘을 가리키고 한 손은 아래로 내리어 땅을 가리키며 하였는데 (중략) 양주(楊州)나 원평(院坪)에 있을 때는 행선(行禪)을 주로 하였다. (중략) 약 망태를 짊어지고 다니면서 약 뿌리 있으면 캐고, 없으면 말고 하여 선보를 하였는데 한 뿌리도 한 망태, 두 뿌리도 한 망태, 못 캐도 한 망태가 되어 큼직하게 벌려 가지고 다녔다. (중략) 전등록을 보니 포대화상이 그렇게 망태 걸머지고 다니면서 힘을 얻었다. 그렇다고 너희들도 선보만 하고 다니면 안 된다. 까닭 있게 수행하라. 또 좌선을 할 때는 평좌나 반좌(盤座)로 하는 것도 좋으나 가부좌(跏趺座)를 하고 하는 것도 좋다. 요가 한 시간 하는 것보다 낫다. (중략) 삼십 대에 폐를 앓아서 지금도 사진 찍으면 의사가 놀란다. 반듯이 눕지도 못하게 하니 진리가 이렇게 누우라는 것이구나 하고 배를 땅에 깔고 베개를 낮게 베고 누우면 잠이 와도 좋고 안 와도 좋다.242

또한 매일 좌선 이외에도 와선, 입선, 행선 등 행·주·좌·와·어·묵·동·정 간 무시선을 실행하였다. 그는 움직일 때, 머무를 때, 앉아 있을 때, 누워있을 때, 말하거나 침묵하거나 일상생활에서 끊임없이 일심을 모으는 무시선 수행으로 본래 마음을 지키기 위해 적공하자고 하였으며, 스스로 먼저 실천하였다.

> 우리 개인, 사회, 국가, 세계도 앞으로 오는 미래 세계를 준비하되 생각은 깊게 하여 멀리 영겁을 내다보고, 마음은 여유 있고 넉넉하게 쓰며, 행실은 숨은 덕을 많이 쌓아 무상(無相)과 무념(無念)으로 살아가는 삶이 되어야 (중략) 우리의 두렷하고 고요한 본래의 정신을 기르는 길입니다. 새벽과 저녁에는 수도정진(修道精進)하는 시간을 정하여 좌선(坐禪)이나, 와선(臥禪)이나, 입선(立禪)이나, 행선(行禪)을 하고 밥 먹을 때도 선식(禪食)으로, 잠잘 때도 선면(禪眠)으로, 행주좌와(行住坐臥) 어묵동정(語黙動靜) 간에 무시선(無時禪)으로 온전한 정력(定力)을 쌓는 적공을 들여야 하겠습니다.243

특히 그는 인류가 정신 기운을 소진하기만 하고 채우지 못하고 있음을 '머리에 불이 붙었다'라고 지적하며 정신 기운을 채우는 방법으로 선을 강조하였다. 그가 제안한 선에는 원불교에서 강조하는 단전주선만 있는 것이 아니라, 여러 가지 방법을 쓸 수 있다. 이를테면 숨을 쉬면서 하는 조식선, 도인선, 요가선, 무시선 무처선, 노래를 통해 하는 성가선까지 들어간다. 즉 어떤 방법을 통해서라도 일심이 되어 정신 기운을 충만하게 하라고 당부하였다.

인류가 머리에 불이 붙었는데 수승화강(水昇火降)하는 것이 선이다. 좌선, 입선, 행선, 와선, 무시선은 내단(內丹)이고, 즉 단전주로 하는 선이고, 외단(外丹) 즉 육신으로 하는 것은 조식선[調息禪, 오단 호흡], 도인선, 요가선, 무시선 무처선이다. 선을 하면 머리가 시원하다. 성가선도 하나 더 넣어야 하겠다. 우리가 머리가 뜨거운 것은 생각을 많이 하기 때문인데 그걸 식혀야 한다. 노래도 무아의 경지에서 하면 그게 선이다. 요가의 궁극은 선에 있으니 결국은 선을 많이 하고 요가 자체는 적은 시간을 가져야 하며 동정(動靜)이 다 선화(禪化)시켜야 한다.244

이처럼 대산은 육신의 건강이 마음 건강이고 마음 건강이 육신 건강이며, 육신과 정신이 둘이 아니므로 함께 병행 쌍전해야 한다는 입장을 견지하였다. 이에 선보, 선요가, 입선, 좌선, 행선, 와선을 때에 따라 두루 활용하였다. 소태산의 좌선의 특징이라 할 수 있는 단전주법을 기본으로 하되 이를 활용하여 의식과 동작과 호흡이 삼위일체가 된 영육쌍전의 무시선 수행을 일관되게 실천하였다.

제3절
대산의 심전계발과 '하나의 세계'

1. 대산의 심전계발의 의의

대산의 세계평화 삼대제언의 하나로서 '심전계발'은 이념적 토대는 소태산의 일원주의와 정산의 삼동윤리로 대산은 이를 하나의 세계로 계승하였다고 본다. 따라서 소태산·정산 그리고 대산의 세 성자가 원불교 회상에 출현하여 일원대도의 법을 완성해 가며, 소태산의 일원주의와 정산의 삼동윤리를 계승하고 발전시켰다. 대산은 제64회 대각개교절 경축사에서 심전계발을 다음과 같이 말하였다.

본래에 분별과 주착이 없는 우리의 성품(性稟)에서 선악 간 마음 발하는 것이 마치 저 밭에서 여러 가지 농작물과 잡초가 나오는 것 같다 하여 우리의 마음 바탕을 심전(心田)이라 하고 묵은 밭을 잘 개척하여 좋은 밭을 만들 듯이 우리의 마음 바탕을 잘 단련하

여 혜복을 갖추어 얻자는 뜻에서 심전계발이라는 말이 있게 되었나니라.245

　대산은 부처님도 6년 설산고행으로 자신의 심전계발을 하고, 49년간 10제자와 1,200대중과 함께 심전계발을 하였고, 예수도 40일간 광야에서 자신의 심전계발을 하고 12사도와 함께 3년간 심전계발을 하였으며, 공자도 10철과 72문인들과 심전계발을 함께하였다고 강조하며, "심전계발이 없이는 자신과 인류의 진정한 구원과 평화가 이룩될 수 없다."246라고 하였다.
　심전이란 우리의 성품과 같은 의미로 본래 분별과 주착이 없는 나를 회복하는 것이므로 붓다께서도 '천상천하 유아독존'이라 하였다. 이는 나로부터 시작되므로 참 나를 회복하는 것이 각자의 심전계발하는데 무엇보다 급선무이기 때문에 "내 마음을 통일시켜 놓은 후에 남의 마음을 통일시켜 줄 수 있고, 내 마음을 밝혀놓은 후에 남의 마음을 밝혀 줄 수 있고, 내 몸이 선을 행한 후에 남에게 선을 권하는 힘이 있나니라."247라고 하였다.
　대산은 심전계발을 영전(靈田), 법전(法田), 덕전(德田)의 '삼전(三田)'으로 제시하고 있다.

　우리가 가꾸어야 할 세 가지 밭이 있으니, 그것은 바로 영전(靈田)·법전(法田)·덕전(德田)이니라. 첫째 영전은 대종사께서 대각하신 일원의 진리를 이름이니, 하나면서 열이고 열이면서 하나인 자리요 영생토록 죽지 않는 자리요 죄를 지으면 죄를 주고 복을 지으면 복을 주는 자리요 신령스러워 밝고 어둡지 아니한 자리며, 둘째 법전은 대종사께서 이루어놓으신 일원회상을 이름이니, 법이 담겨 있는 자리요 삼세 제불제성이 함께 법을 받는 자리요 법등을 시방 삼세에 비추는 자리며, 셋째 덕전은 대종사께서 개척하신 일원의 세계를 이름이니, 여기는 천지·부모·동포·법률의 사은 밭에 덕을 뿌리는 자리요 뿌린 자리마다 덕의 꽃이 피는 자리니라.**248**

영전(靈田)은 한자 그대로 신령스러운 밭이라고 할 수 있다. 정신수양을 의미하며, 정신이란 두렷하고 고요하여 분별성과 주착심이 없는 경지이다. 이 자리를 청정법신불이라 하고 일심의 정력(定力)이 뭉친 삼학 중 정신수양이라고도 한다. 법전(法田)은 깨달음의 지혜로써 우주의 대소유무 이치와 인간사 시비이해 이치를 확연히 알아서 정각(正覺)을 이루고 불불계승(佛佛繼承)하고 성성상전(聖聖相傳)하여 법등이 전하여 비치는 자리라고 한다. 덕전(德田)은 은혜의 씨앗을 뿌려 은혜를 거두는 복의 밭이요 기울고 치우치지 않고 중도(中道)로 중화(中和)로 걸음걸음마다 손길 미치는 곳마다 마음 향하는 곳마다 은혜와 덕화가 만발하는 백억화신불의 모습이라고 한다.

첫째는 일정심(一定心)으로 한 번 내 마음을 챙겼으면 변함이 없는 일정심을 가져야 하고, 둘째는 세상 일체 만물에 내 마음이 흔들리지 않는 정심(靜心)[고요 정(靜) 자] 공부를 하여야 하며, 셋째는 그 모든 것이 합해서 일심 공부로 들어가야 한다. 곧 일심불란(一心不亂)의 한마음을 갖게 되면 거기서는 무엇이 나오나 하면 신령스러운 기운이 나온다.

그러므로 신령스러울 영(靈) 자, 영전이다. 그런데 옛날 부처님 나신 곳이 영취산(靈鷲山)이시며, 대종사님이 탄생하시고 대각하신 곳이 영광이고 영산인데 여기 한라산에 영실(靈室)이라 하므로 신령스러운 밭인 영전이 좋다. 그러면 나중에 신령스러운 밭에서는 무엇을 주냐 하면 영통(靈通)과 법통(法通)과 도통(道通)을 주게 된다.249

요란한 마음을 한곳에 집중하여 산란해지지 않도록 챙기고 또 챙겨서 저절로 되도록까지 변함없는 일정심(一定心)을 가져야 한다. 정(靜)할 때 안에서 키운 일심이 밖으로 동(動)하면 거기에서 은혜가 나온다.

대산은 이상과 같은 영전(靈田), 법전(法田), 덕전(德田)의 '삼전(三田)법문'을 심전계발의 방법으로 제시하면서, 대중이 알기 쉽게 〈그림2〉와 같이 세 가지 밭[三田]으로 표현하였다.

2. 대산의 심전계발 수행

대산의 심전계발 수행은 소태산, 정산의 유훈을 이어서 삼학수행과 철저한 훈련을 기초로 하고 있다. 그리고 무시선 수행을 통해서 삼학병진, 동정일여, 영육쌍전으로 전개되고 있다.

〈그림2〉 삼전법문(三田法門)[250]

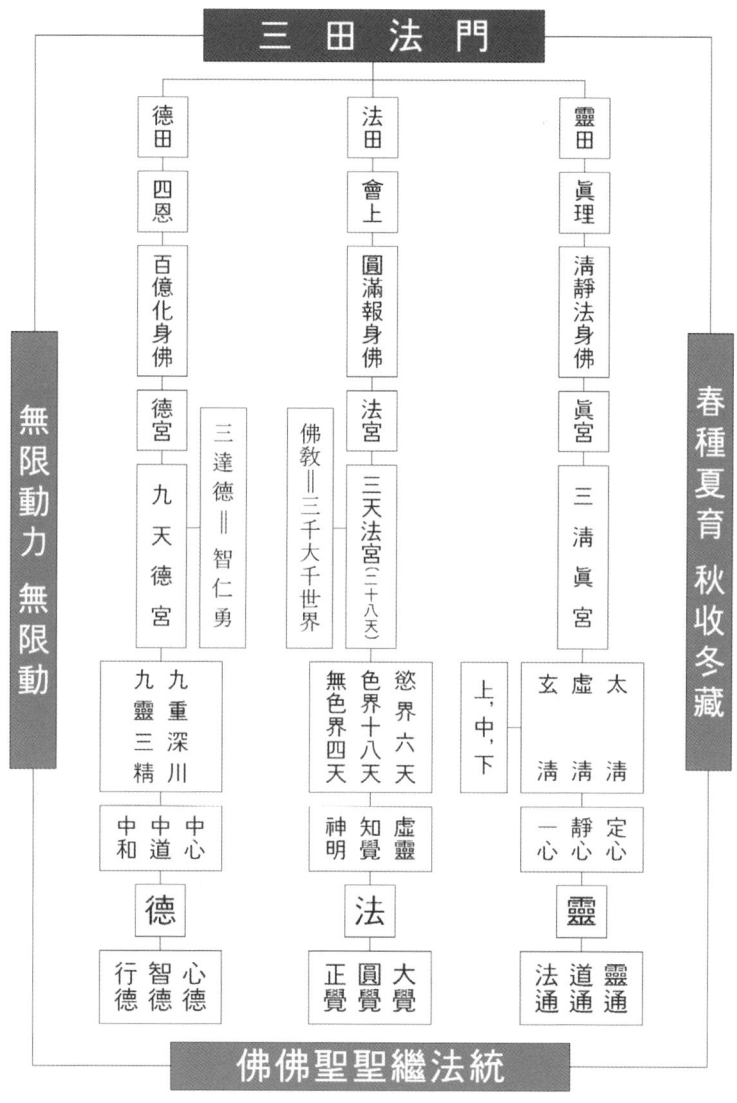

제3장 심전계발과 '하나의 세계'

특히 대산의 수행은 선 사상적 입장에서 무시선법이라고 볼 수 있다. 대산은 삼학병진을 강조함과 함께 동시삼학(動時三學)이 '온전한 생각으로 취사'이니 시간과 처소를 가리지 않고 늘 수행해야 덕화가 나타난다고 하였는데 이는 동시삼학이 무시선 수행과 연관되고 있음을 말한 것이다. 즉 동시삼학과 병진(竝進)된 삼학을 말하면서 동정 간에 늘 정신수양과 사리연구와 작업취사 공부를 함께 해야 함을 강조한다.

뿐만 아니라 대산은 삼학병진과 함께하는 무시선 수행이 인류의 행복에 이바지하는 데까지 나아가게 하려는 실천적 모습의 무시선 수행을 그의 행적을 통해 보여주었다. 대산의 무시선 수행에 관한 이러한 입장은 인류의 행복을 위해 유·불·선 삼교와 기독교 등 각 종교가 한편에 머무르지 않고 서로 대화하고 총섭(總攝)함을 통하여 인류의 평화와 행복에 실천적으로 이바지해야 함을 강조하면서 이를 위해 각 종교가 연대 합력하는 종교연합(UR)의 창설을 주창하는 데까지 나아갔다.

대산은 동정일여(動靜一如)로 동(動)과 정(靜), 정과 동이 꼬리를 무는 수행이 되어야 한다고 하였다. 동중정 정중동의 진리 수행을 하는 것이 부활이라고 강조하였다.

또 노자의 '복중 팔십년(腹中八十年)', '무문관(無門觀)', '성리대전(性理大全)', '존야기(存夜氣)'의 수양을 통한 입정삼매로 동중정, 정중동이 되어서 동정이 한결같아지도록 할 것을 강조하였다. 또한 활동할 때는 뛰고 웃고, 조용할 때는 무아의 경지, 삼매의 경지에 들어서 동정일여 수행은 열 가지 삼매[선정삼매, 염불삼매, 독서삼매, 사상삼매, 해탈삼매, 선보삼매, 와선삼매, 낙고삼매, 감로삼매, 설법삼매]로 나타나고 있다. 이는 동하여도 분별에 착이 없고 정하여도 분별이 절도에 맞는 공부를 해야 하며, 동하여도 분별에 착이 없다는 것은 육식(六識)이 육진(六塵) 중에 출입하되 섞이지도 아니하고 물들지도 않는 중도행이 된다고 하였다.

대산은 영육쌍전의 교리와 제도로 새 종교의 대 기반을 만들어 준 소태산의 정신을 계승하여 과거 묵은 세상에서는 수도와 생활, 육신과 정신, 공부와 사업, 도학과 과학, 동(動)과 정(靜), 이(理)와 사(事) 등 둘로 나뉘어져 왔던 것들을 '하나'로 통하게 하여 쌍전(雙全)하고 병행(並行)하도록 해야 함을 말하였다. 실제 대산은 선과 요가와 도가의 호흡법을 종합한 선요가를 새롭게 개발하면서 50여 년간 실천 수행하였는데, 이는 육신의 건강을 회복함과 정신의 삼학수행이 쌍전(雙全)된 무시선 수행과 관련된 내용이다. 또한 대산은 매일 빠짐없이 아침저녁으로 선보(禪步)를 하였으며, 입선, 좌선, 행선, 와선, 단전호흡의 의식과 동작과 호흡이 삼위일체가 된 영육쌍전의 무시선 수행을 일관되게 실천하였다.

이렇듯 대승의 실천적인 자세를 계승한 입장에서 대산 김대거의 무시선 사상은 소태산이 강조한 삼학병진, 영육쌍전, 동정일여의 일원사상으로 제시하였고, 직접 수행하고 구체적인 실천을 함으로써 현대적인 활선(活禪)의 정체성을 제시하였다고 할 수 있다.

제4장

종교연합운동과 '하나의 세계'

제1절
종교연합운동의 의미와 연원

1. 종교연합운동의 의미

김성관(2010)은 '종교연합'의 의미를 '종교(宗教)'와 '연합(聯合)'이란 말의 합성어로 이 두 말의 의미를 정확히 드러낼 때 종교연합운동이나 종교연합기구의 의미 및 성격과 방향도 분명해진다."[251]라고 밝히고, 종교연합의 의미에 대해서 상세히 논하고 있다.

종교란 무엇인가 하는 문제는 접근 방법에 따라 무수한 견해가 나올 수 있다.『설문해자(說文解字)』에서 '종(宗)'을 '우(宇)'+'신(神)'으로 보아 '신이 있는 집'이나 '종묘', '사당' 등의 뜻을 지닌다고 되어 있다. 중국불교에서는 이들 '宗'의 의미 가운데 존숭의 의미를 택하여 범어(梵語 Siddhānta)를 '종(宗)'이라 의역하기도 했다. 이런 맥락에서 볼 때는 중국불교에서 사용한 '종교(宗教)'의 어의가 우선 '부처님의 성스러운 가르침[聖敎]'을 존숭하는 것을 뜻하며 '종(宗)'과 '교(敎)'는 '소전(所詮)'과 '능전(能詮)'의 병렬적(竝列的) 관계에 있음을 알 수 있다. 다음으로는 '종(宗)'의 의미가 '근본'이나 '적장자'를 뜻하는 것이고 '교(敎)'의 의미가 기틀에 응하여 시설(施設)하는 불타의 성스러운 가르침[聖敎]을 뜻하는 것이라 할 때 '종교(宗敎)'는 '교(敎)' 가운데에서도 근본이 되고 적장자(嫡長子)가 되는 이치를 가리키는 의미로 쓰이기도 했다.

연합이란 말도 '연(聯)'과 '합(合)'의 합성어로서 일반적으로 쓰이는 연합의 사전적 의미는 '둘 이상의 것이 단결함', 혹은 '일정한 목적 아래 개별적인 조직체가 일정한 테두리 안에서 서로 어울려 하나를 이룸', '감각, 관념 등의 요소적 경험이 일정한 법칙에 따라 결합하는 일' 등이다. 연합이란 어휘가 처음 표현된 것은 제갈량의 심서(心書) 남만(南蠻)에서 '남쪽 오랑캐는 종자가 여럿이고 성질이 가르치기 어려워 붕당을 연합하려 하나, 뜻을 잃고 서로 공격한다[南多種 性不能敎 聯合朋黨 失意則相攻]'라고 한 것이다. 또한 이 말의 의미적 연관성을 느끼게 하는 말은 중국의 전국시대에 진과 연, 제, 초, 한, 위, 조 등 여섯 나라 사이에 외교 전술적으로 사용되었던 연형합종(連衡合從)이란 말이다. 주지하는 바와 같이 이 말은 약한 나라들이 서로 힘을 합쳐 강대국에 대응하거나 혹은 강대국과 외교를 함으로써 전쟁으로부터 나라의 안정을 얻으려는 전술적이며 외교적 의미를 지녔다. 2차 세계대전 후 창설된 UN[The United Nations]을 국제연합이라 하여 United를 연합이라 변역한 것은 상통되는 점이 있다.[252]

대산은 세계가 함께 정치를 논의하는 국제기구로 국제연합(UN)이 있듯이 인류의 도덕과 종교를 함께 논의하는 기구로 종교연합기구 설립을 제안했다. 이 점에서 볼 때 종교연합에서의 '연합'은 국제연합에서 사용된 연합이라는 단어와 연관지어 볼 수 있다. 대산은 전팔근과 문답을 통해 종교연합을 'UR[United Religions]'이라 영역하여 사용하게 된다. 전팔근은 당시 상황을 다음과 같이 회고하고 있다.

"국제연합의 명칭이 영어로 UN이지?" "네. UN은 준말이고 원래는 Unitied Nations입니다." "그러면 종교연합은 어떻게 영어로 말하겠느냐." (중략) "국제연합과 종교연합은 한 가정의 엄부와 자모와 같고 한 마리 새의 양쪽 날개와 같고 한 수레의 두 바퀴와 같지 않느냐. 어느 한쪽이라도 없으면 원만히 움직이지 못하고 세계도 정치와 종교가 동등한 입장에서 화합하고 협력해서 움직이지 않으면 원만하고 평화스러운 세계를 이룩하지 못한다. 그러니 이런 뜻이 포함된 종교연합의 영어표시는 어떻게 하면 좋겠느냐?" (중략) "그러면 연합이라는 말을 똑같이 United로 하면 되겠습니다. 그래서 국제연합이 United Nations라면, 종교연합은 United Religions 즉 UN과 UR이 좋겠습니다."[253]

따라서 대산의 종교연합 사상에서는 종교의 개념은 종파주의 또는 종단주의를 넘어선 것으로 볼 수 있다. 때로는 조직화한 종단이 아닌 자유로운 사상이나 활동도 포괄할 수 있는 것으로 쓰였다. 또한 연합이라는 개념은 종교 간의 단순한 대화나 협력을 넘어서 강력한 연대로 힘을 모아 회통하고자 하는 것으로까지 볼 수 있다.

대산의 종교연합의 사상적 연원으로 소태산의 일원사상과 정산의 삼동윤리사상에서 그 연원을 찾을 수 있다. 정산으로부터 종통을 이어받고 소태산의 일원주의와 정산의 삼동윤리를 더욱 구체화하여 세계평화를 위한 국제종교연합운동을 주창하였다.

> 대종사님과 정산 종사님께서 전(傳)해 주신 유산이 바로 일원대도(一圓大道)와 삼동윤리(三同倫理)이다. (중략) 우리들의 영생을 잘 개척하려면 일원대도와 합일[契合一圓大道] 하고, 삼동윤리를 실현[實現三同倫理]하여, 세계평화를 생산[生産世界平和]해야 한다. 이것이 바로 일원주의요 대세계주의 사상인 것이다.[254]

대산이 종교연합을 제창한 기본 정신이 소태산과 정산의 기본 정신을 계승하고 있음을 분명히 하고 있다. 그는 '일원대도에 합일'하고 '삼동윤리를 실현'하여 '세계평화를 생산'해야 한다는 입장에 따라 세계평화 3대제언을 밝히고 있는 것이다. 그는 모든 종교가 근원적으로 '하나'의 근원이며, 이 세계도 한 집안이며, 모든 인류도 한 가족이므로, 세상의 모든 일도 결국 하나의 일임을 자각하고 모든 인류, 모든 종교가 다 함께 세계평화를 생산하는 데 함께 할 수 있도록 정치계의 UN 활동과 동등하게 종교계의 협력 기구가 있어야 함을 천명하고 흩어진 종교단체들과 함께 힘을 모을 수 있는 종교연합체의 필요성을 제시하고 있는 것이다.

대산의 종교연합운동의 뜻을 받들어 일본 동경에서 개최된 제1

차 세계종교인평화회의(WCRP)에 참여한 전팔근은 종교연합운동의 배경에 대해서 다음과 같이 밝히고 있다.

> 원불교의 종교연합운동은 소태산의 위대한 경륜과 포부를 실현하고 교단의 목적과 이상을 성취하는 중요한 과제이기 때문에 광의적으로는 교단 창립 이래 계속되어 온 것과 마찬가지의 일이지만 협의적으로는 실질적인 대외행사는 제1대 세계종교자평화회의에 교단 대표 4인이 참석했을 때부터였다. 교단의 이념을 표시하는 소책자도 널리 배포되었다. 특히 한국의 정식 대표 자격 문제로 WCRP의 산파역을 맡았던 故 그릴리 박사[255]와 WCRP 전 사무장이었던 Homer A. Jack 박사를 만나 원불교의 이념을 설명하며 논의할 기회를 가졌던 것은 인상적인 일이었다.[256]

'종교연합'이란 말은, 1971년 10월 원불교 개교반백년 기념대회에서 대산 김대거[당시 종법사]가 "진리는 하나, 세계도 하나, 인류는 한 가족, 세상은 한 일터, 개척하자 일원세계(一圓世界)"라는 대회 슬로건을 제시하면서 비롯되었다. 이후 전팔근은 대소국제회의에 참석할 때마다 영문(英文), 일문(日文)으로 번역된 '세계종교연합취지문'과 '세계종교연합 건립선언문', '세계평화 삼대제언' 등을 배부하며 참석자들의 이목을 끌었으며, 국제적인 종교연합기구를 통하여 모든 종교의 교리적 융통과 종교적 공동과제에 대한 토의를 적극 제안하였다.

세계평화 삼대제언(世界平和三大提言)

一, 심전계발의 훈련 (心田啓發訓練)

우리 모든 人類가 묵어 있는 마음밭을 啓發하고 訓練시켜서 眞理의 太陽이 솟아 마음을 서로 크게 넓히고 밝히고 잘 쓰는 슬기로운 새 나라 새 世界를 만들자.

二, 공동시장의 개척 (共同市場開拓)

우리 모든 人類가 나라와 思想의 울을 넘어서서 生存競爭보다 서로 共生共榮할 수 있는 새로운 길을 開拓하자.

三, 종교연합기구의 창설 (宗敎聯合機構創設) (U.R.)

우리 모든 宗敎人들은 合心合力해서 政治 U.N.에 對等한 宗敎 U.R.을 創設시켜서 人類에 대한 靈과 肉의 貧困·疾病·無知를 退治시킬 수 있는 義務와 責任을 갖자.

진리는 하나

세계도 하나

인류는 한 가족

세상은 한 일터

개척하자 하나의 세계

The Three Proposals for World Peace

1. The Moral Discipline for Cultivating Our Mind

Let us establish the new nation and new world with the broad, bright and harmonized mind by moral discipline to develop, widen, and wisely use our long-abandoned 『Mind-Field』 for 『Truth-Sun』 to emerge above our mind.

2. The Opening of Common Markets

Let us, all human races, open up new markets in the world to coexist and coprosper getting over the fences and hurdles standing in the way of mutual understanding and benefitting among the nations in the globe

3. The Establishment of United Religions(U.R.)

Let us, all religious people, found the United Religions on an equivalent basis with the political organization of U.N. to remove poverty, disease, ignorance from the mankind, accomplishing our duty and responsibility.

世界平和 三大提言

一, 心田啓發の訓練

我コ, 潛在しているすべての人類の心田を啓發し, 眞理の太陽を昇らせることによつて, 心を互に大きく廣げ, 明るく豊かで賢明な新しい國家, 世界を築こう.

二, 共同市場の開拓

我コ, すべての人類が國家と思想の壁をのり超え, 生存競争よりも, 相互の共生共榮の 出來る新しい道を開拓しよう.

三, 宗敎 U.R. 創設

我ヨ, すべての宗敎人は合致團結して, 政治U.N.に對等する宗敎U.R. を創設し, 人類の靈肉の貧困·疾病·無知を退治することのできる義務と責任をもとう.

이러한 대산의 종교연합기구에 관한 구상의 가장 가까운 연원은 소태산의 일원사상 즉 일원주의(一圓主義)와 정산의 삼동윤리(三同倫理) 사상이며, 이 두 사상을 이념적 주요 근거로 삼고 있다. 특히 이러한 대산의 구상은 1965년 3월의 종법사 취임 법설에서 '하나의 세계 건설'[257]이라 하여 제기되었고, 1970년 10월에는 일본에서 개최된 세계종교인평화회의에 '정신적 유엔 기구' 창설로 제의[258]된 바 있다.

2. 종교연합운동의 연원

1) 중국 불교의 화회사상

불교의 화회(和會)사상은 여러 종교와 갈등과 수용을 거쳐 이루어낸 성과이다. 불교는 초기에는 인도의 바라문교와 부딪쳤고 중국에 와서는 도교와 유교, 한국에서는 유교, 도교, 기독교와 만났다. 그 과정에서 이 모든 이념들을 포용하고 화합하는 화회사상의 흐름이 나타났다. 불교에 연원을 둔 원불교도 화회사상에 뿌리를 두고 있다. "세계의 모든 종교도 그 근본 되는 진리는 본래 하나다."라고 한 소태산의 일원사상이나, 모든 종교를 한 근원으로 파악하였던 정산의 삼동윤리의 정신이나, "진리는 하나 세계도 하나 인류는 한 가족 세상은 한 일터 개척하자 하나의 세계"라고 한 대산의 사상이나 모두 일맥상통한다.

중국과 서역 지방과의 교통로가 본격적으로 열린 것은 전한의 무제(武帝)시대, 정확히는 장건(張騫)이 대월씨와 결탁하여 흉노를 토벌할 것을 결심한 무제의 명을 받아서 서역 원정을 감행했을 때[BC. 139~126]부터이다. 따라서 중국에 불교가 전래한 것은 실질적으로는 장건의 원정 후 얼마 되지 않아서 동서무역에 종사한 중국 사람들에 의해서일 것이라고 추측된다.[259] 그리고 이 시기의 중국은 도교가 크게 확산하여 있었으므로 불교는 불가피하게 도교와의 교섭 관계를 맺으면서 갈등과 수용과 조화를 시도했으리라 여겨진다. 전래 초기의 불교는 당시에 중국에 확산하여 있는 황로의 학, 즉 도교와 연관되어 이해되었으며 그러한 불교를 격의불교(格義佛敎)라고 한다. 인도의 불교를 중국에 전도하기 위해서는 중국 고유의 풍속·습관·사상·신앙 등에 가능한 한 맞추어 조화시킬 필요가 있었을 것이다.

이 시기에 불전(佛典)을 한역(漢譯)할 때도 도교적 개념과 용어를 빌리곤 하는데, 예를 들면 148년경 안세고(安世高)가 『안반수의경(安般守意經)』을 한역할 때도 도(道), 도식(道息), 무위(無爲) 등의 용어를 사용함으로써 위경(僞經) 논의를 불러오기도 한다. 유·불·도의 삼교 관계에 관한 가장 오래된 문헌으로 『이혹론(理惑論)』이 있는데 초기의 중국불교 자료 대부분이 양(梁)의 승우(僧祐)가 지은 『홍명집(弘明

集)』에 수록되어 있다. 『이혹론』은 후한 말[3세기 초]에 모융(牟融)이 찬술하였다고 전하나, 그 찬자와 찬술 연대에 대해서는 여러 견해로 나뉘고 있지만 삼국시대까지는 찬술되었으며 중국인들의 손으로 만들어진 본격적인 초기의 불교 논서임에 틀림이 없다.260 전혀 불교경전을 인용하지 않고 오로지 중국 고유의 사상과 중국 고대의 성인이나 선비의 사적(事蹟)만을 인용하여 답하고 있다. 말하자면 불교인들의 생활방식이 유교적 혹은 노장적 입장에서 정당화되어 있는 것이다.261 즉 당시의 중국인들은 도교나 혹은 유교의 용어 및 개념 그리고 진리관에 맞추어 불교의 용어나 개념, 그리고 진리관을 설명하여 이해시키고자 했는데 이러한 입장은 한편에서 보면 불교 포교를 위한 방편이라고 할 수도 있지만 다른 편에서 보면 불교와 도교 및 유교를 화회(和會)하게 하려 한 시도일 수도 있다.

  불교의 황금시대는 수(隋)·당(唐)이며 유교의 황금시대는 북송·남송이고 도교의 황금시대는 남송·원대다. 그렇지만 유(儒)·도(道) 2교가 이와 같이 성과를 얻는 데에는 불교의 수선(修禪) 전통이 큰 역할을 담당했다고 할 수 있다. 만약 불교의 수선 전통이 없었다면 유교와 도교가 이와 같은 성과를 얻을 수 없었을 것이다. 당(唐)대에는 불교가 항상 사상계의 표면에 서서 선도했고 송(宋)대에 이르러서는 유교가 표면에 드러나서 선도했으며 다시 원(元)대에 이르러서는 도교가 표면에 서서 선도했음을 본다. 송유(宋儒)·원도(元道) 그것의 근저가 되는 것은 불교이다. 만일 당대의 불교가 없었다면 송유·원도가 성립할 이유 그것을 이해할 수 없을 것이다.262 이렇듯 중국에서의 유·불·도 삼교는 서로 갈등과 논란, 그리고 화회를 통하여 서로 영향을 미치고 서로 융화됨으로써 불가분의 관계를 맺고 있다.

2) 한국 불교의 화회사상

이러한 불교의 화회사상은 한국불교의 화회사상으로 연결되며, 이는 대산의 종교연합사상 출현의 사상적 연원이 되고 있다. 대산은 서산휴정(西山休靜, 1520~1604)이 제시한 "옛 부처 나기 전부터 한 바탕으로 두렷하도다. 석가도 다 몰랐거늘 어떻게 가섭만이 전할 수 있을까[古佛未生前 凝然一相圓 釋迦猶未會 迦葉豈能傳], 삼교의 성인이 이 말에서 나왔느니라[三敎聖人 從此句出]"라는 구절에 관심을 가졌으며, 특히 앞 구절의 4구는 원불교 교단백주년 성업에 맞춰 제시한 「대적공실(大積功室)」 화두 법문 가운데 하나로 제시된다.

원효(元曉, 617~686)는 대승의 의미를 밝힐 때, "'대(大)'는 법에 해당하는 이름이니 널리 감싸는 것[廣苞]으로 뜻을 삼고, '승(乘)'은 비유하여 붙인 이름이니 운반하는 것으로 공능을 삼는다. … '대승(大乘)'이란 무량(無量), 무변(無邊), 무애(無礙)하기 때문에 일체에 널리 두루함을 말한 것이니, 비유하자면 허공이 광대하여 모든 중생을 받아들이는 것과 같기 때문"263이라고 했다. 이기영은 "원효는 여래장(如來藏)사상을 고취하고 인간의 현세적 실천윤리를 강조하였다는 사실과 이 여래장사상이 바로 반야(般若)와 유식(唯識)의 두 가지 대승철학의 바탕 위에서 비로소 정립되었다는 중대한 진리를 밝힌 사실, 그리고 또 모든 교설이 비록 심천(深淺), 광협(廣狹)의 차이는 있을망정, 회통적(會通的) 입장에서 이해되어야 한다고 강조한 사실은 매우 중대한 의의를 지닌다."264라고 밝히고 있다.

원효는 대(大)·소(小)·성(性)·상(相)의 대립으로 인한 백가(百家)의 쟁론(諍論)을 화회(和會)하여 일미(一味)의 진실로 귀일(歸一)시킴을 그 사명으로 하였다.265 고익진은 원효가 이전의 불교 경론 속에 존재하고 있는 모순적인 교설이나 대립적인 해석에 대해서 회통화회(會通和會)하는 입장을 견지하였으며, 이를 통해 종파적 분열 대립을 그치게 하여 화합하는 불교를 구현하려는 뜻을 나타내고 있다고 보았다. 그리고 이런 뜻에서 원효를 일종일파(一宗一派)에 치우침이 없이 통불교적(通佛敎的) 신라불교를 건설하려는 것을 이념으로 삼았다는 평은 적절한 평가라고 하였다.266 원효가 살았던 당시 신라의 사회적 배경과 함께 시작하여 완성을 이룬 원효의 화쟁(和諍) 사상은 단순히 경론에 대한 이론적 화회나 회통 정도에 그치는 것이 아니고 더 나아가 실천적 화합과 회통을 지향한 것이다. 이러한 그의 화쟁사상은 불교 내 십문(十門)의 쟁론(諍論)을 화회시키고자 했던 십문화쟁(十門和諍) 사상으로 전개되며, 불교와 불교 밖의 현실을 화회시키고 회통시키고자 성과 속이 둘이 아니니 출세간까지도 넘어서야 한다는 성속불이(聖俗不二)의 진속원융(眞俗圓融) 사상이라 할 수 있다.

이처럼 원효의 화회화쟁의 사상에 대해서 김복인은 "원효가 현대 기독교 신학의 두 가지 대화 모델인 신중심주의나 구원중심주의와 만난 적은 없을지라도 (중략) 원효 자신의 '대승(大乘)' 개념과 이 두 가지 기독교 신학 모델을 비교함에 의해서 기독교와 불교의 공통 기반을 세울 수 있다."267라고 하여 불교와 기독교의 화회로까지 연결시키고 있다. 그래서 원효의 대승사상은 대산의 종교연합사상의 한 연원으로 보고 있다.

3) 일원주의와 삼동윤리
(1) 소태산의 일원주의

일원주의는 일원상 진리를 종지(宗指)로 하는 원불교 교리 사상의 이상과 이념을 통섭하여 말할 때 부르는 이름으로, 간단히 말하면 원불교의 교리와 근본 사상을 총칭한 철학과 사상이라고 말할 수 있다. 일원상(○)은 원불교 교리에서 우주와 인생의 궁극적 진리의 상징이며, 이는 '일원상의 진리' 또는 '법신불 일원상'이라고 부르고, 최고의 종지로서 신앙의 대상과 수행의 표본과 깨달음의 대상이다. 일원상은 소태산이 깨달은 진리를 '일원상의 진리'라 하고, 도형으로 그린 상징이다. 소태산은 20여 년간의 구도 끝에 얻은 대각의 심경으로, "만유가 한 체성이며 만법이 한 근원이로다. 이 가운데 생멸 없는 도와 인과 보응되는 이치가 서로 바탕하여 한 두렷한 기틀을 지었도다."268고 한 소감에서도 그 의미가 드러나 있다. '한[一] 두렷한[圓] 기틀[相]'이란 바로 일원상(一圓相)을 상징한 일원(一圓), 하나를 의미한 것이다.

이처럼 소태산은 스스로 깨달은 진리를 일원상으로 그리고,269 '일원상의 진리'라고 하였다. 만유가 한 체성 만법이 한 근원 속에 한 두렷한 기틀의 '하나'를 상징한다고 할 수 있다. 일원상의 진리를 '법신불'이라고 할 때 법신불은 인격불이 아니고 진리불을 의미한다. 불교에서는 법신불을 체성적인 의미로 이해하지만, 원불교에서는 체성적인 의미와 현상적인 의미, 작용적 의미까지도 포함시켜 해석하고 있다.270 소태산은 모든 종교의 교지(教旨)를 참된 깨달음의 지혜로 보고, 일원상의 진리에서 하나로 회통할 수 있다는 상징적 의미를 표현한 것이다. 모든 종교의 교지도 통합 활용한다는 것은 모든 종교의 근본원리를 깨닫지 못하면 불가능한 현실이기 때문에, 종교의 근본원리를 깨닫는다는 것은 곧 일원상의 진리를 깨닫는다는 의미와 같다.

(2) 정산의 삼동윤리

정산도 소태산의 일원사상에 연원하여 삼동윤리사상을 교설해 오던 중 열반 직전의 병상에서 제자에게 삼동윤리를 설명하도록 하였다. 이때 대산이 "동원도리(同源道理)는 이 세상 모든 종교가 한 울 안 한 이치인 것을 말씀하신 것이오며, 동기연계(同氣連契)는 이 세상 모든 생령이 한 집안 한 권속인 것을 말씀하신 것이오며, 동척사업(同拓事業)은 이 세상 모든 사업이 한 일터 한 일꾼임을 말씀하신 것이온 바, 이는 곧 대종사의 일원대도에 근거한 대세계주의로서 스승님께서 말씀하신 그대로 곧 천하의 윤리요 만고의 윤리가 되나이다.271"라고 한 설명을 듣고, "그 말이 옳으며, 세상의 대세가 차차 이 길로 돌아오고 있나니, 여러분이 먼저 잘 지키고 보급시켜서 우리의 법이 천하 만고의 대법이 되게 하라.272"라고 했다.

또한 "과거에는 천하의 도가 다 나뉘어 있었으나 이제부터는 천하의 도가 모두 합하는 때이니, 대세계주의인 일원대도로 천하를 한 집안 만드는 데 같이 힘쓰라.273" 하고 당부한 후 "한 울안 한 이치에 한 집안 한 권속이 한 일터 한 일꾼으로 일원세계 건설하자.274"라고 게송을 하였다. 이렇듯 대산의 종교연합사상은 소태산의 일원주의사상과 이를 계승한 정산의 삼동윤리사상에 또한 연원하고 있다.

　대산은 "이 일원상은 모든 종교의 통합체이다. 이 원상의 진리를 깨달아서 실천에 옮기면 바로 생불(生佛)이요 하느님이니 일념미생전(一念未生前)을 발굴하여 활용하면 부처가 된다. 그 자리는 진여요 하느님이요 무극(無極)이요 심불(心佛)이며"275라고 했고 "일원상[○]을 하느님, 자연, 도, 태극이라고도 하고 법신불, 일원불, 원불님, 사은님이라고도 한다. 이 자리를 대종사께서는 천상천하에 유아독로(唯我獨露)라 하셨고, 예수께서는 천상천하에 유아독생(唯我獨生)이라 하셨으며, 부처님께서는 천상천하에 유아독존(唯我獨尊)이라 하셨다."276라고 함으로써 종교연합사상이 소태산의 일원상사상과 정산의 삼동윤리사상에 연원하고 있음을 밝혔다.

제2절
종교연합운동의 실천과 의의

1. 종교연합운동의 실천

대산은 우리 모든 종교인이 합심합력하여 정치 UN에 대등한 종교 UR을 창설시켜서 인류에 대한 영과 육의 빈곤·질병·무지를 퇴치시키자고 하였다. 특히 종교연합기구 창설 사업으로 종교연합후원재단을 각각 설립하였다.

대산은 평화세계, 평등세계 구현을 위해서는 정치와 종교가 각자의 역할에 충실하면서 협력해야 한다고 하였다. 이를 세계정부 수준에서 본다면, 정치적으로 UN[세계연합]이 있으니 종교적으로 UR[종교연합]을 통해 정치와 종교 측면에서 균형적으로 화합을 다지자는 것이다.

이제는 정치인도, 여야가 화합하고 또 여야가 화합함으로써 남북화합이 되고 남북화합이 세계화합을 가져오도록 해야 할 것이다. 우리 종교인은 물론이고 원불교부터 국내 종교에서 세계 종교로 화합할 수 있도록 하여 종교연합기구(UR)를 탄생시켜야 하겠다. 그리하여 정치와 종교가 합력하여 잘 살 수 있는 세계평화의 길을 가져와야 되겠다.277

비록 원불교의 교세는 아직 작았으나, 대산에게 있어서 종교인들의 화합과 협력은 진리적으로 당위성을 갖고 현실에서 실천해야 할 일이었다. 이에 대산의 종교연합기구 창설 관련 메시지 및 활동을 연대순으로 정리하면 다음과 같다.

(1) 1965년(원기50) 3월 취임 법설에서 '하나의 세계 건설'을 강조함.
(2) 1966년 3월 〈종교인으로서 갖추어야 할 세 가지〉란 법설을 통하여 종교 상호 간의 융화와 종교인 간의 대화를 강조하면서 종교연합기구 창설을 구상함.
(3) 1968년 월남전에 대한 보고를 듣고 종교연합기구를 통한 구제의 필요성을 강조함.278
(4) 1970년 일본에서 열린 제1차 세계종교자평화회의에 사람을 보내 '세계평화 3대제언'을 발표함.279
(5) 1971년 10월 7일부터 12일까지 중앙총부와 영산성지에서 열린 개교반백년기념대회 4개 항의 대회 결의문을 채택함.
(6) 1975년 5월 4일 원불교 전주교구 합동법회에서 종교연합 본

부의 설치에 관해 법문을 함.

(7) 1977년 3월 30일 종법사 재취임 법설에서 종교연합 총부를 우리나라에 건설할 것을 제안함.

(8) 1977년 11월에 '한일종교인협의회' 대표들 내방 시에 '세계종교UN'의 설립을 제안함.

(9) 1978년 로마교황청 루이지 도세나 대주교 내방 환영사에서 종교 U.R.의 탄생, 공동시장의 개척, 심전계발의 훈련 등 3개 요목을 제시하며 정신과 물질이 조화된 참 문명세계의 건설에 앞장서자고 함.

(10) 1979년 대각개교절 경축사에서 세계평화 3대제언을 천명함.

(11) 1981년 인도 뉴델리에서 개최된 제2차 아시아종교자평화회의에서 종교연합설립안을 제안함. 이를 계기로 제3차 아시아종교자평화회의 개최지를 서울에 유치하였음.

(12) 1984년 5월 6일 가톨릭의 교황 요한 바오로 2세 방한 시 한국 종교지도자들을 대표한 환영사에서 '종교연합' 설립을 다시 제안하였고, 그다음 날 KBS TV 방송 인터뷰에서 종교연합운동의 의의를 밝힘.

(13) 1984년 8월 스리랑카에서 개최된 세계불교도대회와 같은 해 9월 케냐에서 개최된 제4차 세계종교자평화회의에서 종교연합기구 창설을 제안함.

이러한 기본적인 종교연합운동의 활동을 지속하기 위해 1987년 제125회 수위단회에서는 기존의 종교연합기구 준비위원회를 재

발족시킬 것을 합의하였다.

2. 종교연합운동의 세계적 의의

대산은 "인간 본위의 좁고 차별된 윤리를 원만평등(圓滿平等)한 만유의 윤리, 만고불변의 큰 윤리로 폭을 넓혀 주셨으니 우리는 이 사은의 대윤기(大倫氣)를 다음과 같이 보은으로써 연(連)하게 하여 자리이타(自利利他)로써 서로 돕고 북돋우면 보은이 되는 동시에 내가 곧 사생의 지친(至親)이 되며 일체 동포는 자연 공생공영할"280 것이라 하였다.

또한 "한 마음 깨칠 때 그 빛이 온 세상을 두루 비쳐 일체중생을 제도하게 되고 내 한 마음 큰 서원 세울 때 그 소리가 허공 법계에 울려 퍼져 성불의 문이 열리게 되며, 내 한 마음 참회 반성할 때 천지신명이 감응하여 삼세 업장이 청정해지느니라."281라고 하였다. 항상 같은 하늘이지만 맑은 날의 햇볕은 온 산하 강산을 비추지만 구름이 가리면 해[日]를 볼 수 없듯이 오온이 물들지 않는 한마음의 심전(心田)을 회복했을 때 그 빛이 일체중생을 제도하므로 세상을 밝힌다는 의미다. 햇볕은 공간의 벽을 넘어서지 못하나 '하나'의 마음은 시공간을 벗어나 영원하다는 것이다.

> 일원은 공(空)만이 아니요 하나 자리며, 그 하나는 낱이 아니요
> 열이 근원한 자리라, 그러므로 그 열은 하나가 나타난 자리요 그

하나는 열의 본향(本鄉)이니, 도에 뜻을 둔 사람은 먼저 그 하나를 얻어야 하나니라.282

양성(養性)은 하나 자리를 함축(含蓄)하고 나를 함축하는 것이며, 견성(見性)은 하나 자리를 발견하고 나를 발견하는 것이며, 솔성(率性)은 하나 자리를 활용하고 나를 활용하는 것이다. 이 공부의 적공(積功)은 일심과 정성으로 계속하고 반드시 법에 연원하고 신심을 바탕으로 하여야 한다.283

이와 같이 일생을 '하나의 세계' 구현과 세계평화를 위해 살았던 대산의 삶을 조정근은 아래와 같은 시로 형상화하였다.

대산 종사!
일원주의의 꽃을 삼동윤리로 열매 맺어 하나의 세계를 주창하신
평화의 성자 대산 김대거 종사 탄생 100주년을 맞습니다.
종교와 평화! 대산 종사에게 듣습니다.

여기,
천대산(千大山) 만대산(萬大山)의 종교와 평화의 거대 담론의 장이 열렸습니다.
대산 스승님은 여러 논자의 학덕을 빌려 말을 하고 글을 짓습니다.
대산 스승님은 심전계발 운동, 공동시장개척, 종교연합운동으로 세계 평화를 외치셨습니다.

하나의 세계, 평화의 세계를 말입니다.

그 생생한 성음이 함께하는 학술대회,
또 하나의 100년의 성업이자 시작입니다.

대산 종사는 평소 교단 백주년의 과제를 우리에게 안겼습니다.
하나의 세계, 평화 세상을 위하여
일상원(一相圓)으로 하나의 진리를 깨치고,
중도원(中道圓)으로 도학과 과학을 병진시키고,
시방원(十方圓)으로 하나의 세계를 만들자고 염원하였습니다.**284**

대산은 일생의 염원을 「기원문 결어」에 담았다. 먼저 '일상원(一相圓) 중도원(中道圓) 시방원(十方圓)'은 '하나' 자리의 다양한 표현이라고 할 수 있다. '주세불 불일중휘(佛日重輝) 법륜부전(法輪復轉), 조사 불일증휘(佛日增輝) 법륜상전(法輪常轉)'은 씨실과 날실의 관계처럼 하나를 말한다. '세계부활 도덕부활 회상부활 성인부활 마음부활'에서는 세계부활을 위해 가장 근본인 각자 마음부활이 되어야 한다는 뜻으로 마음부활이 되어 자신부터 변해야 하므로 네 가지 훈련 시작은 자신훈련부터인 것이다. '네 가지 훈련, 자신훈련 교도훈련 국민훈련 인류훈련'이 그것이다. 이어서 인류가 훈련이 다 되기까지 대원력(大願力) 등이 없으면 안 된다. '대서원 대정진 대불과 대불공 대자유 대합력', '대참회 대해원 대사면 대정진 대보은 대진급'이 그것이다. 이어서 '일원회상 영겁주인 일원대도 영겁법자', 그리고 '천불만성 발아(千佛萬聖發芽) 억조창생 개복(億兆蒼生開福)'. '무등등한 대각도인, 무상행의 대봉공인'이다.

 이상에서 살펴본 바와 같이 대산의 종교연합 사상 또한 일관되게 '진리는 하나, 세계도 하나, 인류는 한 가족, 세상은 한 일터, 개척하자 하나의 세계'와 같이 하나의 세계를 이 세상에 구현하려는 강한 의지의 표출이라고 볼 수 있다.

제5장

공동시장개척과 '하나의 세계'

제1절
공동시장개척의 의미와 연원

1. 공동시장개척의 의미

대산은 하나의 세계를 위해 심전계발 훈련을 하고, 공동시장을 함께 개척해, 종교연합기구를 창설해야 한다고 말했다.

여기에서 심전계발이나 종교연합기구 창설에 대한 내용은 단어 그 자체로도 이해하기가 쉬우나, 공동시장개척에 대한 의미는 역사적 배경에 대한 이해가 전제되지 않고서는 그 의미를 제대로 이해하기 어려운 점들이 있다. 공동시장개척의 의미는 "우리 모든 인류가 나라와 사상의 울을 넘어서서 생존경쟁보다 서로 공생공영 할 수 있는 새로운 길을 개척하자."285라고 밝혔다.

생존경쟁이 아니라 공생공영의 단어가 가슴에 머문다.

대산은 영육의 무지, 질병, 빈곤의 퇴치를 강조하며 공동시장의 개척을 강조하였다.

"현재의 유럽 공동시장과 같은 형태의 지역 공동시장을 아시아지역 아프리카지역 등 세계 요소에 몇 군데 더 늘려서 세계 각국이 상호 교류로 경제의 활로를 트고 자리이타(自利利他)의 도로 상부상조하여 경제의 균등를 모색하자는 것입니다. 어린아이가 처음 태어나서는 어머니 젖 밖에는 모르지만, 차차 커서 철이 들면 부모형제가 일가인 줄을 아는 것과 같이 세계 전 인류는 시방이 일가요, 사생이 일신인 것을 자각해야 하겠습니다. 그리하여 전 세계 각국이 사상의 대립과 반목과 투쟁에서 벗어나 서로 살리고 같이 살아서 고루 잘 사는 나라로 번영된 세계를 이룩해야 하겠습니다."[286]라고 공동시장개척의 의미를 밝혔다.

2. 공동시장개척의 연원

1972년(원기57) 대산 종사가 말한 '교단의 다섯 가지 과제'에 잘 설명되어 있다. 그중에 "넷째는 균형 잡힌 세계 건설이니, 세계가 정신과 경제의 병행으로 정교 동심이 되어 하나의 세계를 이루고, 삼동윤리 실천과 공동시장개척으로 서로 넘나들고 균형을 잡도록 할 것이요."[287] 결국 공동시장개척은 삼동윤리를 바탕으로 한 공생공영이다. 그렇다면 공생공영은 정확히 어떤 의미로 사용됐을까? 대산은 이에 대해 1978년(원기63) 로마 교황청 대사 루이지 도세나 대주교 내방 환영사에서 다음과 같이 설명한 바 있다.

"공동시장개척입니다. 현재의 유럽 공동시장과 같은 지역공동시장이 세계에 몇 군데 더 발족되도록 촉구하여 세계 정세가 유무상통의 교류를 통하여 물질문명의 은혜가 세계 도처에 고루 미치고 빈곤·무지·질병에서 신음하는 동포들이 없도록 하자는 것입니다."[288]

대산은 공동시장개척의 의미를 유럽 공동시장의 발족에 무게를 뒀는데, 여기에서 유럽 공동시장이란 유럽 경제의 통합을 위해 창설된 유럽경제공동체(EEC)를 의미한다. 과거 유럽경제공동체가 추구했던 경제통합 정신은 유럽공동체(EC)를 거쳐 오늘날의 유럽연합(EU)에까지 이어졌다.

1988년(원기73) 5월 10일 이재석 종교협의회 의장이 총부를 방문하자 대산은 '세계평화 삼대제언'을 간추린 대체를 제안하며 그 중 공동시장개척에 대하여 "유럽에만 있는 EC[Economic Community] 공동시장을 세계 여러 곳에 설치하여 나라와 주의를 떠나서 인류가 함께 잘 살아야 하겠습니다."[289]라고 취지를 설명하였다.

대산의 삼대제언 중 '공동시장개척'은 정산의 삼동윤리 중 한 일터의 '동척사업'이다

또한 대산은 사대봉공회(四大奉公會)[290]의 조직을 통해 공동시장개척을 촉구하였다. 대산은 1964년(원기49)부터 사대봉공회 창립을 주장하였고 1990년(원기75) 2월 15일 중앙봉공회 회관[이리역전보화당] 신축 준공식 치사에서 취지문을 발표하였다. 그 후 원기100년 원불교100년기념성업회 사업의 일환으로 2013년(원기98) 11월 26일 세계봉공재단이 정식 출범하였다.[291]

제2절
공동시장개척의 실천과 의의

1. 공동시장개척의 실천

자본주의가 세계의 경제발전과 물질문명 발전의 원동력이 되어 온 것은 분명하지만, 그 부작용으로 발생한 국가와 국가 간의 경제력의 격차, 개인과 개인간의 빈부격차의 심화와 극심한 생존경쟁과 이윤추구로 인한 인류 도덕성의 파괴, 무분별한 개발로 인한 자연환경의 파괴는 치유하기 어려운 지경에 이르렀다. (생략) 대산 종사가 세계평화 실현의 길로 공동시장의 개척을 제창함은 모든 인류에게 큰 화두를 던진 것이다.292 화두 실천은 곧 멀리서 찾을 것이 아니라 곧 육근 작용에 있다. 대산은 "공동시장을 멀리 하늘에서 개척할 것이 아니고 우리 집 앞에서부터 시작해야 한다. 그것이 이루어질 것 같으면 대종사님의 한 말씀이 세계적인 문제가 우리 집 앞에서 이루어지게 된다."293라고 하였다.

"원기79년(1994)이 우루과이라운드가 막 타결되어 WTO라는 세계무역기구가 탄생되던 해였다. '우루과이라운드와 공동시장의 개척'이라는 주제로 교무훈련 때에 두 시간 정도씩 강연하였다. 세계 전체를 공동시장으로 만들려는 우루과이라운드와 대산 종사가 의지를 보이셨던 공동시장 구현의 의의를 접목하여 설명하였고, 그 자리에서 교단 창립 당시의 정신을 살려 전무출신들도 1인1기의 전문 분야를 가지는 것이 좋겠다고 강조한 바"가 있다.[294]

세계적 불교석학 루이스 랭캐스터(Lewis Lancaster) 전 버클리대학 교수가 미래사회를 위한 원불교의 역할에 대해 강의해 관심을 모았다. '동아시아 불교의 전망과 과제'를 주제로 강의한 랭캐스터 교수는 "원불교가 탄생한 시기는 산업혁명의 발달과 1차대전 직후 2차 대전이 발발할 즈음으로 당시 사회는 아주 복잡한 사회문제를 안고 있었다"며 "원불교는 이 시기에 사람들을 돕고 삶의 질을 바꾸기 위해 노력했는데, 21세기인 지금도 여러 문제는 다른 양상으로 나타날 뿐 여전히 산재해 있으며 그것은 지금 최고조에 달한 디지털 기술"이라고 지적했다.

그는 "만들어진 지 3년 만에 세계를 휩쓴 인터넷은 그 어떤 것보다 더 많은 영향을 가져왔으며, 이런 기술들로 세계는 빠르게 변하고 있다"며 원불교 교리에서 중요하게 여기는 것으로 '정신수양' '동포은' '무아봉공' '동척사업' '세계공동시장' '일원상' 등을 들고 "이러한 내용을 디지털 시대에 어떻게 활용할 것인지 생각해야 한다."라고 지적했다.

랭캐스터 교수는 "현대는 방대한 정보를 관리하는 것이 큰 문제로, 바이러스 등 가상 현실을 다루는 윤리 문제가 크게 나타나고 있는데 여기에 '정신수양'이 적용될 수 있다."라고 말했다.

또한 "컴퓨터 작업 환경에서 필수 요소 가운데 하나는 혼자서는 아무 것도 할 수 없다는 것으로, 여기서 '동포은'에 대해 생각하게 된다"며 "많은 정보를 쉽고 편하게 공유하게 하고 다른 사람들이 공유하지 못하게 조작하지 않는 것이 '무아봉공'과 닮았고 이에 바탕해 '세계공동시장'에 이익이 될 인터넷 활용을 생각할 수 있다."라고 의견을 피력했다.

이어 "인터넷은 일직선으로 나가지 않고 상호 연관을 이루는 완벽한 '일원상'을 만들고 있으며 이를 통해 원불교를 모르던 세계의 수많은 사람이 원불교에 관심을 갖거나 공부하게 된다."라고 말했다. 찰스디킨스의 '최고의 시대 최악의 시대, 지혜의 시대 어리석음이 가득 찬 시대'라는 표현을 인용해 "소태산 대종사님과 같은 위대한 지도자들의 지혜와 통찰력으로 가장 좋은 시대를 볼 수 있기를 희망한다."라고 말했다.295

다시 말하면 유럽경제공동체[European Economic Community]가 전 세계로의 확산을 의미한다. 세계 곳곳에 경제공동체가 설립되어 자리이타의 중도주의가 실현되어야 한다. 세계가 '하나'라는 이념에서 출발하여야 지속적인 발전을 유지할 수 있다.

2. 공동시장개척의 세계적 의의

코로나19[코로나바이러스감염증-19, Coronavirus disease 2019(COVID-19)]가 인류의 의식을 변하게 하였듯이 세계가 '하나'라는 지구공동체의 의식 전환이 인류의 생존을 규정짓는 계기가 되었다.

유럽경제공동체는 프랑스·이탈리아·독일·벨기에·네덜란드·룩셈부르크 등의 6개국이 1957년에 조인 발족시킨 지역적 경제 통합기구이다. 가맹국 간의 지역 관세의 철폐, 무역 확대 등을 목적으로 한다. 1973년에 영국·아일랜드·덴마크가 가입하여 가맹국은 9개국, 준가맹국은 2개국이다. 이를 유럽공동시장 또는 이이시[EEC]라고 한다.

대산의 세계 공동시장개척은 "우리 모든 인류가 나라와 사상의 울을 넘어서서 생존경쟁보다 서로 공생공영할 수 있는 새로운 길을 개척하자."라는 주장이다. 유럽경제공동체가 지역에 국한한 경제통합기구라면 유럽의 지역을 넘어서서 세계 곳곳에 공동시장을 설치하여 영육의 무지·질병·빈곤을 극복하고 필경에는 세계가 '하나'의 경제공동체를 지향하자는 것이다.

다만 공동시장은 산업자본주의 확장을 추구하는 소비사회[296]만이 아니라 균등하고 자리이타(自利利他)의 공익사회를 위한 것이라고 볼 수 있다.[297]

대산의 '하나의 세계 건설'이란 명제가 비로소 명확해졌다. 소태산의 '일원대도'와 정산의 '삼동윤리'에 이어 대산의 개척하자 '하나의 세계'[대산의 게송, 하나의 세계론]가 이제 인류가 나아가야 할 공동 실천 과제이자 세계사적 의의라고 할 수 있다.

제6장

'하나의 세계' 구현과 원불교의 위상

제1절
대산의 활동과 원불교의 위상

　대산이 원불교 종법사로 재임한 33년(1962~1994년) 동안 원불교는 '개교반백년 기념대회(1971)', '교단 창립2대말 기념총회(1987)', '소태산대종사 탄생백주년 기념대회(1991)'를 비롯하여 교단의 역량을 총결집하는 큰 행사들을 치러냈다. 그 결과 원불교가 한국 사회에 널리 알려지는 계기가 되었으며, 국내외적으로 원불교의 위상이 높아짐에 따라 원불교가 국내 대표 종교 중 하나로서 자리매김하게 되었다.

　각 행사는 원불교의 역사를 기념하는 의미 외에도 교조인 소태산 대종사에 대한 집중 조명과 원불교 교도의 훈련과 대사회적 역할이 증대하는 계기가 되었다. 특히 소태산의 일원주의 사상과 정산의 삼동윤리 사상을 이어받은 '하나의 세계'에 대한 지향을 지속적으로 선언하게 되는 계기가 되었다. 또한 기념사업회를 통해 추진된 각종 사업으로 '하나의 세계' 구현을 위한 추진 동력을 얻었으며, 그

중간 성과를 점검함으로써 하나의 세계를 향한 대산의 하나의 세계에 대한 염원이 국내외 각 교당과 기관 등을 통해서 구현되어 가고 있음을 확인해 볼 수 있는 계기가 되었다고 할 수 있다.

1. '하나의 세계' 선언

1) 반백년 기념사업의 추진

개교반백년기념사업의 추진을 천명하고 1955년(원기40)부터 1971년(원기56)의 기간 동안 반백년 기념사업의 주요 내용을 보면, 교서발간사업, 교화3대 목표 추진, 법위향상 운동, 건축사업 및 총부 유지기반 조성, 반백년기념대회 등으로 정리할 수 있다. 첫째, 교서발간사업은 이전의 진행 사업을 반백년기념사업을 계기로 박차를 가하게 된 것이다. 교재정비는 정산의 사대경륜의 하나로 대산이 취임 이후 중시해왔으며, 교서편수기관인 정화사를 통해 진행되던 것인데, 『원불교교전』(1962) 발간 이후 『불조요경』(1965), 『예전』(1967), 『성가』(1967), 『정산종사법어』(1971), 『원불교교사』(1975)의 발간은 물론 영문판, 일문판 교전, 그리고 반백년기념논문집인 『기념문총』(1971)의 발행 등을 통해 대내외적으로 원불교의 사상이 더 깊이 이해할 수 있는 계기를 마련하였다.[298]

둘째, 교화삼대목표 추진이다. 이는 ① 연원달기[새로운 교도 유입] ② 교화단 불리기[수행조직 확장] ③ 연원 교당 만들기[교당 창립]이다. 연원달기는 원불교 교도의 사종의무[조석심고, 연원달기, 법회출석, 보은

헌공]의 하나로서 새로운 교도들을 입교시켜서 각자가 9인 이상의 연원을 가지도록 한 것이다. 이를 위해 한 사람이 한 사람 이상의 연원달기 운동을 전개하였다. 교화단 불리기는 상시훈련을 할 수 있는 10인 1단의 단조직인 교화단을 늘림으로써 일상에서도 심전계발과 마음공부를 할 수 있도록 하였다. 마지막으로 연원 교당 만들기는 개인이나 단 조직을 넘어 지역사회의 교화센터 역할을 할 수 있는 교당을 만드는 일이다. 이 운동은 9년간 전개되어 연원 교당 92개 증가, 교화단 1천4백57단 증가, 새로 입교한 교도 79,605명이라는 성과를 이루어냈으며, 교세는 2배 이상 확장되었다. 그 결과, 국내 교당 200여 곳, 기관 50여 곳, 해외 30여 국의 교당에서 '하나의 세계' 구현을 위한 하드웨어적인 기반을 닦았다고 볼 수 있다.

셋째, 각종 건축사업 및 총부유지 기반 조성사업이다. 건축사업으로는 이 시기에 반백년기념관, 영모전, 종법원 등의 건립을 통해 영세했던 중앙총부가 총부로서의 면모를 갖추게 되었으며, 영산성지 대각지에 '만고일월(萬古日月)'비 건립 등이 추진되었고, 1970년 서울회관건립을 추진하였다. 한편 총부유지재단의 기금 마련을 위한 노력이 진행되었으며, 총부유지사업회(1976)가 마련된다.[299]

넷째, 반백년 기념대회이다. 1971년(원기56) 원불교의 개교 50년을 기념하는 개교반백년 기념대회는 "진리는 하나 세계도 하나, 인류는 한 가족 세상은 한 일터, 개척하자 일원세계"라는 대산의 법문을 주제로 열렸다. 이는 일원세계, 즉 '하나의 세계'에 대한 지향을 대내외적으로 선언하는 계기가 되었다. 원불교 교단에 있어 개교반백년 기념대회는 그 의미가 크다. 소태산은 원불교 교단 발전을 "사오십 년 결실이요 사오백 년 결복이라 하였나니 여러분이 준비를 잘하면 결복 시기를 앞당길 수도 있느니라."**300**라고 전망한 바 있다. 이는 원불교가 창립 50여 년 이내에 국내에서 인정을 받고, 500여 년 이내에 세계에서 성과를 이루리라는 전망이다. 따라서 원불교 창립 50년대에 '사오십년 결실'의 모습을 확인해 볼 수 있는 계기가 되었다.

2) 원불교의 내부 결집 및 외연 확장

개교반백년 기념사업회를 통해 진행된 사업을 보면, 다음과 같은 의의가 있다. 첫째, 반백년기념대회를 통하여 원불교 교도들은 신앙 강화 및 내부 결속을 갖게 되었다. 아직 영세한 지방교화의 상황 속에서도 교세 확장의 계기가 되었다. 즉 전국 단위 기념사업을 통해 교도들의 내부 결집은 물론 외연 확장의 계기가 되었다.

둘째, 하나의 세계를 위한 심전계발운동을 전개할 수 있는 교재 정비 및 상시 공부의 장으로서 단 조직이 정비되는 계기가 되었다.

셋째, 원불교 중앙총부의 위상이 높아지고, 소태산과 역대 스승을 중심으로 한 교단의 구심이 강화되었다. 특히 소태산의 대각비 건립을 비롯하여 역대 스승들의 위패를 안장한 영모전, 그리고 원불교 역사를 전시하는 박물관 등을 통해 원불교의 구심점이 강화되는 계기가 되었다.

넷째, 서울사무소의 개설 등 외연 확장의 계기가 되었다. 1965년 4월 서울사무소가 문을 열면서, 이제 원불교가 지역색을 떠나 한국에서 역할을 하고, 세계로 확산하겠다는 의지를 표명한 것이다.

한편 반백년기념대회에서 제창된 아래 4개 항의 결의는, 원불교가 창립 50주년밖에 되지 않은 작은 종교이지만, 세계적인 구상을 하고 발돋움하려는 위상을 보여준다.

① 우리는 일체 종교를 하나로 보고 세계를 하나로 보며 인류를 한 가족으로 보고 세상이 모든 일을 한 일로 보는 정신을 자각하여 세계의 평화와 인류의 자유를 달성하는데 앞장서는 주인 되기를 결의한다.
② 모든 인류는 빈부의 격차 없는 균등과 종족의 차별 없는 평등으로써 세계의 질서를 정립케 하고 강대국 간에 군비경쟁을 종식시키며 현대문명의 공해를 방지하여 인류 평화를 촉구할 것을 결의한다.
③ 국력의 자주적 배양을 발판으로 하여 선의의 경쟁으로써 조국통일을 평화적으로 달성하고 나아가 유구한 민족의 전통적 슬기와 참됨을 바탕하여 세계적 정신운동을 이 땅 위에서 우리가 달성할 것을 결의한다.
④ 국제적인 종교연합기구를 통하여 종교의 교리적 융통과 종교적 공동과제를 토의하고 나아가 진리적 종교의 신앙과 사실적 도덕의 훈련으로써 종교를 생활화할 것을 결의한다.[301]

구체적으로 살펴보면, 첫째는 하나의 세계 구현에 앞장설 것 둘째는 평등과 평화의 세계를 촉구할 것 셋째는 평화통일을 기반으로 세계적 정신운동을 달성할 것 넷째는 종교연합운동을 통해 진리적 종교의 신앙과 사실적 도덕의 훈련으로써 종교의 생활화할 것 등을 결의하는 내용이다. 이는 원불교가 대사회적 활동을 어떤 방향으로 할 것인지를 대내외적으로 선언하는 계기가 되었다고 할 수 있다.

2. 심전계발 훈련의 진작

1) 창립 제2대말 및 소태산 탄생백주년 기념사업 추진

소태산은 교단을 계획적이고 합리적으로 운영하기 위하여 36년을 1대로 하고, 다시 12년을 1회로 하는 창립한도를 정하였다.302 이에 따라 원불교 교단은 교단창립 2대말(72주년)을 맞아 1987년에 지난 성과와 앞으로의 목표를 설정하게 되는데, 시기적으로는 1991년 소태산 탄생100주년과 접하게 됨으로써, '원불교 창립 제2대 및 대종사 탄생백주년 성업봉찬사업회'를 구성하게 되었다.

사업회의 목표는 다음과 같다. 첫째, 공부 사업성적 사정, 제도 체제정비, 교정의 합리화, 실력양성을 통하여 2대를 알차게 결산하고 3대를 새롭게 출발할 것. 둘째, 교세를 확장하고 창립정신과 개교정신을 구현하는 교화와 정신운동을 전개할 것. 셋째, 총부와 성지 장엄 개발사업, 보본기념사업, 각종 기념행사, 교위선양사업 등이다.

2) 공의를 모은 원불교 교단 3대 설계안 마련

원불교 교단사적으로 창립 제1대[개교 후 1~36년]까지는 소태산이 친히 초기 교단을 이끌어 정산에게 법을 전했으며, 제2대[개교 후

37~72년]는 정산에서 대산에게 법을 승계했다. 제3대[개교 후 73~108년]는 대산으로부터 새로운 지도자에게 법맥이 계승되어야 할 기간이다.

대산은 원불교 교단 제2대를 마무리하고, 제3대를 설계하기 위해 '창립 제3대 설계특별위원회'를 구성하였다. 이때 교단 전반에 걸쳐 90명의 대규모 위원으로 발족하여, 확장된 교단에 맞는 공의를 모을 수 있도록 하였다. 이를 통해 대산은 '하나의 세계'가 한갓 법문에 머물러 있지 않고 출재가 교도들이 힘을 합쳐 현실 속에 구현되어야 할 과업임을 확인하였다.[303]

제3대 설계특별위원회는 ① 체제제도분과 ② 교화계획분과 ③ 전무출신제도분과 ④ 인재육성관리분과 ⑤ 재정산업분과 ⑥ 봉공공익분과의 6개 분과로 나누어 1년여 동안 분과별 주제 발표와 토론을 거치고 다시 종합발표와 토론을 거쳐 확정을 지었다. 6개 분과, 18개 분야, 61개 항에서 현안 문제에 대한 대책과 미래지향적 방향이 제시되고 마련된 것이다.

이를 구체적으로 살펴보면, 체제제도분과는 3개 분야 12개 항으로 수위단을 통치기구로 하고 수위단과 교화단 연결, 교구분구제 지향, 교단 정책기구 통합, 교정기구와 교단 재정 합리적 운영, 법위사정 사업성적 개선 등이 제시되었다. 교화계획분과는 3개 분야 12개 항으로 교화위주의 교정시행, 교화 영세성 극복, 신앙의 대상 호칭 통일과 신앙성 제고, 교역자 호칭체계 통일, 교화연구 활성화 방안 등이 제시되었다. 전무출신제도분과는 3개 분야 7개 항으로 전무출신의 현행제도 문제점과 전통제도 보완, 종별제도안, 급여제 도입 등 전무출신 제도 방향이 제시되었다. 인재육성분과는 3개 분야 13개 항으로 인재의 선발문제, 교육과정과 체제문제, 교육기간 연장문제, 전문인재양성과 재교육문제, 교육평가제와 휴양기관 설치 문제 등이 제시되었다. 마지막으로 공익봉공분과는 3개 분야 7개 항으로 공익봉공체계 확립, 봉공예산의 정책적 수립, 전문인재 양성, 자선기관 운영의 합리화, 사회활동 문제 등이 제시되었다.[304]

3) 법위승급을 통한 심전계발 훈련 진작

소태산은 "도가의 명맥(命脈)은 시설이나 재물에 있지 아니하고, 법의 혜명(慧命)을 받아 전하는 데에 있나니라."[305]라고 하면서, 원불교의 법은 한두 사람에게만 전해지는 것이 아니라, 천여래 만보살을 배출할 중성공회(衆聖共會)의 회상이라고 하였다.[306]

원불교는 교도들의 마음공부 정도를 여섯 단계로 나누어 법위등급[307]으로 제시하고 있다. 대산은 종법사 재임 기간 중요 행사와 사업 때에 법위향상을 최우선 과제로 강조하였으며, 그 방법으로 심전계발과 삼학수행 훈련을 제시하였다. 이것은 교단의 핵심이 외형이나 양적 팽창에 있는 것이 아니라, 수행하고 공부하는 교단 확립에 있다는 것을 뜻하며, 법맥을 공고히 하겠다는 경륜이었다.

> 법위는 교단의 생명이요 자산으로 소태산께서 법위등급을 내놓으신 까닭은 우리의 공부 정도를 법계(法階)로 알게 함이시니라. 그러므로 법위등급은 우리의 서원과 신앙심과 수행력을 측정하는 기준이요, 개교의 동기를 구현하기 위한 인격의 표준이며, 일

원 세계를 건설하는 설계도이자 교리를 실천하는 이정표요, 여래위까지 올라가는 안내도이자 천여래 만보살을 배출할 교본이니라.308

단, 법위향상은 급하게 서둘러서 될 일이 아니라, 많은 시간 멈추지 말고 일심으로 정진하다 보면 이루어지는 불과(佛果)임도 함께 강조하였다.

성리 공부는 성태(聖胎)를 장양(長養)하는 공부니, 급하게 해서도 안 되고 무작정 화두를 든다고 되는 것도 아니니라. 천년을 공부해도 공부 길을 제대로 잡지 못하면 허무적멸에 빠지기 쉽고 뼈를 깎는 고행도 자칫 병만 키울 뿐 실효를 거두기가 어렵나니, 급하게 서두르거나 게을리하지 말고 오로지 대종사께서 밝혀 주신 훈련법으로 법위등급에 따라 일심으로 정진하다 보면 결국 불지에 이르게 되느니라.309

대산은 창립 2대말과 소태산탄생백주년을 앞두고 특별 유시를 내렸다. 이 유시에서 대산은 이 시기를 개인이 거듭나고 새로 나는 계기로 만들자고 하면서 이를 통해 많은 불보살이 배출되고 많은 공부 사업 공덕주가 배출할 것을 강조했다.

첫째, 각자가 거듭나고, 새로 나는 계기가 되고, 교단이 새롭게 정비되어 크게 발전하는 기간이 되며 둘째, 많은 불보살이 배출되고 많은 공부 사업 공덕주가 배출되어 교단 만대의 기초가 확립되는 기간이 되며 셋째, 대종사와 선진들께 크게 보은하고 거룩하게 받드는 기간이 되며 넷째, 교단의 저력이 쌓이고 교세가 크게 신장되어 이 법은이 온 누리에 미치고 전 생령이 구제받는 기간이 되며 다섯째, 정교동심·종교연합운동으로 국운이 개척되고 세계평화가 이룩되는 기간이 되도록 다함께 기원하고 정진하자.310

이러한 대산의 경륜은 교도들의 법위사정을 새롭게 하여, 법위를 향상시키는 것으로 나타났다. 교단에 심전계발의 수행 분위기를 진작시키고, 천여래 만보살을 배출할 교단임을 천명하기 위한 것이었다.

그 첫 단계로 1977년 출재가 교도 15명을 법강항마위[法强降魔位, 正師]로 공표하였다. 그전까지 법강항마위 이상은 열반 후 사정할 정도로 엄격하였는데, 이를 양성화시킨 것이다. 이후 정기 법위사정에서 지속적으로 법강항마위 이상 법사를 늘렸는데, 그 결과 1987년 교단 2대말 기념총회에서는 법강항마위가 797명으로 늘어났다.311 동시에 대산은 "법위는 진리가 알아주는 것이니 앞으로 2대를 결산하면서 더욱 공부 잘하여 대종사님과 정산 종사님에게 보은하기 위하여 대정진하고 대적공을 쌓아 만대에 보은자가 되고 3대에 더욱 정진하는 계기가 되도록 하라"고 하면서 법위의 본래 뜻에 걸맞는 수행을 철저히 할 것을 당부했다.

3. 대사회적 역할의 증대

1) 소태산에 대한 사회적·문화적 위상 증대

소태산 탄생백주년 기념대회는 교단뿐 아니라 한국사에서도 중요한 의미가 있다. 100년의 역사를 지닌 원불교가 한국에서 중요한 종교로 자리 잡고, 소태산이 근대사의 선각자로 평가받는 계기가 된 것이다. 그 일례는 1990년 초등학교 국정교과서 사회 과목에 원불교가 소개된 것이다. 우리의 종교 생활을 소개하는 단원에서 '새로 일어난 종교'란 제목으로 동학, 대종교와 함께 원불교가 소개되면서, 민족정신을 일깨우는 데 큰 역할을 한 종교로 기술되었다.

소태산대종사 탄생백주년 기념대회는 기획·재정·건설·교화봉공·학술·편찬·문화홍보 행사의 7개 분야에 걸쳐 진행되었다. 특히 학술편찬분과와 기념대회의 예술행사가 큰 비중을 차지하게 되어, 교단의 질적 성장을 보여주는 계기가 되었다.

학술편찬분과의 사업 중 소태산의 이념과 사상을 조명하는 세 차례의 국내학술회의와 한차례의 국제학술회의는 괄목할 사업이었다. 국내학술회의의 주제는 각각 '한국사상과 소태산대종사', '한국사회 문제와 종교적 대응', '현대문명과 원불교'로 국내외 석학 77명이 발표와 토론에 참여하였다. 국제학술회의 주제는 '세계 공동체와 종교'로 17명의 외국 종교지도자 및 철학·학계의 석학들이 주제 발표를 했다. 발표된 내용은 『인류문명과 원불교사상』(상·하권, 1991)으로 묶어 출간되었다.

또한 원불교 교단 72년의 방대한 역사와 자료를 정리하여 『원불교 72년 총람』이 발간되었다. 집필진 33명, 자료정리 요원 26명이 동원되어 총 4권 4,788쪽으로 5년여의 작업 끝에 완성되었다. 소태산의 사상과 이념을 분야별로 정리한『원불교 70년 정신사』(1980) 출간도 큰 작업이었다.

한편, 원불교 교단 외부에서 소태산을 주목한 서적들도 출간되었다. 한겨레신문사에서는『발굴 한국 현대사인물』(1991)에서 한국의 개화기 1백년의 인물 34명 중 소태산을 선정하여 생애와 사상을 소개하였는데, 지식층이나 대학가에 큰 영향을 주었다.『한국의 스승』[최준식. 도서출판 창, 1992]에서는 근세 한국의 정신적 지도자 5명을 꼽고 여기에 소태산의 사상을 소개했다.

예술행사분야에서 소태산의 생애와 사상을 창[唱, 조상현]과 무용[임이조 무용단]으로 엮은 '개벽의 북소리'가 1988년에 전국 10개 도시를 순회 공연하였으며, 창극 '소태산'[김일지 극본·손진책 연출]이 미추극단과 광주시립국극 단원들의 작품으로 제작되어 원기76년(1991) 전국 8개 도시를 순회하며 공연을 했다. 이외 '원상징의 예술혼전'[서울·익산]에는 법신불일원상을 주제로 한 중견화가 1백 명의 작품이 전시되었으며, 익산 원음오케스트라는 대종사 생애를 담은 칸타타를 공연하는 등 소태산의 생애와 사상이 창·무용·창극·미술·음악 등 종합적으로 펼쳐져 원불교문화의 시작을 세상에 선보였다.

2) 해외교화의 확산과 종교연합운동의 전개

소태산대종사 탄생백주년 기념대회에서는 해외 교도의 자리를 별도로 지정하여, 세계에서의 원불교를 공식 행사에서 보여주었다.

해외 교화는 소태산 당시 1931년(원기16) 일본 오사카에서 시작되어 1934년에는 '대판지부'를 설립하게 되고, 1941년에는 만주 '목단강시'에 불법연구회 간판을 걸었으나 국내외의 혼란으로 중단되었다. 이후 1956년 이후 교역자와 교도들이 개인 자격으로 해외 시찰이나 세계종교회의에 참석하며 문헌 교류를 통해 교단을 알리는 데 주력하였다.

해외에서의 교당 설립은 1971년 미국 뉴욕에서 시작하였다. 이후 1987년 창립 2대말 기념총회 때는 미국, 일본, 대만, 캐나다 등에 21명의 출가교역자를 포함, 47명의 교역자가 진출해 있었다. 이후 1991년 소태산 탄생백주년 당시 원불교 법인이 설립된 국가는 미국, 일본, 독일, 호주, 캐나다, 독립국연합 등 5개국으로, 19개 교당과 4개 기관이 설립되어 교역자 수도 33명에 이른다. 한편 중국, 프랑스에도 교역자를 파견하고 교화기지를 확보하여 법인설립을 추진하게 되었다.

특히 원불교는 중국, 러시아 등 북방교화를 준비하면서, 대산의 유시로 '북방교화위원회'가 발족되었으나 국내의 정치 상황으로 활동을 하지 못하였다. 그러나 '북방교화위원회'를 통해 북한, 소련, 중국에 대한 교화를 모색하며 모스크바와 알마아타 두 곳에 교당을 설립하고 4명의 교역자를 파견하게 되었으며, 중국에도 교화기지를 확보하게 되었다.

또한 소태산 탄생백주년 국제학술회의에 초청되었던 세계 종교 지도자들과의 교류로 세계평화를 위해 일하는 비정치단체 구성체인 NGO에 교단이 가입하게 되었다. 뉴욕에 대국제활동 전담 교무를 발령, 유엔(UN) 연락사무와 종교연합운동 업무를 관장하게 함으로써 교단이 국내 종교에서 세계종교로 발돋움하는 계기를 마련하였다.

이처럼 국내에서 원불교의 대사회적 역할 증대가 해외교화의 확산과 더불어 차츰 국제사회에서의 역할, 특히 종교연합운동으로 연결되고 있다. 1990년 2월 이리종합사회복지관 설립을 시작으로 서울·대전·전주·광주·대구·부산·군산의 8개 도시에 11개 복지회관을 설립하거나 국가로부터 운영을 위탁받게 된 점, 그리고 서울에 장애자복지회관의 설립을 통한 원불교의 대사회 책임의 분담과 대사회 문제에 능동적 역할을 할 수 있는 기반을 다졌다. 또한 은혜심기운동을 통해 아프리카 등에 구호단을 파견하여 구호활동을 펼치는 등 국내외로 그 활동의 범위가 확장되었다.

이상의 원불교 교단의 주요 행사를 계기로 대산 당대에 이미 원불교는 교단 내적인 발전을 넘어서 대사회 책임 이행에 적극적으로 나서게 되었다. 안으로 교서발간 및 교재정비, 교화3대목표 추진과 훈련체계 구축 등 내실을 강화함과 동시에 밖으로 대사회적 관심과 역할의 증대를 통해 대산이 추구하고자 했던 '하나의 세계' 구현을 위한 심전계발훈련과 종교연합운동에 한 걸음 더 진척이 이루어졌음을 확인할 수 있었다.

제2절
원불교에서 '하나의 세계' 전개

1. 대산의 위상과 사상적 영향

대산은 원불교 교단사에서 소태산, 정산을 충실하게 계승하면서 원불교를 확대 발전시킨 인물로 평가된다. 원불교 교단사적으로 소태산이 원불교 교단을 창립하고 방향을 설계했다면, 정산은 그 설계대로 기초 터를 닦았고, 대산은 종법사 재임 기간 33년 동안 실제 건물을 지은 것으로 비유된다.

대산은 소태산과 정산의 뜻을 이어받았음을 강조하였다. 그는 "한평생 소동(小童) 소자(小子) 소제(小弟)로서 오직 두 스승님의 경륜을 받들며 천여래 만보살을 배출하는 일원 불사에만 신성과 서원을 다하려고 하였는데, 교단의 공의에 의하여 종통(宗統)을 계승하여 무능하고 부덕함에도 좌우 법동지와 전 교도들의 간절한 신성에 힘입어"312 종법사를 승계하였다. 소태산과 정산의 경륜과 사상을 계승

하겠다는 대산의 의지는 종법사 추대식의 다음 글에서도 확인할 수 있다.

> 첫째, 종법사는 주로 주법(主法)의 책임을 다하고 교정(敎政)에 대하여서는 정수위단의 기능을 더욱 강화하여 이단치교(以團治敎)의 실(實)을 거두도록 할 것입니다.
> 둘째, 그동안에는 종법사의 임기가 연임에 제한이 없었으나 앞으로는 3기 이상 연임치 않기로 법을 짜서 종통(宗統)을 전하고 받는 데 원활을 기해야 할 것입니다.
> 셋째, 교령제(敎領制)를 실시하여 교화 체계를 강화하며 승좌(陞座) 설법의 길을 널리 열 것입니다.
> 넷째, 정산 종사의 유촉을 받들어 교서를 완간하고 (중략)『정산종사법어』간행을 적극적으로 추진하는 동시에 제2 성업봉찬회를 조직하여 선 종법사313님의 기념사업을 추진할 것입니다.
> 다섯째, 선 종법사님께서 특별히 마련해 주신 법은재단(法恩財團)을 충실히 육성하여 교단 동지들의 요양 대책을 확립할 것이며, 앞으로 세계 포교에 대비할 인재 육성을 더욱 추진하기 위하여 육영재단을 튼튼히 마련하는 동시에 총부 유지재단을 확립하여 총부의 운영을 원활히 함으로써 교단의 영원한 발전에 박차를 할 것입니다.314

대산은 재임 기간 소태산이 "우리의 사업 목표는 교화·교육·자선의 세 가지니 앞으로 이를 늘 병진하여야 우리의 사업에 결함이 없으리라."³¹⁵라고 한 유시를 충실히 이행하였다. 소태산과 정산의 사업 목표를 이어받아 대산은 훈련·봉공·후원·문화·산업의 분야를 더하여 교단을 발전시켰다.

김방룡은 "원불교 교단을 반석 위에 올려놓고, 일원대도(一圓大道)의 법륜(法輪)을 인류 역사 속에 구르게 한 위대한 성자(聖者)이다. 긴 시간이 흘러 원불교의 법(法)이 전 세계로 뻗어나가게 된다면 소태산 정산 그리고 대산을 통하여 제1기[출범기] 원불교의 사상과 교단의 체제 및 문화적 정체성이 정립되었다고 할 수 있다."³¹⁶라고 평가하였다.

좌산은 대산의 공덕을 다음과 같이 정리한 바 있다.

① 소태산 대종사와 정산 종사의 유지를 받들어 7대 교서를 정비 완정.
② 각종 사업회를 발족하여 교단 경제의 기반 확립.
③ 교화·교육·자선·산업·훈련·문화·봉공 등 각종 기관들을 차례로 설립하여 교단 저력을 확충.
④ 법치교단의 기틀을 확립하여 교단 만대의 기반을 확충.
⑤ 반백년 기념사업·2대말 사업·대종사탄생100주년사업 등 3차에 걸친 성업봉찬사업을 통해 교단의 위상을 격상.
⑥ 훈련강화를 통한 조불불사로 법위향상의 길을 닦아 천불만성의 배출 문로를 열음.
⑦ 해외교화의 문로를 열어 세계 속의 원불교로 도약, 종교연합과 UN NGO 활동을 통해 세계평화에 크게 기여.

⑧ 세계평화를 위한 3대 제언인 종교연합운동·세계공동시장개척·인류심전계발운동 제창 등 세계가 풀어야 할 과제 제시.
⑨ 교단을 국내 6대 종교의 반열에 동참케 하여 국가 민족과 세계 인류에 지도의 역할을 하는 책임 있는 종교로 성장시킴.

이처럼 대산은 소태산과 정산의 경륜과 가르침을 유지, 계승함은 물론 새로운 도약을 위한 기반을 마련함과 동시에 '하나의 세계'에 대한 비전을 대내외적으로 선언하고 국내외 여러 종교 간의 대화는 물론 국제적인 종교연합기구 등에 직접 참여함으로써 이를 구현하기 위해 헌신하였다.

구체적으로 7개 교서의 완비를 통한 교재정비는 물론 각종 사업회를 통한 경제적 기반 확충, 각종 기관을 설립하였고, 3차에 걸친 성업봉찬사업을 통해 교단의 위상을 격상시켰고, 무엇보다도 심전계발훈련을 통해 법위향상의 길을 열었고, 해외교화 및 종교연합운동을 통한 세계평화에 기여하였다. 무엇보다도 모든 인류가 인종, 민족, 이념, 종교의 차별을 넘어서 종교도 하나, 세계도 하나, 인류는 모두가 하나의 종교, 하나의 세계, 하나의 인류임을 '하나의 세계' 게송과 법문 등을 통해 일관되게 제시하고 구체적인 실천 방안을 추진함으로써 종교 간의 대화와 협력에 주도적인 역할을 담당하게 되었다. 이로써 소태산, 정산과 함께 대산은 천·지·인을 대표하는 세 성자로서 원불교의 영원한 사표가 되었으며, 일생을 통한 헌신은 인류의 큰 비전을 제시했을 뿐 아니라 원불교라는 교단의 대내외적 위상을 높이는 데 크게 공헌하게 되었다.

2. '하나의 세계'의 계승과 전개

1) '하나의 세계' 사상의 계승

대산의 '하나의 세계' 사상은 소태산의 일원주의와 정산의 삼동윤리에 기틀을 두고 있어 원불교가 지속적으로 계승해야 할 사상이다. 이에 따라 후대 종법사들도 이를 계승 발전시켜 오고 있다. 대산을 이어받은 원불교의 4대 종법사인 좌산 종사[左山 李廣淨 宗師, 재임기간 1994~2006, 현재 上師]의 게송에서도 하나의 세계관이 반복적으로 드러난다.

> 안으로 안으로 하나 [眞我實現]
> 밖으로 밖으로 하나 [大我實現]
> 영겁 영겁토록 하나 [永劫我實現]
> 하나도 없고 없는 하나 [三昧我實現]

하나의 세계관은 원불교 5대 종법사 경산 종사[耕山 張應哲 宗師, 재임기간 2006~2018, 현재 上師]의 게송에서도 드러난다. 보기에는 모두 달라 보이고, 변하는 것 같지만 그 속에서 같음을 찾을 수 있고, 변하지 않음을 볼 수 있다.

> 異異無不異(이이무불이) 다르고 다름이여 다르지 않음이 없고
> 變變無不變(변변무불변) 변하고 변함이여 변하지 아니함이 없으며
> 同同無不同(동동무부동) 같고 같음이여 같지 아니함이 없고

無無無不無(무무무불무) 없고 없음이여 없지 않음이 없도다.

대산이 제안한 '하나의 세계' 사상은 추상적이고 개념적인 것이 아니라, 현실에서 구현 가능하고 구현해야 하는 것이었다.

2) 심전계발훈련과 마음공부의 대중화

대산의 심전계발은 이후 '마음공부'라는 형태로 대중화되어 계승되었다. 전통불교에서 출가교도를 중심으로 선 훈련이 이루어졌다면, 원불교에서는 각 교당과 훈련원에서 재가교도들에게도 널리 마음공부 훈련이 이루어졌다.

여러 마음공부 방법론도 개발되고 있으며, 마음공부의 모델과 사례에 관한 연구도 활발하게 이루어지고 있다. 또한 그 대상에 있어서 교단 내부뿐 아니라, 대외 일반인에까지 확산하고 있다.

원불교 마음공부 프로그램 중 현재 활발히 이루어지고 있는 프로그램을 김은진의 매뉴얼을 통해 크게 네 범주에서 살펴보았다.[317] 즉 '마음대조공부', '온 삶 마음공부', '삼동원 마음공부', '인성함양 마음공부' 등이 그것이다.

먼저 '마음대조공부'는 '일상수행의 요법'[318] 1~3조를 중심으로 마음공부의 의미와 방법을 이야기한다. 마음대조공부에서 이 일상수행의 요법 1~3조는 마음공부의 공식이자 행복의 공식이다. '경계(境界)'를 중심으로, 경계를 당하기 이전의 원래 고요하고 평온한 마음과, 경계를 따라 요란하고 어리석고 그르게 일어나는 마음을 대조하는 공부이다. 즉 어떠한 경계를 만났을 때 그 경계를 따라 일어나는 요란한, 어리석은, 그른 마음을 그대로 바라보면서, 지금의 마음이 일어나기 이전의 마음에 대조하게 한다. 그러면 자연히 일어난 마음은 사라지고 평온함이 온다는 원리이다. 마음대조공부는 가장 활발하게 곳곳에서 적용되고 있다. 매년 동·하절기에 2박 3일간 정기 프로그램을 지속적으로 실시하고 있으며, 특히 교육 현장에서 반응이 뜨겁다. 성지고등학교, 원경고등학교를 비롯한 다수의 중·고등학교에서 특수교육 과정으로 시행되어 좋은 반응을 얻고 있다.319 교사 직무연수도 활발히 시행되고 있어, 영산선학대학교 평생교육원에서는 마음대조공부에 바탕한 교사 직무연수 프로그램을 매년 실시하고 있다.320 마음대조공부가 경상북도 교육청에서 실시하는 에듀힐링 교사 직무연수에서 프로그램으로 진행되고 있다.

이러한 마음공부 방법론이 더욱 발전하여 종교단체를 통해 인성교육을 진행하고자 했던 문화체육관광부의 지원을 받아 원광대 마음인문학연구소에서 '심심풀이[心心] M3' 프로그램을 개발 운영하기도 하였다. '心心풀이 M3[Meta-Mind Meditation]'란 '心心'은 '마음과 마음 사이에 문제의 원인을 파악하고 관계의 은혜로움을 깨닫자'라는 의미며, '풀이'는 '문제에 대해 답을 풀어낸다'는 의미로서 '청소년들의 마음과 관계 문제에 대해 해결을 풀어보자'는 뜻이라고 볼 수 있다. 또한, 'M3'는 'Meta-Mind Meditation'의 약자이다. 이는 나의 느낌, 생각, 행동의 알아차림을 말하는데 이를 통해 삶을 변화시킬 수 있다는 것이다. 심심풀이 프로그램은 그 내용을 책으로 엮어 일반 대중도 보고 공감할 수 있도록 하였다.

3) 훈련원 설립과 대사회적 훈련의 확산

대산은 세계평화 삼대제언을 밝히면서, 원불교 교도뿐만 아니라 전 인류가 원불교 훈련을 통하여 평화에 대한 인류의 의식 대 확장을 목표로 하였다. 기회가 있을 때마다 "자신훈련 교도훈련 국민훈련 인류훈련"을 강조하고 인류의 심전계발훈련을 본격화할 훈련원 마련에 총력을 기울였고 전국에 수많은 훈련원을 세웠다. 대산은 해외 훈련원 마련에도 역점을 두어 인종·국가·종교를 막론한 훈련도량을 만들고자 하였다.

총부에 주재하지 않고 대전 신도안에 머물면서 삼동원을 훈련원으로 개발하고 원평을 비롯하여 완도훈련원, 제주국제훈련원, 영모묘원 등 지방을 순회하며 머문 곳에는 대산의 이러한 뜻이 담겨있다. 국내에 중앙훈련원, 대구동명훈련원을 비롯하여 중앙상주선원, 완도 소남훈련원, 진안의 만덕산훈련원, 제주국제훈련원, 중앙중도훈련원이 세워졌고 해외에는 하와이국제훈련원, 심원훈련원 등이 설립되었다. 또한 1977년에는 원불교 교정원에 훈련부를 신설하여, 원불교 교단의 훈련 정책 수립과 각급 훈련기관에 대한 사무를 관장하도록 했다. 대산은 전 교역자와 교도에게 훈련의 필요성을 역설하였으며, 훈련은 원불교의 중요한 정체성으로 자리매김하였다.

또한 국민훈련으로 범위가 확장되어, 청운회를 주축으로 한 '새삶훈련'을 통해 일반 기업체의 사원이나 일반시민을 대상으로 한 훈련도 실시되었다. 더 나아가 원불교 청소년 수련시설을 통해서는 청소년 훈련도 실시하는 성과를 이루었다. 이러한 훈련은 이후에도 계속 확장되어 교도뿐 아니라 일반인을 대상으로 하여서도 '마음공부 프로그램'을 실시하고자 하고 있다. 영산선학대학교에서는 원불교 교도가 아닌 일반 교사들을 대상으로 하여 '마음공부 교사 직무연수'를 이행하고 있다. 교사들이 인성교육과 마음공부의 필요성을 이해하고, 자신이 먼저 마음공부를 체험함으로써 학생들에게도 전달되도록 하고 있다. 그 결과 교육 현장에서 마음공부를 활용하도록까지 돕는 데에 목적을 두고 있다.

4) 종교연합운동의 지속과 발전

대산의 UR운동을 통한 세계종교연합을 위해 원불교 대표들은 국제적인 종교협력기구에 적극적으로 참여하면서 UR의 필요성에 대한 공감대 형성을 위해 노력해 왔다.

첫째, 원불교가 한국의 6대 종교로 등록되었으며, 타종교와의 대화를 활발히 전개하였다. '한국 6대 종교인의 대화' 모임에 초청이 되어 교단의 위상을 세웠으며, 이후 학계, 철학계, 사상계 등 인사들과 교류의 문을 활짝 열게 되었다. 6대 종교 지도자들은 자주 모임을 하고 상호이해의 장을 넓히다가 '한국종교인협회'를 창립하고 1965년 12월 문화공보부에 등록을 했다. 원불교가 불교, 유교, 천주교, 기독교, 천도교 등과 함께 한국사회에서 6대 종교로 위상을 세웠다. 원불교가 협의회 창립을 주도하였으며, 종교인협회사무실도 서울사무소 내에 설치하게 되었다. 1년 후에는 서울에 있는 6대 종교지도자들이 중앙총부를 찾아서 모임을 하고, 원불교 이해의 폭을 넓혔다.[321]

둘째, 종교잡지 『종교계(宗敎界)』322를 창간하여 종교와 관련하여 다양한 분야의 지식층 인사들과 교류의 폭을 넓히게 된다. 이 잡지의 발행과 함께 한국 6대종교협의회가 활력을 얻고, 각 종교 간의 이해와 대화의 길을 트는 데 크게 기여한 것으로 평가를 받았다. 또한 자연스럽게 원불교의 사상과 교단의 제도를 알리는 계기도 되었다. 그 결과 반백년기념대회 사업의 하나로 발행된 『반백년 기념문총』에 12명의 한국 석학들이 대외 필진으로 글을 게재하면서, 원불교가 한국 사회에서 기성 종단들과 어깨를 나란히 하며 명실공히 새 종교로의 위상을 정립하게 되었다. 원불교는 한국종교인평화회의[Korean Conference on Religion and Peace, 이하 KCRP]에 적극 참여하면서, 국내 종교 간 소개와 교류 활동에 노력하고 있다.

둘째, 아시아에서는 아시아종교인평화회의[Ascian Conference on Religion and Peace, 이하 ACRP]에 참여하고 있다. 이 회의의 3차 총회는 서울에서 이루어졌는데, 이때 한국의 6대 종단이 주축이 되어 각 종교를 이해하는 계기가 되었다. 이후 원불교의 전팔근 교무가 의장[president]으로 선출되어 2002년 총회 임기까지 활동하였으며, 김성곤 박사가 ACRP 사무총장에 선출되어 10년간 봉사하면서 원불교의 국제 활동 참여에 대한 긍정적 호응을 불러일으켰다. 1997년 이후, ACRP는 KCRP와 연대하여 북한의 조선종교인협의회[Korean Council of Religionists]와 깊은 유대관계를 유지해오고 있고, 북한이 자연재해로 인한 피해를 덜기 위한 식량보내기 운동을 하고 있다. 이와 더불어, 남북의 평화적 교류와 한반도의 화해와 평화를 위해 중국 북경, 일본 동경, 한국의 서울을 넘나들면서 적극적인 역할을 담당해 왔다.

셋째, 세계종교인평화회의[Religions for Peace, WCRP]에도 참여해 활동하고 있다. WCRP는 1968년 인도 뉴델리에서 열린 「평화에 대한 국제제종교회의」에 참여한 종교인들이 제안하여 결성한 종교 간 대화와 협력 조직이다. 원불교의 경우, 1979년 8월, 제3차 미국 프린스턴대회 때는 교단 대표가 참석해 WCRP의 정식 회원으로 가입할 뜻을 전했으며 이 단체를 통해 지속적으로 UN과 동등한 종교연합[United Religions]을 만들자고 제안하였다. 1996년에는 UN 50주년 기념행사를 WCRP가 주최하여 미국 뉴욕에 있는 UN 센터에서 WCRP 사무총장인 빌 밴들리가 원불교 좌산 이광정 종법사를 초청하여 「세계 공동체를 위한 종교 간의 협력」이라는 주제로 종교인 간의 UN 50주년 기념행사 법설을 하도록 주선하기도 하였다. 세계종교인평화회의는 남한과 북한의 종교지도자들이 함께 모여 한반도의 평화 문제에 관한 논의를 하는 종교협력기구이기도 하다.

또한 2018년 제7차 세계종교의회 기간 원광대학교 종교문제연구소와 동북아시아인문사회연구소가 공동으로 주관하여 「한반도 평화구축과 종교의 역할」을 주제로 세미나를 개최하였다. 이 세미나를 통해 세계 종교계에 원불교와 불교의 평화사상을 조명하고, 한국의 생명·평화·영성의 가치를 제시하였다.

제7장

결론: 대산 연구의 과제와 전망

원불교는 세계가 전쟁으로 분열되고 인류가 고통받던 1916년, 소태산에 의해 법신불 일원상을 종지로 하여 창립된 새 종교이다. 소태산의 일원주의는 이후 2대 종법사 정산의 삼동윤리로 계승되었으며, 3대 종법사인 대산 김대거는 이를 이어받아 '진리는 하나, 세계도 하나, 세상은 한 일터, 인류는 한 가족, 개척하자 하나의 세계'라는 게송을 통해 '하나의 세계' 사상을 제시하였다.

　대산이 주창했던 '하나의 세계'는 내적으로는 대산의 삶과 저술, 수행과 교단 운영을 통해 투영되었고, 외적으로는 세계평화 3대 제언을 통해 실천적으로 제시되었다고 볼 수 있다. 세계평화 3대제언이란 '심전계발훈련, 공동시장개척, 종교연합운동'이다. 원불교가 아직 교세가 크지 않음에도 대산의 하나의 세계 사상은 불교의 포용성과 유연함에 기반하여 향후 분쟁과 분열의 세계를 통합과 화합의 평화세계로 구현하기 위한 이념적 토대와 실천적 방법을 제시하였다. 이는 불교 사상적 흐름에서도 독창적인 제안이며 주목할 만한 부분이다. 그런데도 아직 대산이 주창한 하나의 세계 사상에 대한 심도 깊은 연구와 실천 논의가 부족하고 그 파급력이 미미하여, 추가적인 연구와 제언이 필요한 상황이었다.

이와 같은 연구의 필요성에 따라 본 연구에서는 하나의 세계의 내적 구현으로서 대산의 삶을 살펴보고, 외적 구현으로서 심전계발[개인훈련 측면], 종교연합운동[종교사상적 측면], 공동시장개척[세계사적 측면]을 분석함으로써, 하나의 세계 현실 구현을 위한 학문적, 실천적 토대를 구축하는 데 기여하는 것을 목적으로 하고, 구체적인 연구 과제를 설정하였다.

연구 방법으로는 문헌분석을 주로 하였다. 연구 자료들로는 대산이 종법사 재임 시 발간한 교재들, 대산의 직접 저술과 대산의 언행록, 대산의 언행과 사상을 후학들이 분석한 연구논문 등 자료를 검토하였다.

연구 결과는 다음과 같다.

첫째, 대산의 생애와 사상은 스승인 소태산과 정산의 일원주의, 삼동윤리 사상을 충실히 계승하여 '하나의 세계' 자체를 그의 생애와 사상에 내적으로 구현하고 있었다.

먼저 일제강점기라는 시대적 배경 속에서 대각을 성취한 소태산은 개인적인 깨달음에만 머물지 않고 일체생령을 광대무량한 낙원으로 인도하기 위해 현실 세계에 적극 참여하였으며, 이는 정산과 대산에게도 이어졌다. 그리하여 대산에 이르러서는 원불교가 내적으로 교재, 교헌, 조직 등 체제 정비를 마치고 외적으로 해외교화를 시도하고, 종교연합을 제창하는 등 하나의 세계를 구현하기 위한 첫 발을 내디뎠다.

또한 대산의 생애를 크게 생장수학기, 출가수행기, 보림적공기, 전법활동기, 정양회향기 등 다섯 장면으로 나누어 살펴본 결과 그의 생애는 소태산의 일원주의를 깨닫고, 보림적공한 결과, 전법 활동 시에 하나의 세계 사상으로 현실에서 꽃피울 수 있었다. 이러한 대산의 사상은 그의 저술과 법문, 수행과 일과에서는 하나에 입각한 선 수행으로, 교단의 운영에서는 여러 어려움에도 통합과 화합으로 넘어서는 지도자의 모습으로 투영되어 있었다.

둘째, '하나의 세계' 구현을 위한 개인 훈련 측면에서의 심전계발운동과 그 의의를 살펴보았다. 마음을 밭에 비유한 '심전'이라는 표현은 불교적 전통을 갖고 있으며 소태산도 자주 사용한 표현이다. 대산은 심전계발을 세계평화 3대제언에 포함하여 강조하였으며, 그 실천을 위해 훈련법과 무시선을 강조하였다. 이러한 노력은 대산 당대에 지역별 훈련원 건립과 교도들의 법위향상 운동으로 이어졌다.

셋째, '하나의 세계' 구현을 위한 종교사상 측면에서의 종교연합운동과 그의 생애를 살펴보았다. 종교연합운동은 진리가 하나이며, 모든 종교의 근원도 하나이므로 함께 힘을 합쳐 세계의 평화에 기여하자는 운동이다. 종교화합은 대산이 제시한 '하나의 세계' 구현을 위해 중요한 과제이기도 하다. 종교연합운동은 불교의 하회사상 등 전통적 가르침에 기반을 가지고 있으나, 특별히 새 시대에 창립된 신생 종교에서 새로운 비전으로 제시하고 구체적인 활동을 시작했다는 점에서 주목할 만하다. 당시 대산은 원불교의 교세가 크지 않았음에도 국내외 종교단체와 지도자들에게 이러한 제안을 함으로써 원불교가 종교화합의 중심이 되도록 하였다.

넷째, '하나의 세계' 구현을 위한 공동시장개척을 위해 대산 종사가 제안한 '세 가지 힘을 길러내자.'를 주목하자. "① 정신의 자주력을 길러내자. ② 육신의 자활력을 길러내자. ③ 경제의 자립력을 길러내자. 세 가지 큰 힘을 길러내서 세계 삼대 불구병인 영육, 빈곤의 질병, 무지를 물리치자."[323]라고 하였다. 세계 인류의 근본적이고 본능적인 욕구 충족을 해야 대 세계주의를 실현하는 지름길이라 할 수 있다.

다섯째, 이상과 같은 대산의 활동은 교단의 위상을 대내외에 드높이며 교도들로 하여금 하나의 세계 구현을 위한 미래 사회에 꼭 필요한 종교로서 자부심과 생동감을 높였다는 의의가 있다.

대산은 소태산과 정산이 강조한 4대 경륜 즉, '교재정비, 기관확립, 정교동심, 달본명근'과 '삼동윤리'의 계승을 충실히 이행한 것으로 평가된다. 종법사 취임법설을 통해 교단의 공부와 사업 방향을 분명히 하였다. 즉 전 교도의 법위향상과 함께 이를 위한 훈련강화를 강조하였고, 삼동윤리의 현실 구현을 위해 해외교화와 종교연합운동을 제시하였다. 또한 교화 3대 목표 운동에 역점을 두었는데 이는 '연원 달기, 교화단 불리기, 연원 교당 만들기'이다. 이를 통해 원불교의 교세를 두 배 이상 확장하는 성과를 거두어 연원 교당을 92개 봉불하였으며, 전국적으로 교화단이 1,457개 증가하였고, 신입 교도가 77,605명 입교하는 결과를 이루었다. 또한 익산 중앙총부 확장과 기념물 조성 사업을 통해 영모전, 반백년기념관, 교정원 건축 등 새 회상의 면모를 일신시켰다.

개교반백년 기념대회는 1971년(원기56) 10월 8일, 총부와 원광대 교정에서 3만여 명의 교도가 운집한 가운데 거행되었다. 이때 내건 대회 주제 "진리는 하나, 세계도 하나, 인류는 한 가족, 세상은 한 일터, 개척하자 일원세계"는 교단의 세계사적 비전을 보여주었다.

이와 같은 연구 결과에 따른 결론은 다음과 같다. 하나의 세계는 원불교의 핵심 사상으로, 시대적으로는 후천개벽 시대에 소태산, 정산, 대산을 거치면서 구체화하고 교도들에게 자부심을 주기도 했다. 대산이 제시한 '개척하자 하나의 세계'라는 게송은 하나의 세계가 개인적인 깨달음의 결과나 이념에 그친 것이 아니라 구체적인 활동을 통해 현실에 구현될 수 있음을 시사하고 있다. 또한 대산은 하나의 세계가 원래 진리의 모습이니, 이를 함께 현실에 구현하자고 인류에게 촉구하고 있다.

하나의 세계 구현을 위해 개인 측면에서는 심전계발이 필요하다. 마음은 무형하고 그 힘이 세지 않아 보이나, 대산은 만유가 마음에서 비롯하며, 마음에는 무한한 힘이 갚아 있다고 하였다. 따라서 먼저 자신의 마음을 소태산이 제시한 훈련법, 특히 무시선법을 통해 현실 속에서 계발해가야 할 것이다.

또한 종교사상 측면에서는 종교연합(UR)이 필요하다. 종교연합 운동이 아직은 원불교의 교세가 작고, 배타적 성격을 지닌 유일신계 종교가 주류를 이루고 있어 화합이 어렵더라도, 모든 종교의 근본은 하나라는 보편적 진리를 기초로 지속적으로 상호 존중과 이해, 교류의 장을 넓혀나가야 할 것이다.

마지막으로 대산의 '하나의 세계 구현'을 위해 몇 가지 제언을 하고자 한다.

첫째, '하나의 세계' 사상에 대한 심도 깊은 연구와 논의가 이루어져야 하며 동시에, 이러한 개념을 일반대중에게 보편적으로 전달할 수 있도록 방법을 강구해야 한다. 최근 유튜브, 인터넷을 통해 재미있고 빠르게 전 세계인들에게 중요개념을 전달할 수 있는 채널들이 파급력이 크므로 적극 관심을 가질 필요가 있다.

둘째, 심전계발의 원리와 방법은 종교적 수행법이나 틀을 벗어나 모든 사람에게 보편적으로 적용되도록 노력할 필요가 있다. 최근 명상이 불교적 틀을 벗어나, 동서양을 막론하고 마음의 안정과 평화를 가져다주는 것처럼, 심전계발의 현실적이고 다양한 방법들도 대중적으로 소개될 수 있도록 노력해야 한다. 대산도 소태산, 정산의 선법에 요가 등 자신의 건강이나 상태에 맞는 수행법을 구체적으로 적용한 바 있다.

셋째, 종교연합운동 활성화를 위해 각 종교 간의 가벼운 만남이나 '이웃종교 알아보기'와 같은 콘텐츠 제작 등을 통한 저변확대가 필요하다. 각 종교가 교단별로 가지고 있는 역량이 다를 수 있으므로, 각자의 강점을 살려 협력하면서 봉사활동과 대사회운동을 진행해도 효과적일 것이다. 이때 주의할 것은 특정 종교가 더 우월함을 강조하여 다른 종교를 그 틀 안에서 해석하려 한다든가, 혼합 또는 흡수하려 해서는 오히려 반발감이 생길 수 있다는 점이다. 이를테면 기독교에서는 성경에서도 말세에는 예수를 사칭하는 자를 경계하라고 했을 뿐 아니라, 종교 간 교리를 대등하게 비교하고 혼합하는 것에 대해 거부감을 가지고 있다. 어떤 종교가 인류 사회를 바르고 행복한 길로 인도하려는 목적과 방법을 갖고 있다면, 교리적 차이가 있더라도 바람직한 종교로 존중할 수 있어야 진정한 종교연합이 이루어질 것으로 생각한다.

넷째, 공동시장의 개척을 위하여 모든 인류가 나라와 사상의 울을 넘어서 생존경쟁보다 서로 공생공영할 수 있는 새로운 길을 개척함으로써 자리이타의 중도주의를 실현하여야 하나의 세계, 하나의 인류, 하나의 평화 세계를 이룩하도록 하자는 것이다.

하나로 살자
씨족의 울을 넘어선 우리 부모 형제,
민족의 울을 넘어선 우리 부모 형제,
종족의 울을 넘어선 우리 부모 형제,
종교의 울을 넘어선 우리 부모 형제,
하나로 사세, 하나로 사세,
하나로 사세, 하나로 사세!**324**

이런 점들을 모두 종합하여 볼 때 향후 대산의 경륜과 사상을 원불교학의 부문 연구 또는 독립적인 분과 연구로 특성화하여 그의 생애와 사상 그리고 미래의 비전을 단일한 맥락에서 다루고 성찰하는 '대산학'의 신설을 적극적으로 검토해 볼 필요가 있다.

부록

참고문헌

| 원전류 |

『大乘本生心地觀經』(大正藏 3)
『菩薩本生鬘論』(大正藏 3)
『金剛般若波羅蜜經』(大正藏 8)
『大方廣佛華嚴經』(大正藏 10)
『阿毘達磨俱舍論』(大正藏 29)
『大乘莊嚴經論』(大正藏 31)
『大乘起信論』(大正藏 32)
『大慧語錄』(大正藏 47)
『六祖大師法寶壇經』(大正藏 48)
『宗鏡錄』(大正藏 48)
『眞心直說』(大正藏 48)
『緇門警訓』(大正藏 48)
『勅修百丈淸規』(大正藏 48)
『高麗國普照禪師修心訣』(大正藏 48)
『大智度論疏』(卍續藏 46)
『普能嵩禪師淨土詩』(卍續藏 62)
『金剛經註釋』(卍續藏 5)
『大智度論疏』(卍續藏 791)
『正典』,『大宗經』,『佛祖要經』,『鼎山宗師法語』,『圓佛敎敎史』,『聖歌』
　　(원불교정화사편,『圓佛敎全書』, 익산: 원불교출판사, 1977(초판); 2016)

『正典大意(大山宗法師法門集 제1집)』, 원불교법무실 편, 익산: 원불교출판사, 1977.
『大山宗法師法門集 제2집』, 원불교법무실 편, 익산: 원불교출판사, 1980.
『大山宗法師法門集 제3집』, 원불교법무실 편, 익산: 원불교출판사, 1988.
『大山宗法師法門集 제4집』, 원불교법무실 편, 익산: 원불교출판사, 1993.
『如來藏(大山宗法師法門集 제5집)』, 원불교법무실 편, 익산: 원불교출판사, 1994.
『大山宗法師 教理實踐圖解』, 원불교법무실 편, 익산: 원불교출판사, 1986.
『大山宗師法語』, 대산종사법어편수위원회, 익산: 원불교출판사, 2014.
『大山宗師受筆法門』 1권, 대산종사수필법문편찬회, 익산: 원불교출판사, 2020.
『大山宗師受筆法門』 2권, 대산종사수필법문편찬회, 익산: 원불교출판사, 2020.

| 단행본 |

강승욱 역주, 『마조어록역주』, 서울: 운주사, 2019.
김법종 저, 『圓佛敎正典圖解: 대산종사법문』, 익산: 원불교출판사, 2004.
김법종 편, 『대산종사법문』, 익산: 원불교출판사, 2006.
김선명·안세명 엮음, 『선요가』, 익산: 원불교출판사, 2010.
김종서, 『종교사회학』, 서울: 서울대학교출판부, 2005.
김종욱, 『원효와 하이데거의 대화』, 서울: 동국대학교 출판부, 2017.
김지정 편, 『천명을 받들어 사는 사람들: 대산종사법문』, 익산: 원불교출판사, 2004

김팔곤, 『종교연합운동의 어제, 오늘, 그리고 내일』, 익산: 묘산 김팔곤박사 환갑기념논총간행위원회, 1993.
대한불교조계종교육원, 『조계종사(고중세편)』, 서울: 조계종출판사, 2004.
대산종사추모문집편찬위원회 편, 『조불불사대산여래』Ⅰ, 익산: 대산종사추모문집편찬위원회, 2008.
_____ 편, 『조불불사대산여래』Ⅱ, 익산: 대산종사추모문집편찬위원회, 2010.
_____ 편, 『조불불사대산여래』Ⅲ, 익산: 대산종사추모문집편찬위원회, 2019.
_____ 편, 『조불불사대산여래』Ⅳ, 익산: 대산종사추모문집편찬위원회, 2019.
동산문집편찬위원회, 『진리는 하나 세계도 하나: 대산종법사 법문과 일화』, 익산: 원불교출판사, 1994.
박광수, 『한국신종교의 사상과 종교문화』, 서울: 집문당, 2012.
박달식, 「대산 종사와 30년」, 『진리는 하나 세계도 하나』, 익산: 원광사, 1992.
백낙청, 『문명의 대전환과 후천개벽』, 서울: 모시는 사람들, 2020.
_____, 『근대의 이중과제와 한반도식 나라 만들기』, 서울: 창비, 2021.
백준흠, 『원불교사상』 26, 익산: 원광대학교 원불교사상연구원, 1995.
불법연구회, 「교무부 제1회 공부인 훈련보고서」, 『시창13년 사업보고서』, 익산: 불법연구회, 1929.
서문성 편, 『대산 김대거 종사』, 익산: 원불교출판사, 2013.
손정윤, 『원불교대계』, 익산: 원불교출판사, 2000.
송인걸, 『대종경 속의 사람들』, 익산: 월간원광사, 1996.
영산선학대학교 평생교육원, 『마음공부 교사직무연수 자료집』, 영광: 영산선학대학교, 2013.
오선명 편, 『정산종사법설』, 익산: 월간원광사, 2000.
원광대학교 원불교사상연구원 편, 『원불교대사전』, 익산: 원불교출판사,

2013.

_____ 편,『대산김대거종사탄생100주년기념논문집: 원불교와 평화의세계』, 익산: 원불교100년기념성업회, 2014.

원광 편집실 편,『원광』, 10월호, 월간원광사, 1998.

원광 편집실 편,『진리는 하나, 세계도 하나』, 익산: 월간원광사, 1992.

원불교교정원 총무부 편,『원불교법보』, 익산: 원불교교정원, 2009.

원불교법무실,『대산 종사 경륜에 따른 교단의 6대 지표』, 익산: 수위단회사무처, 1985.

_____,『대산종사법문집: 천여래 만보살의 회상 법위에 관한 법문』, 익산: 원불교법무실, 2008.

원불교100년기념성업회 편,『대산 김대거 종사: 사진에 담긴 그의 삶』, 전주: 세종씨앤씨, 2013.

_____ 편,『진리는 하나 세계도 하나』, 익산: 원불교100년기념성업회 대산종사탄생100주년 기념분과, 2013.

_____ 편,『대산종사탄생100주년 기념휘보』, 익산: 원불교100년기념성업회, 2015.

_____ 편,『원불교100년기념성업휘보』, 익산: 원불교100년기념성업회, 2018.

원불교신보사 편,『구도역정기』, 익산: 원불교출판사, 1988.

원불교 제1대 성업봉찬회 편,『원불교제일대창립유공인역사(卷1)』, 익산: 원불교출판사, 1986.

원불교 창립 제2대 및 대종사탄생백주년 성업봉찬회 편,『원불교칠십년정신사』, 익산: 원불교출판사, 1989.

원불교칠십이년총람편집위원회,『원불교칠십이년총람』I, II, III, IV, 익산: 원광사, 1991.

이경식,『용과 봉이 있는 풍경』, 익산: 원불교출판사, 2014.

이광정,『대산종사성탑명병서』, 2013.

이종익,『원효의 근본사상』, 서울: 동방사상연구원, 1977.

이현도,『백주년기념탑은 왜 그림자가 없나: 대산 종사 의두법문 연구』, 익산: 원불교출판사, 2006.
印順, 정유진 옮김,『중국선종사』, 서울: 운주사, 2012.
정성본 역주,『돈황본 육조단경』, 서울: 한국선문화연구원, 2011.
정성본,『선의 역사와 선사상』, 서울: 불교시대사, 2000.
정유진,『신회의 문답잡징의 연구』, 서울: 경서원, 2009.
조명기,『新羅佛敎의 理念과 歷史』, 서울: 경서원, 1962.
조용만 외,『日帝下의 文化運動史』, 서울: 현음사, 1982.
조정근,「천대산 만대산에게 올립니다」,『대산종사탄생100주년기념학술대회』, 익산: 원불교출판사, 2013.
주성균,『큰 산을 우러르며』, 전주: 세종씨앤씨, 2014.
주성균 편,『대산종사법어해의』전 3권, 익산: 원불교출판사, 2024.
키무라 키요타카, 장휘옥 옮김,『中國佛敎思想史』, 서울: 민족사, 1989.
한기두,『선과 무시선의 연구』, 익산: 원불교출판사, 1985.
한길량,『나의 스승 나의 인연』, 익산: 흔맘, 2014.
한자경,『불교철학의 전개』, 서울: 예문서원, 2003.
한종만,「少太山大宗師의 生涯와 思想」,『人類文明과 圓佛敎 思想 上』, 익산: 원불교출판사, 1991.
체·게·융 저, 김성관 역,『융心理學과 동양종교』, 一潮閣, 1995.

| 연구논문 |

고익진,「元曉의 實踐原理 -金剛三昧經論의 一味觀行을 中心으로-」,『崇山朴吉眞博士 華甲紀念論文集: 韓國佛敎思想史』, 익산: 원불교출판사, 1975.
권동우,「원불교의 대안교육: 사회개혁과 소외의 치유를 지향하는 교육관」,『종교교육학연구』40, 종교교육학회, 2012.
김명희,「대산 김대거 종사의 종교간 대화」,『원불교사상과 종교문화』61, 원광대학교 원불교사상연구원, 2014.

김도윤, 「종교연합운동」, 『원불교칠십년정신사』, 익산: 원불교출판사, 1989.

김방룡, 「보조 지눌과 소태산 박중빈의 선사상 비교」, 『禪學』 23, 한국선학회, 2009.

____, 「소태산 박중빈의 불교개혁과 선사상」, 『원불교사상과 종교문화』 45, 원광대학교 원불교사상연구원, 2010.

____, 「남종선과 북종선의 관점에서 본 원불교의 마음과 수행법」, 『신종교연구』 26, 한국신종교학회, 2012.

____, 「대산 김대거 종사의 불교관」, 『대산김대거종사탄생100주년기념 논문집: 원불교와 평화의 세계』, 익산: 원불교출판사, 2014.

김복인, 「Wonhyo's One Mind and Theos and Soteria- Wonhyo's One Mind and Ecumenical Christian Theologian's Theocentrism and Soteriocentrism」, 『釋山 韓鍾萬博士 華甲紀念論文集: 韓國思想史』, 익산: 원광대학교출판국, 1991.

김삼룡, 「정산 종사의 생애와 사상」, 『평화통일과 정산 종사 건국론』, 익산: 정산종사탄생100주년기념사업회, 1998.

김성곤, 「종교연합운동의 역사와 문제점: 원불교 종교연합운동을 중심으로」, 『원불교사상과 종교문화』 17·18, 원광대학교 원불교사상연구원, 1994.

김성관, 「대산 김대거의 宗敎聯合思想과 연원(3) -한국불교의 和會思想을 중심으로-」, 『동서철학연구』, 한국동서철학회, 2010.

____, 「대산 김대거의 종교연합 사상과 전망: 종교연합의 어의적 분석과 추진방안 및 전망을 중심으로」, 『동서철학연구』 60, 한국동서철학회, 2011.

____, 「精神開闢·마음공부··心田啓發의 개념적 연원과 상관성」, 『원불교사상과 종교문화』 53, 원광대학교 원불교사상연구원, 2012.

____, 「心性說에 관한 硏究 - 圓佛敎思想과 융 思想의 比較考察을 中心으로」, 圓光大學校 大學院, 1987.

____, 「圓佛敎 法位에 관한 硏究」, 圓光大學校 大學院, 1976.

김순임, 「원불교 무시선의 사상선적 성격(Ⅱ)-왕양명의 事上磨鍊說과 비교하여-」, 『원불교사상』 19, 원광대학교 원불교사상연구원, 1995.

김영두, 「원불교의 선법고찰(Ⅰ)」, 『원불교사상』 4, 원광대학교 원불교사상연구원, 1980.

_____, 「원불교의 선법고찰(Ⅱ)」, 『원불교사상』 5, 원광대학교 원불교사상연구원, 1981.

_____, 「원불교 선의 형성과정 고찰」, 『원불교사상』 14, 원광대학교 원불교사상연구원, 1991.

김은종, 「무시선법중 경계에 대한 인식과 수행의 단계 고찰」, 『원불교사상과 종교문화』 42, 원광대학교 원불교사상연구원, 2005.

김은진, 「원불교 마음공부 프로그램의 현황과 과제」, 『종교교육학연구』 43, 한국종교교육학회, 2013.

김혜경, 「대산 김대거의 무시선 수행」, 『문화와 융합』 44(5), 한국문화융합학회, 2022.

김홍철, 「日帝侵略下 圓佛敎의 民衆運動에 關한 硏究」, 『원불교사상』 7, 원광대학교 원불교사상연구원, 1983.

박광수, 「종교협력운동의 세계적 동향과 과제」, 『종교연구』 31, 한국종교학회, 2003.

_____, 「원불교 종교연합운동 1세기 조명과 향후 과제」, 『원불교사상과 종교문화』 78, 원광대학교 원불교사상연구원, 2018.

박광전, 「日帝下의 圓佛敎 狀況」, 『院報』 제19호, 원광대학교 원불교사상연구원, 1983.

박맹수, 「한국사상사에서 본 대산 김대거 종사」, 『한국종교』 36, 원광대학교 종교문제연구소, 2013.

박혜훈, 「무시선의 단계적 실수 방안」, 『원불교사상』 23, 원광대학교 원불교사상연구원, 1999.

박희종, 「무시선 수행에 있어 '정신 차림': 위빠사나의 '마음챙김'과 관련하여」, 『원불교사상과 종교문화』 41, 원광대학교 원불교사상연구원, 2009.

_____, 「무시선법 중 경계에 대한 인식과 수행의 단계 고찰」, 『원불교사상과 종교문화』 42, 2009.

백낙청, 「통일시대 한국사회와 정신개벽」, 『원불교사상과 종교문화』 34, 원광대학교 원불교사상연구원, 2006.

백민관, 「종교연합운동과 인류공동체」, 『한국종교』 15, 원광대학교 종교문제연구소, 1990.

변선환, 「一圓相의 眞理와 存在 神秘主義: 東西 神秘主義의 對話를 위하여」, 『한국종교』 4·5, 원광대학교 종교문제연구소, 1980.

석기자, 「金大擧 선생의 自問自訓」, 『원광』 7월호, 월간원광사, 1949.

신정운, 「조사선 성립에 대한 소고-마조계를 중심으로」, 『선문화연구』 6, 한국불교선리연구원, 2009.

안세명, 「우리, 정신차리자」, 『창작과 비평』 통권193호, 서울: 창비, 2021.

양은용, 「원불교에서 본 종교간의 대화원리」, 『한국종교연구』 4, 한국종교학회, 2002.

_____, 「원불교 소태산의 학교교육제도 수용과 교육사상」, 『종교교육학연구』 25, 서울: 한국종교교육학회, 2007.

_____, 「『근행법(勤行法)』의 구조와 성격」, 『한국종교』 36, 원광대학교 종교문제연구소, 2013.

_____, 「대산 김대거 종사의 생애와 사상 체계」, 원광대학교 원불교사상연구원 편, 『대산김대거종사탄생100주년기념논문집: 원불교와 평화의 세계』, 익산: 원불교출판사, 2014.

염승준, 「대산 김대거 종사의 '하나의 진리'와 '심전계발(心田啓發)' 이해」, 『원불교사상과 종교문화』 61, 원광대학교 원불교사상연구원, 2014.

원영상, 「선사상사에서 본 무시선법의 구조 고찰」, 『원불교사상과 종교문화』 42, 원광대학교 원불교사상연구원, 2009.

_____, 「원불교 무시선법에 대한 고찰」, 『禪學』 57, 한국선학회, 2020.

_____, 「근대 한국종교의 '세계'인식과 일원주의 및 삼동윤리의 세계관」, 『원불교사상과 종교문화』 84, 원광대학교 원불교사상연구원, 2020.

윤기엽, 「일제강점기 조선총독부의 정신계몽운동을 통한 식민통치: 1930년대 심전개발운동(心田開發運動)을 중심으로」, 『원불교사상과 종교문화』 86, 원광대학교 원불교사상연구원, 2020.

이기영, 「經典引用에 나타난 元曉의 獨創性」, 『崇山朴吉眞博士 華甲紀念論文集: 韓國佛敎思想史』, 익산: 원광대학교 출판국, 1975.

이성전, 「원불교 개교정신과 생명질서」, 『원불교사상과 종교문화』 39, 원광대학교 원불교사상연구원, 2008.

이정원, 「원불교 무시선의 연구」, 『정신개벽』 5, 신룡교학회, 1987.

이찬수, 「대산의 일원주의와 세계주의」, 『원불교사상과 종교문화』 61, 원광대학교 원불교사상연구원, 2014.

장진영, 「불교의 마음 이해」, 『哲學研究』 123, 대한철학회, 2012.

_____, 「원불교 마음공부의 원리와 범위」, 『종교연구』 69, 한국종교학회, 2012.

_____, 「원불교 마음공부의 체계연구」, 『원불교사상과 종교문화』 54, 원광대학교 원불교사상연구원, 2012.

_____, 「원불교 마음공부 모델 연구」, 『원불교사상과 종교문화』 86, 원광대학교 원불교사상연구원, 2020.

전팔근, 「世界平和達成을 爲한 宗敎聯合運動」, 『인류문명과 원불교사상 下』, 익산: 원불교출판사, 1991.

_____, 「해외교화사」, 『원불교72년 정신사』, 익산: 원광대학교출판국, 1989.

정순일, 「근본심과 분별심」, 『원불교사상과 종교문화』 51, 원광대학교 원불교사상연구원, 2012.

_____, 「만해의 불교유신과 소태산의 불교혁신」, 『원불교사상과 종교문화』 64, 원광대학교 원불교사상연구원, 2015.

조성면, 「『정전대의』와 대산 김대거 종사의 평화사상」, 원광대학교 원불교사상연구원 편, 『대산김대거종사탄생100주년기념논문집: 원불교와 평화의세계』, 익산: 원불교100년기념성업회, 2014.
차차석, 「마조의 선사상에 나타난 논리체계와 지향점 탐색」, 『불교학보』 41, 동국대학교 불교문화연구원, 2004.
최건풍, 「원불교 종교연합운동의 사상적 배경」, 『원불교학연구』 19, 원광대학교 원불교학연구회, 1989.
최광현, 「원불교 무시선의 유무념 공부에 관한 연구」, 『정신개벽』 16, 신룡교학회, 1997.
_____, 「원불교 무시선에 관한 연구」, 『원불교사상』 21, 원광대학교 원불교사상연구원, 1997.
_____, 「정산 종사 禪思想 고찰」, 『원불교사상과 종교문화』 22, 원광대학교 원불교사상연구원, 1998.
_____, 「원불교 무시선과 목우도의 비교: 수행단계를 중심으로」, 『원불교학』 3, 한국원불교학회, 1998.
_____, 「일상수행의 요법과 무시선: 1, 2, 3조를 중심으로」, 『원불교사상』 23, 원광대학교 원불교사상연구원, 1999.
_____, 「정산 종사의 공간으로서 무시선」, 『원불교사상』 24, 원광대학교 원불교사상연구원, 2000.
_____, 「무시선법에 원융된 응무소주이생기심」, 『원불교사상』 25, 원광대학교 원불교사상연구원, 2001.
_____, 「수행문에서 본 일원상-목우도와 무시선을 중심으로-」, 『원불교사상』 26, 원광대학교 원불교사상연구원, 2002.
_____, 『圓佛敎 無時禪의 硏究』, 원광대학교 대학원 박사학위논문, 2006.
한긍희, 「1935-37년 日帝의 '心田開發' 정책과 그 성격」, 『韓國史論』 35, 1996.
한기두, 「무시선에 이르는 선문기초사상」, 『원광대논문집』 9, 원광대학교, 1975.
_____, 「무시선의 본질」, 『원불교사상』 1, 원광대학교 원불교사상연구

원, 1975.

_____, 「無時禪法의 硏究」, 『원불교사상』 6, 원광대학교 원불교사상연구원, 1982.

_____, 「무시선법의 연구-선의 원리를 중심하여-」, 『원불교사상』 6, 원광대학교 원불교사상연구원, 1982.

_____, 「무시선의 실제-목우행」, 『원불교사상』 7, 원광대학교 원불교사상연구원, 1983.

한내창, 「원불교 '마음공부' 정의의 한 시도」, 『원불교사상과 종교문화』 29, 원광대학교 원불교사상연구원, 2005.

홍정순·윤호균, 「무시선(無時禪)이 아동의 메타기분, 사회적 적응력 및 적응행동에 미치는 효과: 마음일기를 중심으로」, 『한국심리학회지』 14-4, 한국심리학회, 2002.

ABSTRACT

A Study on Kim Dae-geo's (Ven. Daesan) Philosophy of "One World"

Kim Hae-kyeong

Dept. of Seon Studies, Dongguk University Graduate School

Won Buddhism was founded by Ven. Sotaesan in 1916 when the world was being torn apart in WWI. This new religion was established with its primary tenet of "Il Won" (One Circle) Sotaesan's tenet of the One Circle was later expanded into "Samdong Morality" (lit. Three Moralities of Oneness) by Second Head Master Jeongsan, and later adapted by Third Head Master Daesan in a verse expressing the philosophy of One World: "The truth is one, the world is one, the glove is one workplace, humanity is one family. Let us cultivate the one world."

Daesan's philosophy of One World was reflected internally in his life and writings, as well as in his practice and management of the Won Buddhist Order (hereafter "the Order"); externally it was put into action as Daesan's three proposals for world peace, which are: "cultivating the mind-field, establishing a common market, and uniting all religions." Despite the limited influence of the Order, Daesan's philosophy provided an ideological foundation and suggested practical ways to transform a world mired in conflict and fragmentation into one of integration and harmony. In the philosophical currents of Buddhism, Daesan's proposals are quite original and noteworthy. Nevertheless, in-depth studies and action plans on the One World philosophy Daesan advocated are lacking, and the philosophy's influence is still small. This situation calls for more exhaustive research and attention.

In response to the afore-mentioned needs, this study explores Daesan's life as an internal embodiment of the One World; as its external embodiment, this study further analyzes cultivation of the mind-field (in regard to devotee training), and efforts to unite religions (in regard to religious philosophies) In this way I aim to contribute to strengthening the scholastic and practical foundation for actualizing the One World.

For my research methodology, I mainly used literary analysis. Study resources included: texts published by Daesan while he was teaching, his personal writings, his recorded words and activities, and research articles by scholars who analyzed Daesan's philosophy, words and deeds.

My results and conclusions are as follows, divided by subject:

First, Daesan's life and philosophy faithfully propagated the tenet of One Circle and the philosophy of Samdong Morality, which were advocated by Sotaesan and Jeongsan respectively, two of his teachers. Internally, Daesan embodied the One World in his life and philosophy.

Second, I explored the Order's efforts to cultivate the mind-field and its significance in terms of Daesan's personal training for actualizing the One World. The expression "mind-field," which likens the mind to a farmer's field, is a metaphor traditionally used in Buddhism, and Sotaesan himself used the term frequently. Daesan emphasized cultivation of the mind-field by including it in his three proposals to achieve world peace, and for the sake of its practice Daesan reiterated training methods and Musi-Seon (Seon meditation regardless of time/"Anytime Seon") These efforts of his bore fruit during his lifetime in the establishment of regional training centers and in enhancing devotees' level of understanding of the dharma.

Third, I explored the Order's efforts to unite religions with the aim of embodying the One World, and its significance. Based on the belief that the truth is one, Daesan emphasized harmony between religions, and proposed concrete action plans to achieve it.

Based on my studies, I came to the following conclusions:

"One World" is the core philosophy of Won Buddhism. In terms of chronology, this philosophy became more concrete through the teachings of Sotaesan, Jeongsan and Daesan in the "Posterior Civilization Era" ("Hucheon Gaebyeok"; the era when spiritual civilization catches up with material civilization); and at the same time, it created greater self-esteem for devotees of Won Buddhism. Daesan's verse "Let us cultivate the One World" suggests that the One World can be actualized in reality through concrete action rather than through personal awakening or ideology. To actualize the One World, Daesan also proposed cultivating the mind-field, uniting religions, and urged more concrete actions. These activities by Daesan raised the stature of the Order both inside and outside Won Buddhism, and their significance lies in boosting the pride and vitality of devotees as members of the "Buddhism of the New Main Buddha" which advocates for One World.

Lastly, I made a few suggestions to actualize Daesan's vision of the One World. First, there should be more in-depth studies and discussions on the philosophy of the One World, and at the same time, we need to explore diverse ways to spread this concept to the general public. Second, the principles and methods to cultivate the mind-field need to be applied more universally to all people beyond the boundaries of religion and religious practice. Third, in order to invigorate the movement of unifying religions, the Order's base should be expanded through an exchange of content between religions based on an attitude of mutual respect and equality.

주석

제1장 대산 김대거와 원불교

1 『정전』 개교의 동기(원불교정화사 편, 『원불교전서』, 원불교출판사, 1977; 이하 『원불교전서』), p.21.

2 『정전』 일원상의 진리(『원불교전서』, p.23)

3 『정전』 일원상 서원문(『원불교전서』, p.25)

4 원불교 종법사는 소태산의 법통을 이어, 안으로 교단을 주재하며 밖으로 교단을 대표한다. 또한 교단의 조직에 있어서 최상위 의결기관인 수위단회의 의장, 최상위 교화단인 '수위단(首位團)'의 단장이자, 교화단의 총단장이 된다. 천주교의 교황이나 불교 종정(宗正), 천도교의 교령 등에 해당하는 지위와 유사하다. 『원불교교헌』에 "제29조(지위) 종법사는 주법(主法)으로서 교단을 주재하고 본교를 대표한다."라고 하여 종법사에 대한 사항이 상세히 실려 있다.

5 대산은 자신의 게송을 '사대진리(四大眞理)'로 명명하고 있다.

6 대산종사법어편수위원회, 『대산종사법어』 동원편 23, 원불교출판사, 2014(이하 『대산종사법어』), p.238.

7 『대산종사법어』 동원편 9, p.9.

8 '원기(圓紀)'는 소태산이 대각한 1916년을 기점 삼아 원년(1년)으로 기산한 원불교의 연호(年號)이다. 불법연구회 시기에는 '시창(始創)'이란 연호를 사용하였는데, 해방 후 원불교라는 정식 교명을 사용하면서 '원기' 연호를 사용하고 있다. 이하 연대표기가 필요한 경우, 서기와 원기를 병기하여 '서기(원기)'로 표시한다.

9 『원불교전서』에 등장하는 대산의 언행은 소태산, 정산과의 대화나 문답 등을 통해 나타나며, 『대종경』 수행품 63장 외; 『정산종사법어』 경륜편 33장; 『성가』 111장, 『원불교교사』 등이 등장한다.

10 원불교 법무실 편, 대산종법사 『교리실천도해』, 익산: 원불교출판사, 1986[이하 『교리실천도해』]

11 구성은 모두에 「○(일원상)」과 「하나의 세계」 게송을 싣고, 제1 신심편(信心編), 제2 교의편(敎理編), 제3 훈련편(訓練編), 제4 적공편(積功編), 제5 법위편(法位編), 제6 회상편(會上編), 제7 공심편(公心編), 제8 운심편(運心編), 제9 동원편(同源編), 제10 정교편(政敎編), 제11 교훈편(敎訓編), 제12 거래편(去來編), 제13 소요편(逍遙編), 제14 개벽편(開闢

編), 제15 경세편(經世編) 등 총 15편 671장을 수록하고 있다.

12 원불교신문사 편, 『구도역정기』, 익산: 원불교출판사, 1988.
13 동산문집편찬위원회, 『진리는 하나 세계도 하나: 대산종법사 법문과 일화』, 익산: 원불교출판사, 1994; 김법종 저, 『원불교정전도해: 대산종사법문』, 익산: 원불교출판사, 2004; 김지정 편, 『천명을 받들어 사는 사람들: 대산종사법문』, 익산: 원불교출판사, 2004. 이현도, 『백주년기념탑은 왜 그림자가 없나: 대산 종사 의두법문 연구』, 익산: 원불교출판사, 2006; 김법종 편저, 『대산종사법문』, 익산: 원불교출판사, 2006; 대산종사추모문집편찬위원회 편, 『조불불사대산여래』 I , 익산: 대산종사추모문집편찬위원회, 2008; 『조불불사대산여래』 II , 대산종사추모문집편찬위원회, 2010; 『조불불사대산여래』 III, 대산종사추모문집편찬위원회, 2019; 『조불불사대산여래』 IV, 대산종사추모문집편찬위원회, 2019; 서문성 편, 『대산 김대거 종사』, 익산: 원불교출판사, 2013; 주성균, 『큰 산을 우러르며』, 전주: 세종씨앤씨, 2014. 그 외에 대산 종사의 정토회원인 이영훈(誼陀圓 李永勳, 1913~1992)의 추모문집인 『情誼로 훈훈한 세상을』(원불교출판사, 2002.)도 포함할 수 있다. 원불교 출가자[전무출신]의 부인을 정토(正土)라 한다.
14 원광대학교 원불교사상연구원 편, 『원불교대사전』, 원불교출판사, 2013.
15 원불교100년기념성업회 편, 『대산 김대거 종사: 사진에 담긴 그의 삶』, 전주: 세종씨앤씨, 2013[이하 『대산 김대거 종사: 사진에 담긴 그의 삶』].
16 김휘 연출, 광주MBC 외 기획, 『(비디오녹화 자료) 비닐하우스의 성자, 대산 김대거』, 2011; 진문진 연출, 원음방송 기획, 『(비디오녹화 자료) 희망 원불교 100년』 등.
17 원광대학교 원불교사상연구원 편, 『대산김대거종사탄생100주년기념논문집: 원불교와 평화의 세계』, 익산: 원불교100년기념성업회, 2014.
18 이때 발표된 33편의 연구논문 목록을 살펴보면, 제1편 대산 김대거의 생애와 사상체계에 양은용(현수), 「대산 김대거 종사의 생애와 사상」, 박맹수(윤철), 「근대 한국 '개벽' 사상가로서 대산 김대거 종사」, 김성관, 「대산여래의 세계평화사상-종교연합사상의 연원과 추진방안 및 전망」, 이병식(성국), 「대산 김대거 종사의 8대 사업을 통해 본 그 사상」, 김성장(성훈), 「일원주의(一圓主義)와 대산 김대거 종사의 종교관」, 정순일(현인), 「대산 김대거 종사의 소자론(小子論)」, 방도성(길튼), 「대산 김대거 종사의 '하나'의 사상과 경륜 고찰-철학적 접점을 중심으로-」, 조정현(법현), 「대산 김대거 종사의 효사상」 등이 있다. 그리고 제2편 진리와 수행관에는 김방룡, 「대산 김대거 종사의 불교관」, 김영두(성택), 「대산 김대거 종사의 수행관」, 박상권(광수), 「대산 김대거 종사의 훈련사상과 전개」, 김도공, 「대산 김대거 종사의 견성론 고찰」, 염승준(관진), 「대산 김대거 종사의 '하나의 진리'와 '심전계발(心田啓發)' 이해」, 장하열(연광), 「대산 김대거 종사 사상에 나타난 마음공부의 원리와 방법-마음공부의 인성 교육적 프로그램을 중심으로-」, 류정도, 「대산 김대거 종사 『수신강요』의 구성과 내용 고찰」 등이 있다. 제3편 교단과 사회관에는 박혜훈, 「대산 김대거 종사의 교단관」, 류성태, 「대산 김대거 종사의 스승관」, 권동우(정도), 「대산 김대거 종사의 주세불관에 관한 연구-불법연구회 시대부터의 변용양태를 중심으로-」, 서윤(원주), 「대산 김대거 종사의 사회관」, 김용환, 「대산 김대거 종사의 경세윤리」, 박종주, 「대산 김대거 종사의 일원회상공동체론에 관한 사회과학적 고찰」, 박영학(원현), 「대산 김대거 종사 시의 이해」, 이의강, 「대산 김대거 종사 한시(漢詩)에 대한 초보적 탐색」, 이준석, 「『대산종사법어』의 문체에 대하여」, 이영숙, 「'소동(小童)' 대산 김대거 종사 활불이미지에 대한 표현연구」 등이 있다. 제4편 평화사상에서는 세계평화 3대 제언과 관련하여 종교연합운동과 평화사

상의 관계를 집중적으로 다루고 있다. 실제 수록된 목록을 살펴보면, 조성면, 「『정전대의』와 대산 김대거 종사의 평화사상」, 최영돈, 「대산 김대거 종사의 세계평화 삼대제언의 영구평화론적 고찰」, 김태현, 「대산 김대거 종사의 세계평화를 위한 삼대제언과 원불교 정체성 재정립」, 신광철, 「대산 김대거 종사 대화정신의 테오리아와 프락시스-'세계평화 3대제언'의 논리와 실천을 중심으로-」, 박광수(도광), 「대산 김대거 종사의 종교관과 종교연합(UR)운동의 과제」, 김성곤, 「국제종교협력운동과 원불교 종교연합(UR)운동의 비교」, 이찬수, 「대산 김대거 종사의 일원주의와 세계주의-법신불 일원상과 범재신론을 비교하며-」, 김명희, 「대산 김대거 종사의 종교간 대화-원효의 체상용 대화원리를 중심으로-」 등이다.

제2장 대산의 생애와 '하나의 세계'

19 『원불교교사』(『원불교전서』, p.1030)
20 『대종경』 서품 1(『원불교전서』, p.95)
21 『대종경』 전망품 1(『원불교전서』, p.376)
22 『원불교교사』(『원불교전서』, p.1042)
23 한종만, 「소태산 대종사의 생애와 사상」, 『인류문명과 원불교 사상사』, 원불교출판사, 1991, p.15.
24 『원불교교사』(『원불교전서』, p.1060) 삼강령은 정신수양(精神修養), 사리연구(事理硏究), 작업취사(作業取捨)로서 이는 각각 정(定)·혜(慧)·계(戒)로서 이후 삼학(三學)으로 정리되며, 팔조목은 진행사조(進行四條)인 신(信), 분(忿), 의(疑), 성(誠)과 사연사조(捨捐四祖)인 불신(不信), 탐욕(貪慾), 나(懶), 우(愚)로서 이후 팔조(八條)로 정리된다.
25 『정전』 게송(『원불교전서』, p.26)
26 원불교의 불교관을 파악할 수 있는 초기 교서로 크게 『불교정전(佛敎正典)』(1943)과 비슷한 시기에 편수 발간된 『근행법(勤行法)』(1944) 등이 있다. 이 두 교서에는 불교 관련 내용이 많이 편입되는데, 이는 불법연구회가 불교 교리 체계의 혁신적 수용의 측면과 일제 말기에 유사종교(類似宗敎)로 규정됨으로 인한 감시와 탄압의 예봉을 피하기 위한 방편적 측면을 포함하고 있다고 할 수 있다. 양은용, 「『근행법(勤行法)』의 구조와 성격」, 『한국종교』 36, 원광대학교 종교문제연구소, 2013, pp.289~290.
27 『원불교교사』(『원불교전서』, pp.1102~1104)
28 "당년도 사업 보고에 따르면, 4개 지구의 구호소에서 구호 받은 동포 수가 80여만 명, 구호에 동원된 교도 수가 5백여 명, 교도 동원 연일수(延日數)가 1만 3천여 일, 동원 대신 노임 제공과 동원에 따른 제반 비용이 상당액[약 1백2십만 원]에 달하였다." 『원불교교사』(『원불교전서』, p.1103)
29 『정산종사법어』 유촉편 38(『원불교전서』, p.1016)
30 『원불교교사』(『원불교전서』, pp.1138~1140)
31 3대 목표를 연차 계획으로 실시하고 통계 시상한 바, 첫 연도부터 매년 성과가 올라, 1971년까지 86,014명의 교도, 1,687개의 교화단, 108개소의 교당이 불어, 반백년 결실 대회를 앞두고 교세 확장에 한 전기를 마련했다.

32 『정전』개교의 동기(『원불교전서』, p.21)
33 이성전, 「원불교 개교정신과 생명질서」, 『원불교사상과 종교문화』 39, 원광대학교 원불교사상연구원, 2008, p.98.
34 『대종경』 서품 4(『원불교전서』, pp.95~96)
35 백낙청, 「통일시대 한국사회와 정신개벽」, 『원불교사상과 종교문화』 34, 원광대학교 원불교사상연구원, 2006, p.5.
36 『대종경』 교의품 31(『원불교전서』, pp.131~132)
37 대산종사수필법문편찬회, 『대산종사수필법문』 2권, 익산: 원불교출판사, 2020(이하 『대산종사수필법문집』 2권), p.3744.
38 『정산종사법어』 도운편 21(『원불교전서』, p.984)
39 안세명, 「우리, 정신차리자」, 『창작과 비평』 193, 창비, 2021, p.387.
40 이찬수, 「대산의 일원주의와 세계주의」, 『원불교사상과 종교문화』 61, 원광대학교 원불교사상연구원, 2014, pp.77~117.
41 『대산종사법어』 개벽편 17, p.332.
42 『대산종사법어』 교리편 45, p.55.
43 『대산종사법어』 교리편 44, p.54.
44 김삼룡, 「정산 종사의 생애와 사상」, 『평화통일과 정산 종사 건국론』, 익산: 정산종사탄생100주년기념사업회, 1998, pp.5~6.
45 『대산종사법어』 교리편 9, p.37.
46 『대산종사법어』 교훈편 1, p.259.
47 『대산종사법어』 교리편 31, p.48.
48 『대산종사법어』 경세편 11, p.342.
49 『정산종사법어』 경륜편 1(『원불교전서』, p.798)
50 『대산종사법어』 교리편 23, p.44.
51 『대산종사법어』 경세편 23, p.349.
52 소태산 대종사 십상(十相)은 『정산종사법어』 예도편 18장에, 정산 종사 십상(十相)은 『대산종사법어』 신심편 41장에 각각 수록되어 있다.
53 대산의 생애를 좌산은 대산 종사 10상으로 밝힌 바 있다. 즉 1. 십일만덕 참선상 2. 익산 출가 시봉상 3. 서울섭외 활동상 4. 교정기본 획립상 5. 교재편수 정양상 6. 계불계성 계법상 7. 조불경륜 구현상 8. 대사가풍 현시상 9. 무위무념 호념상 10. 무인구월 열반상이 그것이다.
54 이에 따르면, 제1기는 49세까지 약 49년, 제2기는 81세까지 약 33년, 제3기는 85세까지의 약 4년에 걸쳐있다.
55 양은용, 「대산 김대거 종사의 생애와 사상체계」, 『대산김대거종사탄생100주년기념논문집: 원불교와 평화의 세계』, 원불교출판사, 2014, pp.29~41.
56 조성면, 「『정전대의』와 대산 김대거 종사의 평화사상」, 『대산김대거종사탄생100주년기념

논문집: 원불교와 평화의 세계』, 원불교100년기념성업회, 2014, pp.561~562.

57 『대산종사법어』 소요편 7, p.313.
58 대산은 태몽에 대해 다음과 같이 전하였다. "마을 뒤에 있는 마이산이 거꾸로 보였고 앞에 흐르는 시냇물이 돌연히 큰 바다를 이루었다. 그리고 중천에 떠 있는 둥근달이 강물에 떨어져 집안에 광명이 가득하므로 나의 어머님은 그 순간 찬란한 빛을 흠뻑 마시고 그달을 품 안에 안고 싶어서 치마로 세 번이나 안으셨다고 한다." 원불교신보사 편, 『구도역정기』, 원불교출판사, 1988, p.11.
59 원불교의 성지는 靈山聖地(根源성지), 邊山聖地(制法성지), 益山聖地(轉法성지), 萬德山聖地(初禪성지), 星州聖地(鼎山宗師 生長성지)의 5곳이다.
60 1924년 소태산은 12제자와 첫 훈련[初禪]을 하였다. 이때 참여한 제자로는 김대거, 오창건, 김광선, 전음광, 박사시화, 최도화, 이동진화, 노덕송옥[대산의 조모], 전삼삼, 김삼매화 등이다. 송인걸, 『대종경 속의 사람들1』, 익산: 월간원광사, p.99 이하.
61 『대산종사법어』 신심편 52, p.30.
62 『대산종사법어』 신심편 12, p.12.
63 『대산종사법어』 신심편 17, p.14.
64 조성면, 「『정전대의』와 대산 김대거 종사의 평화사상」, 『대산김대거종사탄생100주년기념 논문집: 원불교와 평화의세계』, p.561.
65 『대산 김대거 종사: 사진에 담긴 그의 삶』, p.66.
66 원불교법무실 편, 『여래장(대산종법사법문집 제5집)』, 익산: 원불교출판사, 1994[이하 『여래장』], p.50.
67 『대종경』 교의품 3~6(『원불교전서』, pp.112~113) 이 글은 『회보』 46[불법연구회, 1938.7월호]에 실린 수필 법문을 옮긴 것이다.
68 『성가』 111장 「조그마한 우주선에」, 최초 발표는 『회보』 47[불법연구회, 1938. 8월호]이다.
69 대산은 18세 때인 1931년 3월 26일, 제2차 법위승급자 발표에서는 정식 특신급으로 사정(査定)된다. 이후 25세 되던 1938년 서무부장 겸 공급부장, 26세인 1939년 교무부장, 28세 되던 1941년 감사부장, 29세 되던 1942년에는 전시의 긴박해진 시국 아래 다시 교무부장 소임을 맡고 있다. 소태산이 대산을 법기로 인정하여 공부 길을 잡지 못한 여러 제자에게 그의 지도를 받도록 하고 있는데, 이 시기는 서무부장의 소임을 맡은 1938년 전후로 보인다.
70 『여래장』, p.50.
71 『대산 김대거 종사: 사진에 담긴 그의 삶』, p.74.
72 『여래장』, p.51.
73 『여래장』, p.52.
74 『대종경』 수행품 63(『원불교전서』, p.182)
75 원불교에서 수행자의 공부 정도[修行階位]를 여섯 등급으로 밝힌 것으로 보통급(普通級), 특신급(特信級), 법마상전급(法魔相戰級)의 3급과 법강항마위(法强降魔位), 출가위(出家位), 대각여래위(大覺如來位) 3위를 말한다.

76 『정전』법위등급(『원불교전서』, p.90)
77 『대산종사법어』법위편 13, p.134.
78 『구도역정기』, 원불교신보사 편, 익산: 원불교출판사, 1988, p.19.
79 『대산 김대거 종사: 사진에 담긴 그의 삶』, pp.74~75.
80 『구도역정기』, 원불교신보사 편, 익산: 원불교출판사, 1988, p.2.
81 『대산종사법어』적공편 58, p.119.
82 조성면, 「『정전대의』와 대산 김대거 종사의 평화사상」, 『대산김대거종사탄생100주년기념 논문집: 원불교와 평화의 세계』, p.561.
83 당시의 공부성적은 공부등위 예비법강항마위, 사업등급 정특등, 원성적은 정1등 17인 중 제8호에 해당한다. 원불교 제1대 성업봉찬회 편, 『원불교제일대창립유공인역사(권1)』, 익산: 원불교출판사, 1986, p.93 참조.
84 삼동윤리는 1961년 4월 발표하였는데, 이를 정산의 열반 게송으로 삼았다. 사대경륜을 1961년 12월 25일 병상에서 유촉하였는데, 대산 등 6인을 교서감수위원으로 위촉하였다. 『정산종사법어』 유촉편 36장, 도운편 34~37장, 유촉편 37장에 수록.
85 『대산종사법어』회상편 1, p.151.
86 『원불교교사』(『원불교전서』, p.1156)
87 『원불교교사』(『원불교전서』, p.1156)
88 『원불교교사』에 따르면, 교화 3대목표 추진 결과는 연원 교당 92개소 봉불, 교화단 1,457개 증가, 신입교도 77,605명이며, 교화 기반이 확충된 것으로 기록된다.
89 『정산종사법어』도운편 1(『원불교전서』, p.976)
90 원불교정화사 편, 『원불교전서』, 익산: 원불교출판사, 1977. 이외에 『정전』·『대종경』·『불조요경』·『예전』·『성가』·『세전』·『정산종사법어』·『원불교교사』·『교헌』을 수록하여 이를 구종교서라 부르며, 『정전』·『대종경』을 『원불교교전』으로 합본하고, 『세전』과 『법어』를 『정산종사법어』로 합본하여 칠대교서로 호칭하기도 한다.
91 원불교의 역대 조상을 추모하고 기리기 위해 조성한 묘원. 영모묘원(永慕墓園)이라고도 한다. 전북 익산시 왕궁면 동봉리 654번지에 소재한다.
92 『대산 김대거 종사: 사진에 담긴 그의 삶』, p.366. 그래서 사회 언론에서 대산 종사를 '비닐하우스의 성자'라고 부르기도 했다.
93 『대산 김대거 종사: 사진에 담긴 그의 삶』, p.225.
94 원불교 교단적으로는 대산의 공부성적[법위, 법계], 사업성적, 그리고 원성적[공부성적과 사업성적을 종합한 성적]을 밝혔는데, 법위는 대각여래위, 법계는 대원정사(大圓正師), 사업성적은 정특등, 원성적은 정특등으로 사정하였다.
95 『정전대의(대산종법사법문집 제1집)』, 원불교법무실 편, 익산: 원불교출판사, 1977(이하 『정전대의』), p.109.
96 『대산종사수필법문』1권, 대산종사수필법문편찬회, 익산: 원불교출판사, 2020, p.657.
97 『대산종사법어』소요편 2, p.311.
98 『대산 김대거 종사: 사진에 담긴 그의 삶』, p.357.

99 조성면, 「『정전대의』와 대산 김대거 종사의 평화사상」, 『대산김대거종사탄생100주년기념 논문집: 원불교와 평화의 세계』, p.563. 조성면은 『정전대의(대산종법사법문집 제1집)』의 경우, 219편으로 정리했으나, 목차의 구성에 따라 204편으로 수록 편수를 조정하였다. 조성면은 『대산종법사법문집 제2집』의 경우, 169편으로 정리하였으나, 총 203편으로 편수를 조정하였다. 조성면은 『대산종법사법문집 제3집』의 경우 336편이라고 하였으나, 이는 제7 법훈편의 법문 수를 전체 편수로 오기한 것으로 3집 전체 수록 법문 수는 총 7편, 872장에 해당한다. 조성면은 『대산종법사법문집 제4집』 168편으로 정리했으나, 제1부 '열반 천도 법문'에 총 19편, 제2부 '열반인 영전에' 올린 천도법문이 총 163편 등 총 182편으로 확인되었다. 조성면은 『여래장(대산종법사법문집 제5집)』128편이라고 하였으나, 총 3부에 걸쳐 총 45장, 125편으로 확인했다. 단, 이 가운데 시가에 5편은 앞의 제2집에 실린 내용을 재수록하고 있다.

100 『대산종법사법문집 제2집』에 수록된 「원상대의」를 비롯하여 「입지시」 등 시가 5편 등 총 6편이 『대산종법사법문집 제5집』인 『여래장』에 중복으로 수록되어 있어 실제의 편수는 1,580편이라 할 수 있다.

101 『대산종법사법문집 제2집』, 원불교법무실 편, 익산: 원불교출판사, 1980, pp.18~21.

102 『대산종법사법문집 제2집』, p.22.

103 『대산종법사법문집 제2집』, p.73.

104 『대산종법사법문집 제2집』, p.73.

105 「원상대의」, 「입지시」, 한글가사 4편 등 총 6편은 『여래장(대산종법사법문집 제5집)』에 중복 수록되어 있으므로 편수에서는 제외함.

106 2014년 3월 11일 원불교 수위단회에서 『대산종사법어』를 '교서[敎書, 원불교의 공식 경전]'로 지정하여 그해 4월 5일 발행하였다.

107 전무출신은 원불교 출가자를 말하며, 거진출진(居塵出塵)은 '티끌 속에 거하나, 티끌을 떠나있다.'라는 뜻으로 재가수행자, 즉 원불교 재가교도를 말한다.

108 『정전대의』, p.61.

109 『대산종법사법문집 제3집』, 원불교법무실 편, 익산: 원불교출판사, 1988(이하 『대산종법사법문집 제3집』), p.77.

110 『대산종사수필법문』 1권, p.701.

111 주성균, 『큰 산을 우러르며』, 전주: 세종씨앤씨, 2014, p.288.

112 『대산종사수필법문』 2권, p.4066.

113 『정전대의』, p.61.

114 주성균, 『큰 산을 우러르며』, 전주: 세종씨앤씨, 2014, p.292.

115 주성균, 『큰 산을 우러르며』, 전주: 세종씨앤씨, 2014, p.46.

116 『정전대의』, p.61.

117 『대산종사수필법문』 2권, p.286.

118 『정전대의』, p.61.

119 『대산종사수필법문』 2권, p.362.

120 『대산종사수필법문』1권, p.532.
121 『원불교교사』(『원불교전서』, pp.1048~1106)
122 원불교 교단 운영을 위한 법규는『불법연구회 규약』(1927),『불법연구회 통치조단 규약』(1931),『불법연구회 회규』(1942) 등을 거쳐서 1948년에『원불교교헌』이 제정 공포되었고, 이후로 몇 차례 개정되었다. 현재『원불교 교헌』은 전문을 비롯하여 총 10장 94조로서 구성되어 있다.
123 『대산종사법어』신심편 6, p.10.
124 『정전』개교의 동기(『원불교전서』, p.21)
125 『대산종사법어』회상편 46, p.172.
126 『대산종사법어』회상편 1, p.151.
127 『대산종사법어』회상편 43, p.171.
128 『대산종사법어』소요편 17, p.78.
129 김종서,『종교사회학』, 서울: 서울대학교출판부, 2005, pp.86~89.
130 『대산종사법어』법위편 2, p.128.
131 『대산종사법어』소요편, p.82.
132 『대산종사법어』회상편 7, p.154.
133 『대종경』불지품 16(『원불교전서』, p.276)
134 『대산종법사법문집 제3집』, p.251.
135 『대산종사법어』교리편 69, p.65.
136 『대산종사수필법문』1권, p.726.
137 염승준, 「대산 김대거 종사의 '하나의 진리'와 '심전계발(心田啓發)' 이해」,『원불교사상과 종교문화』61, 원광대학교 원불교사상연구원, 2014, p.388.
138 『대산종사법어』경세편 15, p.345.
139 『대산종사법어』동원편 9, p.226.
140 『대산종법사법문집 제2집』, pp.181~184.

제3장 심전계발과 '하나의 세계'

141 김성관, 「정신개벽·마음공부·심전계발의 개념적 연원과 상관성」,『원불교사상과 종교문화』53, 익산: 원광대학교 원불교사상연구원, 2012, p.18.
142 『원불교전서』, 교리도.
143 정순일, 「근본심과 분별심」,『원불교사상과 종교문화』51, 원광대학교 원불교사상연구원, 2012.
144 한내창, 「원불교 '마음공부'의 정의의 한 시도」,『원불교사상과 종교문화』29, 원광대학교 원불교사상연구원, 2005.

145 장진영, 「원불교 마음공부의 원리와 범위」, 『종교연구』 69, 한국종교학회, 2012.
146 『大乘起信論』(大正藏32, 575下) "一者 體大 謂一切法眞如平等不增減故 二者 相大 謂如來藏具足無量性功德故 三者 用大 能生一切世間出世間善因果故."
147 장진영, 「원불교 마음공부 모델 연구」, 『원불교사상과 종교문화』 86, 원광대학교 원불교사상연구원, 2020, p.67.
148 마음의 특징으로 '절대성'을 논하기에 앞서 『원불교전서』에서 마음의 의미와 정의가 광범위하게 사용될 수 있다는 사실을 밝힌다. 가령 정산은 마음은 정신에서 분별이 나타날 때가 마음이라고 했는데(『정산종사법어』 원리편 12), 이는 마음의 특징을 절대성으로 일반화한 것이 이율배반적으로 보일 수 있다. 그러나 소태산과 정산의 상충된 견해로 보일 수 있는 '마음'에 대한 상이한 설명은 '마음의 동정'에 따른 차이일 뿐, 마음에 대한 견해의 본질적 차이로 볼 수는 없다. 정산은 마음을 성품의 '본연의 체'의 관점에서도 설명하여 마음이 정하면 성품과 같이 청정할 수 있고(『정산종사법어』 원리편 16), 빈 마음을 허공으로 비유하여 마음을 닦으면 상(相)을 떠날 수 있고, 원근이 없고 증애가 끊어질 수 있다(『정산종사법어』 원리편 23)고 밝히고 있다.
149 염승준, 「대산 김대거 종사의 '하나의 진리'와 '심전계발(心田啓發)' 이해」, 『원불교사상과 종교문화』 61, 2014.
150 『대승기신론』(大正藏32, 579上), "眞如自體相者 一切凡夫 聲聞緣覺菩薩諸佛 無有增減 非前際生非後際 畢竟常恒 從本已來 性自滿足一切功德"
151 『대종경』 요훈품 28(『원불교전서』, p.320)
152 『대종경』 요훈품 45(『원불교전서』, p.323)
153 『금강반야바라밀경』(大正藏8, 749上) "凡所有相 皆是虛妄 若見諸相非相 卽見如來"
154 『대산종사법어』 교리편 29, p.47.
155 장진영, 「불교의 마음 이해」, 『哲學硏究』 123, 대한철학회, 2012, p.371.
156 『정전대의』, pp.100~101.
157 『대산종사법어』 교훈편 4, p.259.
158 『정전』 의두요목(『원불교전서』, p.68)
159 『대산종사법어』 동원편 20, p.236.
160 『정산종사법어』, 원리편 21(『원불교전서』, p.825)
161 삼학병진은 정신수양, 사리연구, 작업취사를 어느 한쪽에 기울거나 치우치지 아니하고 동시에 닦아 삼대력을 얻게 하는 공부를 말한다.
162 『정산종사법어』 원리편 5(『원불교전서』, p.820)
163 『불조요경』 휴휴암좌선문(『원불교전서』, pp.541~543) "大包無外 細入無內 神通智慧 光明壽量 大機大用 無盡無窮"
164 『대방광불화엄경』 권77(大正藏10, 426上), "善財見衆生 心田甚荒穢 爲除三毒刺 專求利智犁" 이하 심전이란 용어는 CBETA 경문에서 검색 결과 429개 선종분야 문헌 중에서 202개 문헌에서 등장한 것으로 파악된다. 이처럼 심전은 널리 통용되었던 용어임을 알 수 있다.

165 『보살본생만론』권3(大正藏3, 340中), "佛爲說法讚 布施行所感如意心田 俱勝因少果多"

166 『보능숭선사정토시』(卍續藏62, 874中), "心田不長無明草 性地常開智慧花"

167 『대승본생심지관경』권8(大正藏3, 327上), "衆生之心猶如大地 五穀五果從大地生 如是心法 生世出世善惡五趣,有學無學 獨覺菩薩 及於如來 以是因緣 三界唯心名爲地"

168 『眞心直說』「眞心異名」(大正藏48, 999下) "或曰 但名眞心別有異號耶? 曰佛敎祖敎立名不同. 且佛敎者 菩薩戒 呼爲心地 發生萬善故 般若經 喚作菩提 與覺爲體故 華嚴經 立爲法界 交徹融攝故 金剛經 號爲如來 無所從來故 般若經 呼爲涅槃 衆聖所歸故 金光明 號曰如如 眞常不變故 淨名經 號曰法身 報化依止故 起信論 名曰眞如 不生不滅故 涅槃經 呼爲佛性 三身本體故 圓覺中 名曰總持 流出功德故 勝鬘經 號曰如來藏 隱覆含攝故 了義經 名爲圓覺 破暗獨照故 由是壽禪師唯心訣云 一法千名應緣立號 備在衆經不能具引"

169 『大智度論疏』卷21』(卍續藏 791) "若就心田爲論 隨施畜生菩薩佛無在悉皆平等"

170 『宗鏡錄』卷97 (大正藏 48, 938下), "鳩摩羅多傳法偈曰 有種有心地 因緣能發萌 於緣不相礙 當生生不生"

171 『大乘莊嚴經論』卷2(大正藏31, 599上) "心外無有物. 物無心亦無. 以解二無故. 善住眞法界"

172 『宗鏡錄』卷97(大正藏48, 939上) "不如密多尊者傳法偈云 眞性心地藏 無頭亦無尾 應緣而化物 方便呼爲智"

173 『대종경』수행품 60(『원불교전서』, p.180)

174 『대종경』실시품 15(『원불교전서』, p.333)

175 『대종경』수행품 59(『원불교전서』, pp.179~180)

176 『대종경』수행품 59(『원불교전서』, p.180)

177 윤기엽, 「일제강점기 조선총독부의 정신계몽 운동을 통한 식민통치: 1930년대 심전개발운동(心田開發運動)을 중심으로」, 『원불교사상과 종교문화』86, 익산: 원광대학교 원불교사상연구원. 2020. p.432.

178 심전계발(心田啓發)과 심전개발(心田開發)은 실제 혼용하는 경우가 없지 않다. 다만, 일제강점기에 악용된 사례로는 대체로 '심전개발'이란 용어를 사용하는 경우가 많으므로, 본고에서는 일제강점기의 악용된 심전개발운동을 제외하고는 이와 구분하여 '심전계발'을 주로 사용하고자 한다.

179 한긍희, 「1935~1937년 日帝의 '心田開發' 정책과 그 성격」, 『韓國史論』35, 1996. pp.7~10.

180 『정전』개교의 동기(『원불교전서』, p.21)

181 『대종경』요훈품 1(『원불교전서』, p.315)

182 오선명 편, 『정산종사법설』, 익산: 월간원광사, 2000, p.63.

183 오선명 편, 『정산종사법설』, 익산: 월간원광사, 2000, pp.63~68. 참조.

184 『대종경』교의품 18(『원불교전서』, p.122)

185 『대종경』교의품 7(『원불교전서』, p.115)

186 『교리실천도해』, p.12.

187 『정전』일원상 서원문(『원불교전서』, p.25)

188 『정전』 정신수양(『원불교전서』, p.46)
189 『정전』 사리연구(『원불교전서』, pp.47~48)
190 『정전』 작업취사(『원불교전서』, p.49)
191 『대종경』 수행품 60(『원불교전서』, p.180)
192 『阿毘達磨俱舍論』 卷22(大正藏 29, p.116下), "諸有發心將趣見諦, 應先安住淸淨尸羅然後勤 所成等, 謂先攝受順見諦聞, 聞已勤求所聞法義, 聞法義已無倒思惟, 思已方能依定修習, 者如是住戒勤修, 依聞所成慧起思所成慧, 依思所成慧起修所成慧"
193 『육조대사법보단경』(大正藏 48, p.358下) "心地無非自性戒 心地無癡自性慧 心地無亂自性定"
194 정성본 역주, 『돈황본 육조단경』, 서울: 한국선문화연구원, 2011, p.99.
195 『육조대사법보단경』(大正藏 48, 346上), "無相爲體者 尊大戒也 無念爲宗者 尊大定也 無住爲本者 尊大慧也"
196 『대종경』 서품 2(『원불교전서』, p.95)
197 『대종경』 교의품 5(『원불교전서』, p.114)
198 『정산종사법어』 경의편 13(『원불교전서』, p.842)
199 백준흠, 『원불교사상』 26, 익산: 원광대학교 원불교사상연구원, 1995, p.185.
200 손정윤, 『원불교대계』, 익산: 원불교출판사, 2000, p.1609.
201 『대종경』 교단품 8(『원불교전서』, p.352)
202 양은용, 「원불교 소태산의 학교교육제도 수용과 교육사상」, 『종교교육학연구』 25, 서울: 한국종교교육학회, 2007, pp.109~112.
203 『정전』 정기훈련법과 상시훈련법의 관계(『원불교전서』, p.59)
204 『정전』 정기훈련법(『원불교전서』, p.55)
205 『정전』 상시훈련법(『원불교전서』, pp.58~59)
206 『대산종사법어』 경세편 1, p.338.
207 『대산종법사법문집 제3집』, p.175.
208 『대산종법사법문집 제2집』, p.178.
209 『대산종법사법문집 제2집』, p.205.
210 『대산종사법어』 훈련편 29, p.84.
211 『정전』 무시선법(『원불교전서』, p.72)
212 한기두, 「무시선법의 연구」, 『원불교사상』 6, 원광대학교 원불교사상연구원, 1982, p.76.
213 『대종경』 수행품 9(『원불교전서』, p.146)
214 『교리실천도해』, 원불교 법무실 편, 원불교출판사, 1986, p.19.
215 이와 관련하여 한기두의 연구(「무시선의 본질」, 『원불교사상』 1, 1975.; 「무시선에 이르는 선문기초사상」, 『원광대 논문집』 9, 1975.; 「무시선법의 연구-선의 원리를 중심하여-」, 『원불교사상』 6, 1982.; 「무시선의 실제-목우행-」, 『원불교사상』 7, 1983.)가 선구적이며, 무시선의 관점에서 선사상 전반을 고찰한 종합적 연구서인 한기두의 『선과 무시

선의 연구』(원불교출판사, 1985.)가 있다. 이어서 이정원(「원불교 무시선의 연구」, 『정신개벽』 5, 1987.)의 연구가 있으며, 왕양명의 사상과 비교한 김순임(「원불교 무시선의 사상선적 성격(Ⅱ)-왕양명의 事上磨鍊說과 비교하여-」, 『원불교사상』 19, 1995.)의 연구가 있다. 이어서 최광현의 연구(「원불교 무시선에 관한 연구」, 『원불교사상』 21, 1997.; 「무시선법에 원융된 응무소주이생기심」, 『원불교사상』 25, 2001.12), 「수행문에서 본 일원상-목우도와 무시선을 중심으로-」, 『원불교사상』 26, 2002.) 그리고 근래에 원영상의 연구(「원불교 무시선법에 대한 고찰」, 『禪學』 57, 한국선학회, 2020.; 「선사상사에서 본 무시선법의 구조 고찰」, 『원불교사상과 종교문화』 42, 2009.) 등이 있다.

216 무시선의 수행법에서는 원불교 선법 전반을 다룬 김영두의 연구(「원불교의 선법고찰(Ⅰ)」, 『원불교사상』 4, 1980.; 「원불교의 선법고찰(Ⅱ)」, 『원불교사상』 5, 1981.; 「원불교선의 형성과정 고찰」, 『원불교사상』 14, 1991.)와 최광현의 연구(「원불교 무시선의 유무념 공부에 관한 연구」, 『정신개벽』 16, 1997.; 「원불교 무시선과 목우도의 비교-수행단계를 중심으로-」, 『원불교학』 3, 1998.; 「일상수행의 요법과 무시선-1 2 3조를 중심으로-」, 『원불교사상』 23, 1999.) 그리고 박혜훈(「무시선의 단계적 실수 방안」, 『원불교사상』 23, 1999.), 박희종(「무시선 수행에 있어 '정신 차림': 위빠사나의 '마음챙김'과 관련하여」, 『원불교사상과 종교문화』 41, 2009.; 「무시선법 중 경계에 대한 인식과 수행의 단계 고찰」, 『원불교사상과 종교문화』 42, 2009.)의 연구가 있으며, 무시선법의 심리학적 효과를 검증한 홍정순·윤호균의 연구(「무시선(無時禪)이 아동의 메타기분, 사회적 적응력 및 적응행동에 미치는 효과: 마음일기를 중심으로」, 『한국심리학회지』 14(4), 2002) 등이 있다.

217 정산 송규의 무시선 관련하여 최광현의 연구(「정산 종사의 공간으로서 무시선」, 『원불교사상』 24, 2000.)이 있으나, 대산 김대거와 관련하여 무시선만을 따로 다룬 논문은 최근 김혜경의 논문이 있다. 김혜경, 「대산 김대거의 무시선 수행」, 『문화와 융합』, 44(5), 한국문화융합학회, 2022.

218 『대종경』 교의품 22(『원불교전서』, p.125)

219 『대종경』 교의품 21(『원불교전서』, p.124)

220 『정전대의』, pp.39~40, p.47.

221 『정전대의』, p.41.

222 『대산종사수필법문』 1권, p.824.

223 『대산종사법어』 적공편 32, p 106.

224 『정전』 무시선법(『원불교전서』, p.72)

225 『대종경』 수행품 3(『원불교전서』, p.142)

226 『정전』 무시선법(『원불교전서』, p.72)

227 『대산종법사법문집 제2집』, p.124.

228 『대산종사수필법문』 1권, p.1324.

229 『대산종사수필법문』 1권, p.1901.

230 『대산종사수필법문』 1권, p.2130.

231 『대산종사수필법문』 2권, p.478.

232　주성균, 『큰 산을 우러르며』, 전주: 세종씨앤씨. 2014, p.45.
233　『대산종사수필법문』 2권, p.755.
234　『대산종사수필법문』 1권, p.349.
235　『여래장(대산종법사법문집 제5집)』, p.42.
236　『정전』 영육쌍전법(『원불교전서』, p.89)
237　『교리실천도해』, p.20.
238　『대산종법사법문집 제3집』, p.256.
239　『대산종사수필법문』 1권, p.409.
240　김선명·안세명 엮음, 『선요가』, 익산: 원불교출판사, 2010, p.14.
241　『대산종사수필법문』 1권, p.1745.
242　『대산종법사법문집 제3집』, pp.166~167.
243　『대산종사수필법문』 2권, p.754.
244　『대산종사수필법문』 2권, p.24.
245　『대종경』 수행품 59(『원불교전서』, p.179)
246　『대산종법사법문집 제2집』, pp.182~183.
247　『정전대의』, p.64.
248　『대산종사법어』 적공편 64, pp.122~123.
249　『대산종사수필법문』 2권, pp.688~689.
250　『교리실천도해』, p.47.

제4장 종교연합운동과 '하나의 세계'

251　김성관, 「대산 김대거의 종교연합사상과 연원(3) - 한국불교의 和會思想을 중심으로-」, 『동서철학연구』, 한국동서철학회, 2010, p.100.
252　김성관, 「대산 김대거의 종교연합사상과 연원(3) - 한국불교의 和會思想을 중심으로 -」, 『동서철학연구』, 한국동서철학회, 2010, pp.100~101.
253　대산종사추모문집편찬위원회 편, 『조불불사대산여래』Ⅰ, 익산: 대산종사추모문집편찬위원회, 2008, p.382.
254　『대산종법사법문집 제3집』, p.108.
255　맥클린 그릴리(Rev. Dana Mclean Greeley) 박사는 당시 매사추세츠주 콩코드에 있었던 제일교구교회 목사이다.
256　전팔근, 「世界平和達成을 爲한 宗敎聯合運動」, 『인류문명과 원불교사상』下, 원불교출판사, 1991, p.1512. 전팔근은 1970년 日本東京의 제1차 WCRP에 참석하여 『圓佛敎英文要覽』, 『Won Buddhism』 등의 소책자를 배포하였다.
257　『대산종법사법문집 제2집』, pp.82~84.

258 『대산종법사법문집 제2집』, p.183.
259 키무라 키요타카, 장휘옥 옮김, 『중국불교사상사』, 서울: 민족사, 1989, pp.14~15.
260 키무라 키요타카, 장휘옥 옮김, 『중국불교사상사』, 서울: 민족사, 1989, p.18.
261 키무라 키요타카, 장휘옥 옮김, 『중국불교사상사』, 서울: 민족사, 1989, p.26. 『이혹론』은 37장의 문답체로 되어 있는데 중국의 전통사상인 효(孝), 예(禮), 현세주의적 인생관의 입장에서 불교의 출가주의, 삭발 및 독신주의, 윤회설 등에 관해 비판적 문제를 제기한 후, 『논어』·『효경』·『노자』 등을 증거로 삼아 반론을 전개하였다.
262 키무라 키요타카, 장휘옥 옮김, 『중국불교사상사』, 서울: 민족사, 1989, pp.21~22.
263 『대승기신론소』 상권(大正藏 13, p.202中-下) "大是當法之名 廣苞爲義 乘是寄喩之稱 運載爲功 … 大乘者 謂無量無邊無崖故 普遍一切 喩如虛空 廣大容受一切衆生故"
264 이기영, 「경전인용에 나타난 원효의 독창성」, 『숭산박길진박사 화갑기념논문집: 한국불교사상사』, 익산: 원광대학교 출판국, 1975, p.2.
265 이종익, 『원효의 근본사상』, 서울: 동방사상연구원, 1977, p.5.
266 고익진, 「원효의 실천원리 -금강삼매경론의 일미관행을 중심으로-」, 『숭산박길진박사 화갑기념논문집: 한국불교사상사』, p.226.
267 김복인, 「Wonhyo's One Mind and Theos and Soteria-Wonhyo's One Mind and Ecumenical Christian Theologian's Theocentrism and Soteriocentrism」, 『석산 한종만박사 화갑기념논문집: 한국사상사』, 익산: 원광대학교출판국, 1991, p.371.
268 『대종경』 서품 1(『원불교전서』, p.95)
269 『원불교교사』(『원불교전서』, p.1086)
270 『정전』 일원상의 진리(『원불교전서』, p.23)
271 『정산종사법어』 유촉편 37(『원불교전서』, pp.1015~1016)
272 『정산종사법어』(『원불교전서』, p.1016)
273 『정산종사법어』 유촉편 38(『원불교전서』, p.1016)
274 『정산종사법어』 유촉편 38(『원불교전서』, p.1016)
275 『대산종법사법문집 제3집』, p.68.
276 『대산종사법어』 교리편 23, pp.114~115.
277 『대산종법사법문집 제5집』, p.250.
278 대산은 월남전에 대한 보고를 듣고 "이제는 어떠한 힘으로도 동양이나 서양이나 모두가 밝은 쪽으로 나아가는 흐름을 막을 수는 없나니, 세계 분쟁 지역의 평화 안정과 각국의 경제 균등은 국제연합기구가 담당하고 인류의 영육 간 무지·빈곤·질병을 구제하는 일은 종교연합기구가 담당하도록 해야 할 것"이라고 하였다.(『대산종사법어』 정교편 4)
279 1970년(원기55) 일본에서 열린 제1차 세계종교자평화회의에 사람을 보내 '세계평화 3대제언'을 발표하였다.(『대산종사법어』 경세편 1)
280 『대산종사수필법문』 1권, p.133.
281 『대산종사법어』 적공편 7, p.92.

282 『대산종법사법문집 제3집』, p.348.
283 『대산종법사법문집 제3집』, p.88.
284 조정근, 「천대산 만대산에게 올립니다」, 『대산종사탄생100주년 기념학술대회』, 익산: 원불교출판사, 2013. p.144.

제5장 공동시장개척과 '하나의 세계'

285 세계평화 삼대제언 중 '2. 공동시장개척'에 대한 유인물 설명.
286 『대산종법사법문집 제2집』, 제5부 대각개교절 경축사, 「세계평화를 위한 삼대제언」, pp.181~184.
287 『대산종사법어』 제6 회상편 25장
288 『대산종법사법문집 제2집』 제9부 행사치사, 세계평화의 삼대방안.
289 『대산종사수필법문집』 제2권, p.1193.
290 『대산종법사법문집 제2집』 제9부 행사치사, 「사대봉공회취지문」, 341~342쪽. 사대봉공회는 첫째 세계봉공회, 둘째 국가봉공회, 셋째 재가봉공회, 넷째 출가봉공회로 구분하였다.
291 『대산종사탄생100주년기념휘보』 세계봉공재단 설립 369~395쪽 참고.
292 『진리는 하나 세계도 하나』 대산김대거종사탄생100주년기념학술강연 「대산 김대거의 구세경륜」, 최영돈. 77쪽.
293 『대산종사법문집』 제2집 제9부 행사치사 세계평화의 삼대 방안.
294 김도훈의 신앙수기 〈10〉 진리의 향기를 따라, 기자명 김도훈 입력 2002.07.05 김도훈 webmaster@wonnews.co.kr.
295 남세진 기자 nam@wonnews.co.kr.
296 베버는 그의 주저 『프로테스탄티즘 윤리의 정신』에서 인간의 금욕정신이 자본주의를 발전시켰다고 주장한다.
297 소비사회에 대한 보드리아의 통찰에는 인간의 구별 짓기 욕망이 깔려있다. 각주 314와 315는 대산김대거종사탄생100주년기념논문집『원불교와 평화의 세계』, 「김대거 종사의 '하나'의 사상과 경륜 고찰」, 방도성의 논문에서 재인용.

제6장 '하나의 세계' 구현과 원불교의 위상

298 원불교100년기념성업회, 『원불교100년사논총1』, 원불교출판사, 2018, p.476.
299 이 시기에 원불교서울회관 건립과정에서 시공사의 부도로 인한 일명 '남한강사건'이 터지게 되면서 교단적인 어려움에 직면하게 되며, 이를 수습하는 과정에서 서울회관은 1982년 완공이 되고, 총부유지재단 기금 마련도 늦추지게 되었다.
300 『대산종사법어』 개벽편 15, p.330.
301 『원불교교사』(『원불교전서』, p.1157)

302 『원불교교사(圓佛敎敎史)』에서는 "1918(원기3)년 10월 원불교 기원은 소태산 대종사의 대각의 해로 정하고 매대(每代)를 36년으로 하되 1대를 다시 3회로 나누어 제1회 12년은 교단 창립의 정신적·경제적 기초를 세우고, 제2회 12년은 교법과 교제를 편성하는 기간으로, 제3회 12년은 인재를 양성 훈련하는 기간"으로 하여 교단의 '창립한도'를 발표한 바 있다. 『원불교교사』,『원불교전서』, p.1047)

303 박달식,「대산 종사와 30년」,『진리는 하나 세계도 하나』, 익산: 원광사, 1992, p.180.

304 손정윤,『원불교대계』, 원불교출판사, 2000, pp.699~700.

305 『대종경』 요훈품 41(『원불교전서』, p.322)

306 원불교칠십년총람편집위원회,『원불교칠십년총람』Ⅰ, 익산: 원광사, 1991, p.39.

307 법위등급은 원불교에서 출재가 교도들의 인격과 공부 수준을 여섯 등급으로 나누어 제시하였다. 법위등급은 교도가 처음 불문에 입문하여서부터 여래에 이르기까지 삼학의 공부 수준과 신앙 수준을 여섯 단계로 구분하여 공부인의 훈련을 촉진하게 한다. 등급은 보통급(普通級)·특신급(特信級)·법마상전급(法魔相戰級)·법강항마위(法强降魔位)·출가위(出家位)·대각여래위(大覺如來位)로 나뉜다. 이 중 법강항마위 이상부터는 성인(聖人)의 경지에 든 것으로 설명한다. 원불교 정전에서는 원불교 수행편의 결론격으로 맨 마지막에 '법위등급'으로 제시되고 있다.

308 『대산종사법어』 법위편 2, p.128.

309 『대산종사법어』 훈련편 6, p.73.

310 원불교 창립 제2대 및 소태산대종사탄생백주년 성업봉찬회,『성업봉찬휘보』, 익산: 원원광사, 1992, p.5.

311 1987년 2대 말 기념총회에서 발표된 법위사정자는 예비특신급 16,831명, 정식특신급 11,754명, 예비법마상전급 3,180명, 정식법마상전급 12,767명, 예비법강항마위 682명, 정식법강항마위 797명, 출가위 12명이다.(박달식,「대산 종사와 30년」,『진리는 하나 세계도 하나』, 익산: 원광사, 1992, p.177)

312 『대산종사법어』 회상편 56, p.178.

313 대산은 정산 종법사를 '선(先) 종법사'로 표현하였다.

314 『대산종사수필법문』 1권, p.10.

315 『대종경』 부촉품 15(『원불교전서』, p.407)

316 김방룡,「대산 김대거 종사의 불교관」,『대산김대거종사탄생100주년기념논문집: 원불교와 평화의 세계』, 원불교출판사, 2014, p.290.

317 김은진,「원불교 마음공부 프로그램의 현황과 과제」,『종교교육학연구』 43, 한국종교교육학회, 2013.

318 『정전』 수행편(『원불교전서』 p.54)「일상 수행의 요법」에서는 공부인이 일상에서 챙겨야 하는 수행을 9가지 조항으로 간명하게 제시하고 있다. 그 중 1조~3조까지는 마음의 원리에 따라 마음공부하는 구체적인 방법을 제시하고 있다. 구체적인 내용은 다음과 같다.
1조. 심지는 원래 요란함이 없건마는 경계를 따라 있어지나니, 그 요란함을 없게 하는 것으로써 자성(自性)의 정(定)을 세우자.
2조. 심지는 원래 어리석음이 없건마는 경계를 따라 있어지나니, 그 어리석음을 없게 하는 것으로써 자성(自性)의 혜(慧)를 세우자.

3조. 심지는 원래 그름이 없건마는 경계를 따라 있어지나니, 그 그름을 없게 하는 것으로써 자성(自性)의 계(戒)를 세우자.

319 권동우, 「원불교의 대안교육: 사회개혁과 소외의 치유를 지향하는 교육관」, 『종교교육학연구』 40, 한국종교교육학회, 2012, pp.75~80.

320 영산선학대학교 평생교육원, 『마음공부 교사직무연수 자료집』, 영광: 영산선학대학교, 2013.

321 원불교칠십이년총람편집위원회, 『원불교칠십이년총람 I, II, III, IV』, 익산: 원불교 원광사, 1991, p.171.

322 당시 원불교서울출장소 사무국장인 이은석이 주관하여 1965년 2월에 발간된 월간 종교 잡지로, 9월호까지 7권(7·8합병)을 발간하고 경제적 사정으로 휴간되었다.

제7장 결론: 대산 연구의 과제와 전망

323 『대산종사수필법문집』 1권 p.369.
324 『대산종사수필법문집』 2권 p.934.

그리운 스승님과 함께

부록

부록

**대산 김대거 종사의
하나의 세계**

초판 1쇄 인쇄	2024년 8월 12일
초판 1쇄 발행	2024년 8월 21일

지은이	김지원(혜경)

펴낸곳	원불교출판사
펴낸이	주영삼
출판등록	1980년 4월 25일(제1980-000001호)
주소	54536 전북특별자치도 익산시 익산대로 501
전화	063)854-0784
팩스	063)852-0784
홈페이지	www.wonbook.co.kr
인쇄	문덕인쇄

ISBN 978-89-8076-423-5(93200)
값 18,000원

잘못 만들어진 책은 구입처나 본사에서 교환해 드립니다.